U0096698

古代歷史文化<sup>研究</sup>輯刊

六 編

王 明 蓀 主編

第 **19** 冊

三蘇史論研究（下）

陳 秉 貞 著

國家圖書館出版品預行編目資料

三蘇史論研究（下）／陳秉貞 著 — 初版 — 新北市：花木蘭
文化出版社，2011〔民 100〕

目 4+212 面；19×26 公分
（古代歷史文化研究輯刊 六編：第 19 冊）
ISBN：978-986-254-613-0（精裝）

1.（宋）蘇洵 2.（宋）蘇軾 3.（宋）蘇轍 4.史學評論
618 100015465

ISBN-978-986-254-613-0

古代歷史文化研究輯刊
六 編 第十九冊 ISBN：978-986-254-613-0

三蘇史論研究（下）

作　　者　陳秉貞
主　　編　王明蓀
總 編 輯　杜潔祥
出　　版　花木蘭文化出版社
發 行 所　花木蘭文化出版社
發 行 人　高小娟
聯絡地址　新北市永和區中正路五九五號七樓
　　　　　電話：02-2923-1455／傳眞：02-2923-1452
網　　址　http://www.huamulan.tw 信箱 sut81518@gmail.com
印　　刷　普羅文化出版廣告事業
初　　版　2011 年 9 月
定　　價　六編 25 冊（精裝）新台幣 40,000 元

# 三蘇史論研究（下）

陳秉貞　著

**目**

**次**

# 第五章 三蘇史論之政治制度論

　　「政治」可以分爲兩個部分來談，一是「人事」，一是「制度」。人事比較變動，而制度是由人創立，也是由人改訂，亦屬人事，但比較穩定；反過來說，制度也可以規定人事，限制人事。因此，談制度是離不開人事的。

　　在上一章我們探討了三蘇史論對於「人物」的觀點，可以看出三蘇的關注焦點幾乎都集中在「政治」人物身上，也就是偏重於政治中的「人事」部分來談。在這一章，我們要探討的是三蘇史論對於政治「制度」部分的意見，看他們如何用「歷史性」的眼光論述政治制度之後，轉化爲具有「現實性」的各項主張，以求「有用於當世」。

## 第一節　政權傳承與分配制度

### 一、正統論

#### （一）君統傳延

　　和世界各民族一樣，中國古代社會也經歷了從氏族、部族、部落、部落聯盟到部落國家的過程。傳說中的堯、舜、禹，是「部落聯盟」的時代；夏、商、周，則是「部落國家」的時代。「氏族」是按照血緣畫分居民的，而「國家」則是按照地域畫分居民。中國早期「部落國家」的特色，就是氏族制度直接被轉化爲國家制度，部落的酋長變成了君主，祭師和巫師變成了大臣，領兵打仗的戰士首領變成了將軍，而部落的族民則變成了臣民。血緣關係不但沒有解體，反而還被加強了。

　　自從夏禹把君位傳給自己的兒子啓，就開啓了君位「世襲」的制度。所謂「世襲」，是指國家領導人的職務由一個家庭或一個家族的人世代繼承，於是中國形成了「家天下」的政治形態，包括「家國同源」、「家國同構」和「家國同體」三個內容。也就是說以家爲國，把整個天下變成一個大家庭，於是以家庭來說，父親是每個家庭的君主，稱爲「家君」；以國家來說，君是「君父」，臣是「臣子」，人民是「子民」，官是「父母官」，要「愛民如子」；兵是「子弟兵」……。總之，家是小國，國是大家，家國一體。然後再以家庭之血統關係形成的「父家長制」和「嫡長子制」，推擴到家族的「宗統」，在「先祖」之下，嫡傳的是「大宗」，旁支的是「小宗」，再推擴到國家的「君統」，開國的君主稱爲「祖」，繼位的君主則基本上叫「宗」。〔註1〕

　　在春秋公羊學「大一統」政治藍圖中，「君統傳延」是一個重要的內容。在《公羊傳》中，「君統」指君權接替延續原則，維護「君統」是實現王權大一統的基本條件之一。《公羊傳》的君統論有兩個基本論點：一是君位世襲；二是立嫡立長。《公羊傳》認爲，君與國一體，「先君」與「今君」猶如一體，唯有君位世襲、萬世一系，才能保證君權的合法性。〔註2〕「立嫡立長」則是要維護君權的穩定性，嫡長子又稱太子、宗子、世子，在諸子中處於獨尊地位。但若是君主無子或無嫡子或嫡子被廢黜的情況下，則依照宗祧繼承制度的規則和序列確定繼承人。

　　在這種「家天下」的政治傳統下，三蘇對於「君統傳延理論」的論述，基本上並沒有脫離「立嫡立長」的範疇。不過，他們進一步爲「嫡長子傳承制」提出了理論根據，並且延伸討論了君位傳承時，在實際層面上可能會遇到的各種狀況，使得「立嫡立長」的「君統傳延」理論更加完備。

　　首先，蘇轍認爲「君統傳延」之所以傾向於「傳子」的原因，是在於「人之常情」：

> 今夫人之愛其子，是天下之通義也。有得焉而以予其子孫，又情之所皆然也。聖人以是爲不可易，故因而聽之，使之父子相繼而無相亂。〔註3〕

---

〔註1〕繼位的君主中有極個別的也叫「祖」，如明成祖永樂皇帝朱棣，清聖祖康熙皇帝玄燁。

〔註2〕詳見《公羊傳・莊公四年》，《十三經注疏・春秋公羊傳注疏卷六》（臺北：藝文印書館，1997年8月初版十三刷），頁77。

〔註3〕蘇轍：《古史卷三・夏本紀第三》，《三蘇全書》第3冊，頁367。

這是典型的以「家庭」為出發點，來設想「國家」的政治思維。一個人獲得了好東西，要傳承下去的第一選擇，一定是自己的子孫。因此，君主想要把君位傳承給自己的子孫，是理所當然的。下一個問題在於，如果君主的子孫很多，君位卻只有一個，要如何避免爭奪？蘇軾說：

> 夫先王之制，立長所以明宗，明宗所以防亂，非有意私其長而沮其少也。〔註4〕

蘇轍也說：

> 其欲立長，非專其私也，以為立嫡以長，古今之正義也。〔註5〕

「立嫡立長」的原因在於：「立長所以明宗，明宗所以防亂」，也就是為了國家的穩定。如果任意打亂傳承的次序，或者將君位私相授受，所傳非人，就會造成國祚中斷，責任是很重大的。因此「聖人之於天下，苟可以安民，不求為異也。」〔註6〕蘇轍曾以一個例子，來說明「聖人不喜異」：

> 魯人之法，贖人者受金於府。子貢贖人而不受賞，夫子歎曰：「嗟夫！使魯之不復贖人者，賜也。」夫贖人而不以為功，此君子之所以異於眾人者，而其弊乃至於不贖。是故聖人不喜為異，以其有時而窮也。〔註7〕

魯國的法律規定，如果有「贖人」者，可以到官府領取補貼金額，以示獎賞。但是子貢贖人了之後，卻不去領取獎金。孔子感嘆說：子貢的作法，會使魯國這個用意良善的「贖人」制度無法繼續推行。因為「贖人而不以為功」，是「君子之所以異於眾人者」，但子貢一時的「慷慨」，卻可能會使官府取消贖人獎金的制度。沒有獎金，其他一般人就不會願意贖人了，因此「其弊乃至於不贖」。由這個例子看來，聖人「不喜異」的原因是因為「異」的事情無法持續長久，容易斷絕。為了國家的長治久安，必須選擇可以安民，並且能夠行之久遠的方法。

既然如此，為何堯、舜時又要採取傳位給賢者的「禪讓」制呢？蘇轍說，那是因為「不得已而然」的：

> 故夫堯舜之傳賢者，是不得已而然也。使堯之丹朱，舜之商均，僅可

---

〔註4〕蘇軾：〈劉愷丁鴻孰賢論〉，《蘇軾文集卷二》，頁45。
〔註5〕蘇轍：《歷代論‧唐高祖》，《蘇轍集‧欒城後集卷十》，頁996。
〔註6〕蘇轍：《古史卷三‧夏本紀第三》，《三蘇全書》第3冊，頁367。
〔註7〕同上註。

以守天下，而堯肯傳之舜，舜肯傳之禹，以爲異而疑天下哉？〔註8〕

所謂的「不得已」，是因爲堯和舜認爲自己兒子的才幹，可能連「守天下」都做不到，因此必須另尋有能力的人。除了「傳賢」是一種「不得已」外，「廢長立少」也是一種「不得已」的狀況。從歷史上看，周的太王捨太伯、仲雍而立季歷，文王捨伯邑考而立武王，周朝因此而興盛；但是帝乙廢微子立紂，卻使得商朝走向滅亡。因此，在「立嫡立長」的「傳子」前提下，還必須把現實狀況加入考慮：

> 得已而不已，不得已而已之，二者皆亂也。子非朱、紂，而廢天下之正義，君子不忍也：子如朱、紂，而守天下之正義，君子不爲也。
> 〔註9〕

所謂「得已而不已，不得已而已之，二者皆亂也」，所指的是，自己兒子的品行才能如果尚可，就應該按照立嫡立長的傳子制度來傳位，不可輕言廢立。不然，會導致禍亂。但是如果明知道自己的兒子會像丹朱、商紂那樣，就不應該再遵守立嫡立長的傳子制度，必須加以調整。否則，也會導致禍亂。

還有一種「不得已」的情況，那就是在國家本身情勢動盪不安時，對於繼位之君的選擇條件，應該是與平時安靜無事時不同的。這是蘇轍由觀察唐代的情形，而得出的結論：

> 唐高祖起太原，其謀發於太宗，諸子不與也。及克長安，誅鋤群盜，天下爲一，其功亦出於太宗。蓋天心之所付予，人心之所歸向，其在太宗者，審矣。至立太子，高祖以長立建成，建成當之不辭。於是兄弟疑間，卒至大亂。……其後武氏之亂，廢中宗，立睿宗，以睿宗長子憲爲太子矣。及中宗之復，睿宗父子皆以王就第。韋氏之亂，臨淄以兵入討，睿宗踐祚，而唐室復安。又將以長立憲，憲辭曰：「時平，先長嫡；國亂，先有功。不如此必且有難，敢以死請。」睿宗從之，而後臨淄之位定。以太宗之賢，而不免於爭奪。玄宗之賢，不逮太宗，而晏然受命，則憲之讓，賢於人遠矣。〔註10〕

這兩個事件，都與君位傳承有關，不過發生在唐代初年的事件是以流血收場，而發生在唐代中期的事件則是和平落幕。關於唐初的君位傳承事件，主角是

---

〔註8〕 同上註，頁368。
〔註9〕 蘇轍：《歷代論·晉武帝》，《蘇轍集·欒城後集卷九》，頁982。
〔註10〕 蘇轍：《歷代論·唐高祖》，《蘇轍集·欒城後集卷十》，頁996。

「唐高祖李淵／李建成／唐太宗李世民」，因爲唐高祖李淵沒有能夠看清時勢，只是墨守「立長」的成規，立長子李建成爲太子。建成又爲了鞏固自己的太子地位，不斷想要加害建國最有功勞的次子李世民，於是最後李世民以「玄武門之變」的流血事件取得了君位。而唐中期的事件主角是「唐睿宗李旦／李憲／唐玄宗李隆基」，原因是因爲韋皇后毒殺唐中宗，立少帝，自以皇太后臨朝攝政，遍用韋氏之黨。當時李隆基爲臨淄郡王，勒兵夜入玄武門，誅除韋后，奉父睿宗即位。本來睿宗李旦想要循「立長」的原則，立長子李憲爲太子，但是李憲很有智慧地說：「時平，先長嫡；國亂，先有功。」把君位讓給擁立睿宗最有功勞的李隆基，於是李隆基順利繼位爲唐玄宗，而李憲被稱爲「讓皇帝」，一生安享榮華富貴。〔註11〕

　　李憲適時的謙讓，不但保住了自己的生命，也使得國家的君位傳承危機平和地度過。這樣的讓位，受到蘇轍的稱讚。不過，並不表示所有的「讓位」，都受到欣賞。蘇軾和蘇轍在祕閣試〈劉愷丁鴻孰賢論〉中都反對東漢的丁鴻和劉愷應襲父爵卻以讓其弟的行爲。丁鴻的父親丁綝跟隨東漢光武帝征戰有功，被封定陵新安鄉侯，食邑五千戶，後徙封陵陽侯。丁綝去世後，丁鴻本應襲父爵，他卻因爲從小與弟弟丁盛相依爲命，就想把爵位讓給弟弟，自己佯狂隱居起來。後來友人鮑駿曉以大義：「昔伯夷、吳札亂世權行，故得申其志耳。春秋之義，不以家事廢王事。今子以兄弟私恩而絕父不滅之基，可謂智乎？」丁鴻感悟，才回來擔負起自己對於國家的責任。〔註12〕劉愷的父親劉般被封爲居巢侯，劉愷本來應該承襲父親的爵位，但是他卻遁逃避封，把繼承權讓給自己的弟弟。諸侯國的爵位並不可以私相授受，因此有司上奏東漢肅宗，要收回劉愷的分封地，肅宗同情劉愷，沒有立即滅絕其國，劉愷還是不願意回來。等到東漢和帝時，因爲侍中賈逵的上書，才同意讓劉愷的弟弟劉憲接替爵位，延續封國。〔註13〕

---

〔註11〕根據大紀元時報 2001 年 7 月 30 日的報導，有一批唐墓壁畫在陝西惠陵出土，該批壁畫在墓室內，總面積近 200 方米，保存基本完好。惠陵爲目前挖掘的陝西盛唐時期等級最高的墓葬，位於陝西省蒲城縣。經考證，墓主李憲爲唐睿宗李旦嫡長子、唐玄宗李隆基長兄，被尊爲「讓皇帝」，在當時地位顯赫。從壁畫的內容和規模，都能看出死者生前極高的政治地位和生活的奢華。

〔註12〕丁鴻的事蹟，詳見范曄：《後漢書・桓榮丁鴻列傳第二十七》，《新校本後漢書并附編十三種》，第 2 冊，頁 1262～1269。

〔註13〕劉愷的事蹟，詳見范曄：《後漢書・劉趙淳于江劉周趙列傳第二十九》，《新校本後漢書并附編十三種》，第 2 冊，頁 1306～1309。

從丁鴻和劉愷的這兩個事件中可以發現，他們個人的意願和決定都對國家的存亡帶來危機，蘇軾就是由這個角度切入評論的：

> 天子與諸侯皆有太祖，其有天下、有一國，皆受之太祖，而非己之所得專有也。天子不敢以其太祖之天下與人，諸侯不敢以其太祖之國與人，天下之通義也。夫劉愷、丁鴻之國，不知二子所自致耶，將亦受之其先祖耶？受之其先祖，而傳之於所不當立之人，雖其弟之親，與塗人均耳。〔註14〕

既然身爲君位繼承者，丁鴻和劉愷就不能夠在「非先君之命，非有嫡庶之別」的情況下，任意「讓位」。因爲國家的傳承並不是個人的事而已，他們必須對「先祖」負責。蘇轍則認爲，他們只是爲了自己的「虛名」而讓位：

> 夫聞天下之有讓，而欲竊取其名以自高其身，以邀望天下之大利者，劉愷之心也；聞天下之讓而竊慕之，而不知其不同，以陷於不義者，丁鴻之心也。……若夫鄧彪、劉愷讓其弟以取義，使弟受非服，而己受其名，不已過乎！〔註15〕

這樣的批評，是相當嚴厲的，直指二人存心不良，「讓位」是爲了「竊取其名以自高其身，以邀望天下之大利」。而「貪利」之人，以三蘇的評判標準〔註16〕來說，就是「小人」。丁鴻和劉愷的「讓位」，不但傷害了個人的人格，更危害了國家的傳延，難怪受到蘇軾和蘇轍的反對。

在「君統傳延」的過程中，「人君不幸而立幼主」應該是最麻煩的問題了。因爲年幼的皇帝無法親理政事，朝廷內種種勢力，包括后妃、外戚、同姓諸侯、宦官、大臣等，便會開始蠢蠢欲動，圖謀掌權。在這些勢力中，三蘇一貫的主張是建議君主要「任用大臣」：

> 夫人君不能皆賢，君有不能而屬之大臣，朝廷之正也。事出於正，則其成多，其敗少。歷觀古今，大臣任事而禍至於不測者，必有故也。今畏忌大臣而使他人得乘其隙，不在外戚，必在宦官。外戚、宦官更相屠滅，至以外兵繼之。嗚呼，殆哉！〔註17〕

> 國家之事，若用后妃外親，則有呂氏、王氏之虞；付之同姓至親，

〔註14〕蘇軾：〈劉愷丁鴻孰賢論〉，《蘇軾文集卷二》，頁45。
〔註15〕蘇轍：〈劉愷丁鴻孰賢論〉，《蘇轍集‧欒城應詔集卷十一》，頁1340。
〔註16〕詳見本論文第四章第四節之三〈臣與臣關係〉的討論。
〔註17〕蘇轍：《歷代論‧漢光武下》，《蘇轍集‧欒城後集卷八》，頁973。

又有吳楚七國之慮。事任輕重所在，未有不爲害者也。惟當任正道，
　求忠良，不可事事曲設疑防、慮方來之患也。〔註18〕

蘇轍在這兩段話中指出，后妃、外戚、宦官、同姓諸侯的勢力都是應該防範
的，因爲這些勢力所帶來的只是動亂、戰爭和分裂。從漢朝的歷史看來，可
說是交織著上述四種勢力的爭權奪利。西漢時有呂后專權、七國之亂，接著
因爲外戚王莽，差點斷絕了劉氏的傳承。東漢時則是外戚與宦官的勢力互相
抗衡，難有寧日。蘇轍認爲，這都是因爲君主不願意任用大臣所造成的。大
臣與君主應該是「生命共同體」，大臣輔佐君主，是「朝廷之正」，因爲「事
出於正」，就會比較容易成功。

　宋代應該可以當作「任用大臣」的良好示範，因爲宋代開國君主深刻反
思歷史的經驗教訓，做出「與士大夫治天下」的選擇，將士大夫群體作爲唯
一可信賴依託的對象。〔註19〕因此在宋代，沒有同姓諸侯、宦官、外戚的問
題，至於后妃的勢力，則被控制在合理的範圍內，使后妃能發揮在一定時期、
一定範圍內的積極作用，又限制她們勢力的膨脹，以確保政局的安定。〔註20〕

　宋代有兩次比較長的垂簾聽政時期，都是「太后」介入朝政。第一次太
后垂簾是在眞宗去世、仁宗即位之時。眞宗晚年，「久疾居宮中，事多決於后」。
皇后劉氏實際上已經操縱了朝政。乾興元年（1022）二月，仁宗以十二歲幼
齡登基，「遺詔尊后爲皇太后，軍國重事，權取處分」。〔註21〕劉太后垂簾共
十一年，明道二年（1033）去世，仁宗始親政，此時仁宗已經二十三歲了。
北宋第二次太后長期垂簾聽政是在神宗去世、哲宗即位之時。元豐八年（1085）
三月，哲宗以八歲幼齡登基，太皇太后高氏「權同聽政」。高太后掌政共八年
半，元祐八年（1093）九月去世，哲宗始親政，此時哲宗已經十六歲。

　其餘的七次太后垂簾（哲宗孟后兩次），有的是根基未穩即被迫還政，有
的只是被抬出來作爲一種象徵而不實際操縱政柄，有的是適逢亡國，匆匆了

---

〔註18〕 蘇轍：《歷代論・晉武帝》，《蘇轍集・欒城後集卷九》，頁983。
〔註19〕 例如宋太宗對宰相李昉等說：「天下廣大，卿等與朕共理，當各竭公忠，以副
　　　 任用。」（《續資治通鑑長編》卷二六）宋神宗時呂誨曾說：「（皇帝）所與朝
　　　 夕謀議者，二三執政而已。」（《宋宰輔編年錄校補》卷七）宋仁宗時殿中侍
　　　 御史里行吳中復將其歸納爲「咸福在於人主，而治亂要在輔臣。」（《續資治
　　　 通鑑長編》卷一七六）
〔註20〕 參考諸葛憶兵：《宋代文史考論・論宋代后妃與朝政》（北京：中華書局，2002
　　　 年11月），頁231～242。
〔註21〕 皆見《宋史卷二四二・后妃傳》，《新校本宋史并附編三種》，第11冊，頁8613。

結，都沒有時機或時間讓太后們獨擅國政。

宋代貫徹落實對后妃的防範和抑制措施的，是以宰相爲代表的士大夫階層。太后垂簾聽政時，皇帝往往是因爲年幼或病廢，都失去自主能力，唯一能和后妃抗爭的政治勢力就是士大夫階層。士大夫階層對后妃勢力的抑制，主要表現在兩個方面：第一，對垂簾聽政的太后之決策實行監督，及時駁正其缺失，尤其是太后欲違制擅權時。在章獻太后劉氏當政期間，樞密使曹利用、昭文相丁謂、昭文相王曾、集賢相張士遜、參知政事任中正、樞密副使晏殊等，先後皆因忤太后旨意被罷免，然二府大臣等仍然時時與太后相抗爭。第二，太后垂簾期間，一旦皇帝成年或身體康復，大臣們便時時敦促太后還政，讓皇帝早日親政。《宋史》卷 310 論曰：「仁宗初立，章獻臨朝，頗挾其才，將有專制之患。（李）迪、（王）曾正色危言，能使宦官近習，不敢窺覬。而仁宗君德日就，章獻亦全令名。古人所謂社稷臣，於斯見之。」這段話概括地說明了士大夫階層在抑制后妃勢力方面所起的積極作用。

關於君主有意外，無法正常傳承帝位時的應變方式，蘇軾還有另一個想法。他認爲與其讓母后攝政，增加亂政的危險，不如設立「攝主」的制度。所謂的「攝主」是指：

> 古者天子、諸侯、卿、大夫、士之世子未生，而死，則其弟若兄弟之
> 子次當立爲攝主。子生而女也，則攝主立；男也，則攝主退。[註22]

意思就是讓君主的兄弟先行「攝政」，等到世子生了兒子再還政。不過，政治上的權力鬥爭是不可能這麼單純的。就算「攝主」本身沒有奪權之意，身邊也會有許多利益相關的人推波助瀾，甚至直接「黃袍加身」，使「攝主」無法推卻。唯一的「好處」在於：仍舊是同姓當政，沒有「易姓」。蘇軾這個想法，實在太過理想化了。

總而言之，「君統傳延」理論在實際層面運用時，一方面必須有穩定性的原則，一方面又必須順應時勢，保持彈性。歷史上這麼多的朝代，這麼多的事件，都是前車之鑑。

## （二）朝代承續

對於朝代承續合理性的討論，也是正統論的範圍。在《春秋‧公羊傳》中的「正統」概念，是由「居正」和「一統」二詞組合而成的，是指統治者

---

〔註22〕蘇軾：〈論魯隱公〉，《蘇軾文集卷五》，頁 143。

必須修法守正，又要建元正朔，作為政教之始。前者指道德操守，後者指紀元創業。〔註23〕「居正」一義恆常，古今罕有爭議，「一統」則在秦始皇以武力統一六國後，從「建元正朔」引申為「政治疆域上的一統」。「正統」作為統治者正當繼承之義，始見《漢書‧郊祀志下》：「宣帝即位，由武帝正統興。」宣帝為武帝曾孫，雖非嫡系，但按宗法保持繼承關係也稱「正統」。不過，由於漢代以來對於統治王朝的正當繼承，都以陰陽家五德終始的循環理論推斷，以月令的「正」、「閏」去區別得天下之正位與僭偽或割據。「正統」一詞，要到宋代《春秋》學振興，學者重新以儒家的政治學說立論，才再見到用為正當政權的通稱。

宋代是「正統」學說的蓬勃時代，這些論說，雖然主旨是詮釋前代王朝的嬗替統屬，作為編纂歷史的準則，並非直接討論宋代本身的正統問題。但是討論政權「合法」或「合道性」的通則，也會與宋朝的歷史地位產生密切關係。其論述的背景〔註24〕在於：

### 1、宋代與前朝的統屬問題

宋太祖趙匡胤本是後周的殿前都點檢，獲得帝位之後，首先要面對的問題是，如何將建立的政權，在傳統的政治學說和人心的趨向中，做一個恰當的詮釋，以得到肯定和認同。趙匡胤在〈改元詔〉中說：「五運推移，上帝於焉眷命，三靈改卜，王者所以膺圖。」可見宋代初年仍是以陰陽學說立論，證明嗣位是天命所歸。由於宋是代周而興，根據「五行相生」模式，周為木德，宋當從火德。這樣的說法起初並無異議，但日久國家茁壯，形勢變易之後，論者認為不宜認同短祚偏狹的後周，建議應該越五代上承唐統，重定德運。歷次討論結果〔註25〕都沒有改變「火德」的決定。不過，無論宋是繼承後周或是唐，都是涉及本身政權「合法性」的問題。「正統論」的勃興，顯然是為了討論這個重要的政治需求。

### 2、《春秋》學復興的影響

宋室開創不久，由於儒者倡導復古以振興前代的頹廢，經學逐漸恢復，

---

〔註23〕可參考李新霖：《春秋公羊傳要義‧第一章 正統論》（臺北：文津出版社，1989 年 5 月），頁 43～83。

〔註24〕參考陳學霖：〈歐陽修〈正統論〉新釋〉，收錄於陳學霖：《宋史論集》（臺北：東大出版社，1993 年 1 月），頁 132～134。

〔註25〕宋代有關「德運」的論辯有三次，首次在太宗雍熙元年（985 年），其次在真宗大中祥符三年（1010 年），末次在真宗天禧四年（1020 年）。

到慶曆年間開始熾盛，有「變古時代」之稱。在孫復和胡瑗等人的推動下，《春秋》獲得重視。宋人特別重視《春秋》，是因爲宋朝繼殘唐五代而興，對於藩鎮割據的紛亂，君臣之義、夷夏之防的淡薄，與忠義廉恥喪失的遺禍，深深引以爲鑑。孔子刪訂《春秋》，闡明正名主義，鼓吹「大一統」，重視君臣名分，尊王攘夷，誅戕亂賊，這種政治思想，對於鞏固新興的趙氏政權，顯然有重要的意義。

### 3、纂修前史所遭遇的問題

中國傳統史學不但注意忠實紀錄，而且著重褒貶以垂教訓，而宋繼五代紛亂而興，如何調整前朝嗣承系緒，制定體例書法，是史家必須解決的問題。宋初史館開局，沿襲漢唐風氣，尚且以陰陽家的「五德終始」模式推定前朝的統屬。但是很快便在經學振興的激盪下，轉爲以《春秋》大義和褒貶之筆，來創制史書的體例書法。

### 4、北宋外交挫折的反應

趙宋開國，雖然結束五代藩鎮割據，統一中原，但是因爲燕雲十六州地區仍然陷於契丹，北方長城屏障盡失，以致外族覬覦，常遭侵擾之苦。宋廷對付塞外強鄰，採用朝貢貿易作爲羈縻手段。這當然是由於宋代之形勢、武備大不如前，但也是受到「重文輕武」、「強幹弱枝」的政策所影響。「正統論」論述的興起，與北宋國勢的衰落有相當關係，因爲這些論說，都是在中葉之後大量出現，而其目的在重建儒家的政權「合法性」理論，試圖以傳統的道德至上理念，闡明宋室在中原文化的優越地位，作爲對外政策失敗的彌補。

蘇軾有命名爲〈正統論〉的文章三篇，主要是承繼歐陽修〈正統論〉〔註26〕中的觀念，並加以發展，而且與章望之〈明統論〉〔註27〕中的觀念辯論。在蘇軾〈正統論・總論一〉中所說的：「正統之說曰：『正者，所以正天下之不正也；

---

〔註26〕南宋丁朝佐編《歐陽文忠公集》時按語說：「考〈正統論〉初有〈原正統〉、〈明正統〉、〈秦〉、〈魏〉、〈東晉〉、〈後魏〉、〈梁論〉凡七篇，又有〈正統後論〉二篇，〈或問〉一篇，〈魏梁解〉一篇，〈正統辨〉二篇。當編定《居士集》時，刪〈原正統〉等論爲上下篇，而繼以〈或問〉、〈魏梁解〉，餘篇雖削去而傳於世，今附《外集》」。見《歐陽修全集》（臺北：華正書局，1975年4月），頁125。歐陽修早年的意見和晚年刪定的〈正統論〉上、下篇、〈或問〉和〈魏梁解〉的意見略有不同，在此採用的是歐陽修晚年的定論。

〔註27〕章望之因爲不滿歐陽修論曹魏、後梁爲正統（此爲歐陽修早年意見），所以寫了〈明統論〉三篇。此編已亡佚，僅能由蘇軾〈正統論〉中所引遺文，窺見其大旨。

統者，所以合天下之不一也。』〔註28〕其「正統之說」，指的就是歐陽修的〈正統論〉。歐陽修原本為「正統」下的定義是：

〈傳〉曰：「君子大居正。」又曰：「王者大一統。」正者，所以正天下之不正也。統者，所以合天下之不一也。由不正與不一，然後「正統」之論作。〔註29〕

歐陽修對於「正統」的詮釋是一種創見，因為舊籍裡「正統」一詞是指狹義的一姓本宗傳位，引申而有得天下之意。此處援引《春秋公羊傳》之義，先說明「正」，是「大居正」，就是「正天下之不正」，採用孔子「正名」的觀念，以德治王道為正鵠。再說明「統」，是「大一統」，也就是「合天下之不一」，以統一天下（包括用武力）為目的。「正」與「統」的情況可以單獨存在，而兩者都達到才能算是「正統」。

蘇軾〈正統論・總論一〉中先接受歐陽修對於「正統」的定義，再用「名」和「實」的觀念加以引申：

正統者何耶？名耶？實耶？……不幸有天子之實，而無其位，有天子之名，而無其德，是二人者立於天下，天下何正何一，而正統之論決矣。〔註30〕

在蘇軾的看法中，「名」指的是「統一天下，取得天子之位」，相當於「統」的涵義；「實」則是指「德性、品格」，相當於「正」的涵義。當把「正」（實）和「統」（名）拆開來作為標準時，就會有四種情況發生：（一）居正／一統；（二）不正／一統；（三）居正／未統；（四）不正／未統。蘇軾所說「有天子之實，而無其位」，就是第三種情況，而「有天子之名，而無其德」，是第二種情況。在這四種情況中，哪些可被算作是「正統」？歐陽修的看法是這樣的：

夫居天下之正，合天下於一，斯正統矣。堯、舜、夏、商、周、秦、漢、唐是也。始雖不得正，卒能合天下於一。夫一天下而居上，則是天下之君矣，斯謂之正統可矣。晉隋是也。天下大亂，其上無君，僭竊並興，正統無屬。當是之時，奮然而起，並爭乎天下。有功者彊，有德者王，威澤皆被於生民，號令皆加乎當世。幸而以大并小，

〔註28〕蘇軾：〈正統論・總論一〉，《蘇軾文集卷四》，頁120。
〔註29〕歐陽修：〈正統論〉上，《歐陽修全集》（臺北：華正書局，1975年4月），頁120。
〔註30〕蘇軾：〈正統論・總論一〉，《蘇軾文集卷四》，頁120。

> 以彊兼弱,遂合天下於一,則大且彊者謂之正統,猶有說焉。不幸
> 而兩立,不能相并,考其跡,則皆正;較其義,則均焉,則正統者
> 將安予奪乎?東晉、後魏是也。其或終始不得其正,又不能合天下
> 於一,則可謂之正統乎?魏及五代是也。〔註31〕

也就是說,第一種情況「居正/一統」當然是屬於正統,不需懷疑。第二種
情況「不正/一統」,因為有「統一」的事實,雖然不是以「德」統一天下,
但仍可算是正統。這兩種情況也是蘇軾所同意的,因此有十個朝代:堯、舜、
夏、商、周、秦、漢、晉、隋、唐,被算作「正統」,是比較沒有爭議的。

　　至於第三種情況「居正/未統」和第四種情況「不正/未統」,因為都沒
有「統一天下」的事實,歐陽修並不將這些朝代當作正統,包括曹魏、東晉、
北魏及五代(後梁、後唐、後晉、後漢、後周)。他處理的方式,是提出「絕」
的觀念:

> 然則有不幸而丁其時,則正統有時而絕也。故正統之序,上自堯、
> 舜,歷夏、商、周、秦、漢而絕,晉得之而又絕,隋、唐得之而又
> 絕。〔註32〕

由這個「絕」的觀念,可看出歐陽修評判「正統」的依據,雖然是以「統一
天下」為主,但是仍非常在意君主得位是否居正的事實,所以他又寫了〈或
問〉來解釋「五代」(以梁為代表)是否能算是「正統」的問題:

> 梁,賊亂之君也,欲干天下之正統,其為不可,雖不論而可知,然
> 謂之偽,則甚矣。彼有梁之土地,臣梁之吏民,立梁之宗廟社稷,
> 而能殺生賞罰,以制命於梁人,則是梁之君矣,安得為偽哉?故於
> 正統則宜絕,於其國,則不得為偽者,理當然也。豈獨梁哉?魏及
> 東晉、後魏皆然也。〔註33〕

「梁」的統治權是無庸置疑的,不能否認有這個政權存在;可是「梁」的得
位,也是不正的,無法將它當作「正統」看待,所以歐陽修將之區分為二:「於
正統則宜絕,於其國,則不得為偽」。而且認為對於曹魏、東晉和後魏,都應
這樣看待。

　　章望之在〈明統論〉中質疑歐陽修對於「曹魏」的判定:「進秦梁,得而

〔註31〕歐陽修:〈正統論〉下,《歐陽修全集》,頁121。
〔註32〕同上註。
〔註33〕歐陽修:〈或問〉,《歐陽修全集》,頁123。

未善也。進魏，非也。」〔註34〕認爲不應該把曹魏算作「正統」，因爲「魏不能一天下，不當與之統」。蘇軾用章望之自己對於五代的意見來加以辯駁：

> 夫魏雖不能一天下，而天下亦無有如魏之強者，吳雖存，非兩立之勢，奈何不與之統。章子之不絕五代也，亦徒以爲天下無有與之敵者而已。今也絕魏，魏安得無辭哉！〔註35〕

章望之認爲五代算「霸統」，是因爲當時「天下無有與之敵者」。以這個標準來看，蘇軾認爲在三國時期，曹魏雖然沒有能夠統一天下，但是當時孫吳的力量比不上曹魏，算不上是「兩立」的勢力，所以曹魏當然是「正統」。蘇軾這樣的評判，在「標準」上──「是否擁有統治權」，與歐陽修相同，可是在判定出來的「結果」卻不相同。因爲蘇軾所提出的「正統」定義，比歐陽修更簡單扼要：

> 正統之爲言，猶曰有天下云爾。〔註36〕

意思是說，誰眞正擁有天下的統治權，誰就是「正統」，不必把得位正否的問題牽扯進來討論。因爲以事實來說，「聖人得天下，篡君亦得天下」；以道理來說，「一身之正，是天下之私正也。天下有君，是天下之公正也。」〔註37〕所以就算是篡君，也是當時的「正統」。

　　另外，蘇軾又透過辯駁章望之的看法，來補充自己對於論「正統」的意見。章望之〈明統論〉的特色，在於分「統」爲「正統」和「霸統」。章望之認爲恃功德而得天下者爲「正統」，無功德恃強而得天下者爲「霸統」。蘇軾對於這樣的區分，有不同的看法：

> 如章子之說，吾將求其備。堯、舜以德，三代以德與功，漢、唐以功，秦、隋、後唐、晉、漢、周以力，晉、梁以弒。以實言之，則德與功不如德，功不如德與功，力不如功，弒不如力，是堯、舜而下得統者，凡更四不如，而後至于晉、梁焉。而章子以爲天下之實，盡於其正統霸統之間矣。〔註38〕

被章望之認定爲「正統」的朝代有：堯、舜、夏、商、周、漢、唐、宋，認定是「霸統」的朝代有：秦、晉、隋。蘇軾指出，如果仔細分辨歷代得位的

---

〔註34〕見蘇軾：〈正統論・辯論二〉中所引，《蘇軾文集卷四》，頁121。
〔註35〕蘇軾：〈正統論・辯論二〉，《蘇軾文集卷四》，頁121。
〔註36〕蘇軾：〈正統論・總論一〉，《蘇軾文集卷四》，頁120。
〔註37〕蘇軾：〈正統論・辯論二〉，《蘇軾文集卷四》，頁122。
〔註38〕蘇軾：〈正統論・辯論三〉，《蘇軾文集卷四》，頁124。

方式，只有堯、舜可說是以「德」，三代就不純是以「德」了，更何況三代之下的朝代，有的以「功」，有的以「力」，甚至有以「弒」的方式得位的。僅僅用「正統」、「霸統」的二分法，無法把所有的朝代安置妥當。

　　章望之以「正統」、「霸統」的區分，本來是為了強調「德」（也就是蘇軾所謂的「實」）的重要，但蘇軾認為，用看重「名」的方式來強調「實」，只會適得其反：

> 章子曰正統，又曰霸統，是以實言者也。……章子以實言而不盡乎實。章子之意，以霸統重其實，而不知實之輕自霸統始。〔註39〕

所謂「以實言而不盡乎實」，是指章望之把以「德」和以「功」得位的朝代都算作「正統」，把以「力」和以「弒」得位的朝代都算作是「霸統」。這樣會讓以弒得位的君主認為弒君沒關係，至少還可以當「霸統」，根本沒有任何警惕的作用。蘇軾認為真正名實相符的「霸者」，只有漢、唐。勉強算的話，有秦、隋、後唐、後晉、後漢、後周。以「弒」得位的晉、梁，無論如何是不該被稱為「霸統」的。章望之這樣區分，既「傷乎名」又「喪乎實」，實在不恰當。

　　歐陽修提出〈正統論〉的目的之一，是為了反對漢代以來流行的「五德終始」王朝循環論，改以《春秋》褒貶之義，作為認定朝代正統性的標準。蘇軾則是希望把「正統」的「褒貶」之義去除，「使夫正統者，不得為聖人之盛節，則得之為無益。得之為無益，故雖舉而加之篡君，而不為過。」〔註40〕這樣看來，好像蘇軾並不重視君主德行以及得位是否居正的問題。其實不然，蘇軾最主要的用意，正是想透過「不以實傷名」的方式，來達到「名輕實重」的目的，為的是要強調「實」（就是「正」和「德」）的重要：

> 人之得此名，而又有此實也，夫何議。天下固有無其實而得其名者，聖人於此不得已焉，而不以實傷名。而名卒不能傷實，故名輕而實重。不以實傷名，故天下不爭。名輕而實重，故天下趨於實。天下有不肖而曰吾賢者矣，未有賤而曰吾貴者也。天下之爭，自賢不肖始，聖人憂焉，不敢以亂貴賤，故天下知賢之不能奪貴。天下之貴者，聖人莫不從而貴之：恃有賢不肖存焉，輕以與人貴，而重以與人賢，天下然後知貴之不如賢。知賢之不能奪貴，故不爭。知貴之不如賢，故趨於實。使天下不爭而趨於實，是亦足矣。正統者，名

〔註39〕蘇軾：〈正統論·辯論三〉，《蘇軾文集卷四》，頁123。
〔註40〕蘇軾：〈正統論·辯論二〉，《蘇軾文集卷四》，頁123。

之所在焉而已。名之所在，而不能有益乎其人，而後名輕。名輕而
後實重。吾欲重天下之實，於是乎始輕（正統）。〔註41〕

所謂的「名」，是指「地位貴賤」方面；所謂的「實」，則是「德性賢愚」方面。
蘇軾這裡所說的「天下之爭，自賢不肖始，聖人憂焉，不敢以亂貴賤，故天下
知賢之不能奪貴。」實際上就是在說「嫡長子繼承制度」。這個制度自商朝以來
逐漸發展而成，主張嚴格依據「立嫡立長」的禮制確定君位繼承人，反對以「傳
賢」為藉口，破壞既定的繼承序列。從《春秋公羊傳‧隱公元年》可以看到實
際的例子，因為魯隱公是以庶出長子身分繼承君位的，所以《公羊傳》的傳文
就對這次權力更替的合法性提出異議，認為應該要立嫡子桓公才對：「隱長而
賢，何以不宜立？立嫡以長不以賢，立子以貴不以長。桓何以貴？母貴也。」
〔註42〕尊卑貴賤是等級原則的第一要義，嫡貴庶賤，長前次後，所以「貴」重
於「長」，「長」貴於「賢」，要優先考慮的是「貴賤」而非「賢愚」。

　　用「嫡長子」這樣的「名位」來作為傳位的依據，只是為了要使君位傳承
原則法制化，防制其他有野心的人以所謂的「賢者」的名義來爭奪君位，造成
動盪不安。蘇軾認為這樣的「不以實傷名」，可以使「天下不爭」。如果聖人「輕
以與人貴，而重以與人賢。天下然後知貴之不如賢」，表示聖人看重的還是「賢
者」，可見「嫡長子」的名位並不比當一個「賢者」來得重要。所以當天下人「知
貴之不如賢」時，就會「趨於實」，努力培養自己的品德，做一個受人敬重的「賢
者」。把這樣的道理，推及到朝代之間的傳承，表示只要某個朝代的君主確實擁
有一定的統治權，人民都聽從他的治理，讓天下不混亂，這樣就可算是「正統」
了。這是為了「朝代傳承」的需要，並不表示這樣就是最完美的狀態。所以儒
者們要不斷提倡堯舜聖君之德，促使當權的君主一方面修養自己，一方面推行
仁政，愛護百姓，成為真正「名」、「實」相副的帝王。〔註43〕這樣的作法，比
紛擾不休地爭論誰是正統，更具有實質的意義。

　　北宋時的「正統論」論述，由歐陽修引發端緒，他把道理理想主義和權
力現實主義加以揉合，為趙宋及以後中國王朝之合法（或合道）地位，建立
了一個有古典依據的理論。而蘇軾的意見，卻是希望把道德理想主義和權力
現實主義分開來論述，讓「正統」問題單純化，期望大臣們把更多的努力投

〔註41〕蘇軾：〈正統論‧總論一〉，《蘇軾文集卷四》，頁120。
〔註42〕《公羊傳‧隱公元年》，《十三經注疏‧春秋公羊傳注疏卷一》，頁11。
〔註43〕有關三蘇對於「君主之德」的看法，詳見本論文第四章第三節的討論。

注在「如何讓君主有德」的實質問題上。這樣的兩分展現了一種思想可能性：政治應該有自身獨立的倫理，與道德之理不能完全合一；而文化、道德自有其道，政治權力不必也不可將文化價值的傳承維繫，「人道」、「天地」的存亡都肩負起來。

只可惜蘇軾的主張沒有發展的機會，因為到了南宋時，喪失了半壁山河，與金對峙，形勢與北宋迥異，在「尊王」之外，更有「攘夷」的需要。於是「正統論」越來越重視名分，而非看重對現實政治權力的具體分析，從朱熹的「正統」論點就可以看得出來。這種取向，正好與蘇軾的論點相反。南宋以後，因為歷代王朝尊崇朱子的道學，朱熹的《資治通鑑綱目》成了最權威的歷史教科書，主導了後代的歷史觀和修史義例，蘇軾的「正統論」觀點就再也沒有相呼應的論述了。

## 二、封建論

「封建」和「郡縣」是歷史上兩種不同的政治體制形式。「封建」與「郡縣」之爭涉及了國家體制、君位繼承、君臣關係和宗法倫理等層面，主要圍繞著國家調整整體與部分、中央與地方之間相互關係所採取的形式，及中央與地方的權力配置等問題展開。每當革故鼎新或天下動亂之際，這種爭論就會從理論之爭轉化為政策之爭，古代討論這類問題的文章，往往以「封建論」作為標題。

西周的分封制度是「封建」的典型，武王、周公二度東征克商後，把周朝的勢力範圍擴展到東海之濱。當時，僅靠中央王權難以控制廣袤的領土，邊陲之地更是鞭長莫及，因此「封建親戚，以藩屏周室。」「其懷柔天下也，猶懼有外侮，捍禦侮者，莫如親親，故以親屏周。」〔註44〕具體做法是封國七十有一，其中五十五國為姬姓，其餘為異姓親族和功臣，封國之內又逐級分封親戚。由此可見，「封建」的本意，一是化大為小，分散治理；二是要設置捍衛中央的軍事屏藩；三是親親、賞功，分配財產。最初，封國要向天子「報政」，實有政區性質，相當於王朝的地方政權。「封建」的目的是維護天子的權威和家天下。

春秋時期，分封制已背離「藩屏宗周」的本意，封國演化為政治實體。

---

〔註44〕見《左傳・僖公二十四年》，《左傳會箋》（臺北：明達出版社，1986年10月），
　　　　頁487和頁491。

在天子與諸侯、諸侯與諸侯、諸侯與封君之間，錯綜複雜、血腥殘酷的權力爭奪和軍事較量中，中央集權政體誕生了。在秦朝統一以後，曾經有過一場「封建」問題的爭論。丞相王綰等人主張在新占領的邊遠地區分封諸王，李斯則反對這個建議，建議實行官僚制、郡縣制。在一番辯論之後，秦始皇採納了李斯的意見，在全國設置三十六郡，後增至四十個郡，郡下設縣。郡縣直屬中央，由皇帝派官僚管理。這就根絕了封君依恃土地、子民、權力與中央政府對抗的問題。

兩漢、魏晉、南北朝、隋唐基本上實行郡縣制，但一些朝代曾分封諸王，形成一些相對獨立的政治實體。以西漢初年和西晉最爲典型。西漢初年，鑒於秦亡之訓，漢高祖在一定範圍內實行分封制。皇子封王，功臣封侯。諸侯王掌治其國，除丞相由中央任命外，其他僚屬自行署置。至漢文帝時，諸侯王逐漸成爲割據一方的勢力，有的甚至還覬覦帝位。基於現實，賈誼、晁錯都主張削減諸侯王封地，最後引發「七國之亂」。平定叛亂之後，景帝和武帝相繼採取一系列措施削藩、收權，使其空有其名，而無實權。西晉司馬炎代魏之後，認爲無宗室藩輔是曹魏亡國的原因，於是改變漢武帝以來虛封王侯的慣例。他分封皇族，起用諸王鎮守要害，參與朝政。諸王位尊權大，或擁有地方軍政大權，或操持朝廷之政，「八王之亂」就是這種制度釀成的。

唐太宗即位之初，向群臣提出這樣一個問題：「朕欲使子孫長久，社稷永安，其理何如？」〔註45〕由此引發一場曠日持久的關於「封建」問題的大討論。在這次的討論中，大致可分爲三派：贊成封建派、贊成郡縣派和折衷派，三派意見都以維護皇權爲根本目的，又都依據歷史經驗提出論證，主要有以下幾個爭論點：

爭論之一，是何種體制能有效地「尊主安上」。封建派認爲分封宗親有利於鞏固中央權威，這一點，郡縣派沒有反對，只是更深一層地指出分封潛伏著隱患。封建日久之後，宗親封國的勢力擴張，便可能給王室帶來威脅。

爭論之二，是何種體制可使「君臣相安」。封建派主張以宗法爲紐帶，維繫中央王權與地方封君的關係，以血緣親情保證「家天下」政治結構的穩固。郡縣派則認爲與其依恃不可靠的親情，不如任用天下的良才，被任用之人會更樂於效命君主。至於宗室、功臣，可以照顧他們的衣食生活，但不要賦予

〔註45〕王溥：《唐會要·卷四十六·封建雜錄上》（王雲五主編：《國學基本叢書四百種》，臺北：臺灣商務印書館，1968年12月臺一版），頁824。

他們權力。

　　爭論之三，是何種體制有利於「改善吏治」。封建派認為「封建者，必私其土，子其人，適其俗，修其理，施化易也。守宰者，苟其心，思遷其秩而已，何能理乎？」〔註46〕也就是認為，分封的諸侯會把封國的土地人民當作是自己的一樣，用心照料，盡職盡責；派任的官吏只會關心自己的升遷，苟順上司的意志，不會用心於人民。郡縣派則認為各級地方官都由皇帝選任指派，不僅有利於選賢任能，而且有利於中央制馭地方。不過，歷史已經證明了中央集權政體有利於維護國家政治統一，但並不能解決吏治腐敗的問題。

　　爭論之四，是何種體制利於「國祚傳承」。封建派以周和秦相比，周行封建，秦行郡縣；周的國祚長，秦的國祚短。又以漢與魏晉相比，「漢有天下，眾建藩屏，年逾四百；魏晉廢之，不能永久。」〔註47〕於是認為「封建」有利於國祚傳延。郡縣派同樣引據周、秦、漢、魏晉的史實，但是他們認為治亂興亡在「政」（政治措施）而不在「制」（政治制度）。看起來似乎兩種意見都能在歷史上找到一定的事實依據，但實際上，封建派只看到了治亂興亡的「表面現象」，反而是郡縣派的看法比較深入。影響國祚長短的因素很多，直接把「行封建」與「國祚長」畫上等號，是很牽強的推論。

　　在這一次的爭論之後，唐太宗採取的是折衷兩派主張的方法。他以郡縣和分封並舉，改相對獨立的封國為中央法令控制下的州縣，封君為世襲官僚，封君以下皆為國家職官。希望以此達到「輕重相鎮，憂樂是同」，「上無猜忌之心，下無侵冤之慮」〔註48〕的理想境界。

　　中唐以後，藩鎮割據，天下動盪，政治體制問題再次成為朝野爭論的焦點。柳宗元的〈封建論〉可說是這場爭論的理論總結，而且也受到蘇軾的推崇：

> 昔之論封建者，曹元首、陸機、劉頌及唐太宗時魏徵、李百藥、顏師古，其後則劉秩、杜佑、柳宗元。宗元之論出，而諸子之論廢矣。雖聖人復起，不能易也。故吾取其說而附益之。〔註49〕

〔註46〕見柳宗元：〈封建論〉中所引述主張封建派的意見。《柳河東集・卷三・封建論》（王雲五主編：《國學基本叢書四百種》，臺北：臺灣商務印書館，1968年9月臺一版），頁37。

〔註47〕王溥：《唐會要・卷四十六・封建雜錄上》，頁824。

〔註48〕唐太宗：《帝範・建親》（臺北：中國子學名著集成編印基金會，1978年12月），頁26。

〔註49〕蘇軾：〈論封建〉，《蘇軾文集卷五》，頁158。

　　柳宗元論「封建」，最大的特色是以「勢」（歷史發展必然趨勢）來說明郡縣制優於分封制。柳宗元這麼說：

> 彼其初與萬物皆生，草木榛榛，鹿豕狉狉，人不能搏噬，而且無毛羽，莫克自奉自衛，荀卿有言：必將假物以爲用者也。夫假物者必爭，爭而不已，必就其能斷曲直者而聽命焉。其智而明者，所伏必衆；告之以直而不改，必痛之而後畏；由是君長刑政生焉。故近者聚而爲群。群之分，其爭必大，大而後有兵有德。〔註50〕

「封建」的形成是起於人之常情。當人們需要利用外物，但是外物又有限時，「紛爭」就會產生了。有紛爭，就需要有「能斷曲直」、「智而明」的仲裁者。所以當「有德之人」出現時，大家會自然而然地歸順和推崇他。這是「封建」出現的「時勢」。

　　蘇軾則是由「形勢」方面來論「封建」，三代「分封諸侯」以及西漢初年的大封天下，都是希望以「封建」的方式來維持「君臣」之間的「形勢」：

> 先王知其固之不足恃，而危之不可以忽也，故大封諸侯，錯置親賢，以示天下形勢。……漢之取天下，雖不若秦之暴，然要之皆不本於仁義也。當此之時，不大封諸侯，則無以答功臣之望；諸侯大而京師不安，則其勢不得不以關中之固而臨之。〔註51〕

「封建」雖然建立了，但是只要有「群體」的區分，只要有利益的分配和傳承，紛爭就會不斷地發生，因此蘇軾說：

> 封建者，爭之端而亂之始也。自書契以來，臣弑其君，子弑其父，父子兄弟相賊殺，有不出於襲封而爭位者乎！自三代聖人以禮樂教化天下，至刑措不用，然終不能已篡、弑之禍。至漢以來，君臣父子相賊虐者，皆諸侯王子孫。其餘卿士大夫不世襲者，蓋未嘗有也。〔註52〕

　　蘇轍也認爲，由歷史上看，三代時所封的諸侯很多，有強有弱。「人之必爭，強弱之必相吞滅，此勢之必至者也。」若不是「聖賢之君，時出而齊之，是以強者不敢肆，弱者有以自立。」光靠諸侯本身的力量，根本無法維持。到後來，因爲缺少了「盛德之君」的維持，諸侯互相兼併，到了六國時，只剩下宋、衛、中山、泗上諸侯存在而已。在這樣的情勢之下，「秦雖欲復立諸

〔註50〕柳宗元：《柳河東集・卷三・封建論》，頁35。
〔註51〕蘇軾：〈形勢不如德論〉，《蘇軾文集卷二》，頁48。
〔註52〕蘇軾：〈論封建〉，《蘇軾文集卷五》，頁158。

侯，豈可得哉？」〔註53〕既然諸侯不可復立，秦朝改行郡縣制，也是理所當然的事。蘇軾認為改行郡縣制的另外一個原因在於：

> 聖人不能為時，亦不失時。時非聖人之所能為也。能不失時而已。三代之興，諸侯無罪，不可奪削，因而君之，雖欲罷侯置守，可得乎？此所謂不能為時者也。周衰，諸侯相并，齊、晉、秦、楚皆千餘里，其勢足以建侯樹屏，至於七國，皆稱王行天子之事，然終不封諸侯，不立彊家世卿者，以魯三桓、晉六卿、齊田氏為戒也。久矣，世之畏諸侯之禍也，非獨李斯、始皇知之。始皇既并天下，分郡邑，置守宰，理固當然，如冬裘夏葛，時之所宜，非人之私智獨見也，所謂不失時者。〔註54〕

三代時已經採行「封建」，若是諸侯無罪，不可能無緣無故奪削其國，改置郡守，因此「其勢不可廢」。等到春秋戰國時，從魯國的三桓、晉國的六卿和齊國的田氏，都可以看出諸侯（大夫）擅權的危害。秦代既然已經有前車之鑑，當然不可能再行封建制，這是「其勢不可行」。

柳宗元論「封建」的第二個特色，是正確地區別了「制」和「政」這兩個相關的範疇，並以此來考察歷代政治中的得和失。柳宗元是這麼說的：

> 周之事蹟，斷可見矣。列侯驕盈，黷貨事戎。大凡亂國多，理國寡。侯伯不得變其政，天子不得變其君。私土子人者，百不有一。失在於制，不在於政，周事然也。秦之事蹟，亦斷可見矣。有理人之制，而不委郡邑，是矣：有理人之臣，而不使守宰，是矣。郡邑不得正其制，守宰不得行其理，酷刑苦役，而萬人側目。失在於政，不在於制。秦事然也。〔註55〕

「制」是政治體制，郡縣制和分封制都屬於政治體制；「政」是政治措施，即執政者的具體施政行為。「制」與「政」一旦確立，就具有相對的獨立性，就會作為一種現實力量對與自己有聯繫的事物施行強大的推動和影響，而「制」與「政」的互相推動、互相影響常常達到「共生共榮」或「一損俱損」的程度。

但秦朝的統治者沒有認識到這一點，對郡縣制的設計、推行非常認真，

---

〔註53〕蘇轍：《古史卷七‧秦始皇本紀第七》，《三蘇全書》第 3 冊，頁 445。
〔註54〕蘇軾：〈論封建〉，《蘇軾文集卷五》，頁 158。
〔註55〕柳宗元：《柳河東全集‧卷三‧封建論》，頁 37。

思慮周密，可謂「老謀深算」，但對「政」的制定、實施卻脫離實際、極不謹慎。秦統治者被勝利沖昏了頭腦，以為自己無所不能，採取了很多只顧滿足奢欲，不管人力、物力、財力是否承受得了的政治措施。秦的苛政不但把秦統一給民眾帶來的好處全部抵消，還加深了對民眾的盤剝和壓迫，使廣大民眾對秦王朝由擁護轉為敵視，終於傾覆秦廷。周朝是實行分封制引發戰亂、諸侯坐大而滅亡的，是「制」劣導致滅亡；秦朝郡縣制是好的政治體制，卻因「政」的苛暴導致滅亡。看來，一個王朝，即使擁有先進的「制」，沒有「政」的配套，仍有滅亡的危險。

蘇軾和蘇轍是以「德政」的主張，作為柳宗元〈封建論〉的修正與補充。他們認為「施政」的標準在於「德」，蘇軾強調的是「形勢不如德」，他認為「形勢」之說有二，其一是「以人為形勢」，就是以「分封諸侯」的方式作為中央君主的屏障；其二是「以地為形勢」，所指的是憑藉具有「地利之險」的都城來抵禦外敵。但是這兩種措施，都比不上「德」的重要：

> 然周之衰也，諸侯肆行而莫之禁，自平王以下，其去亡無幾也。是則德衰，而人之形勢不足以救也。……然及其（漢）衰也，皆以大臣專命，危自內起，而關中之形勢，曾不及施，此亦德衰而地之形勢不能救也。〔註56〕

蘇轍則是從「實務」的層面，提出君主行「德政」可以努力的方向：

> 然秦得其勢，而不免於滅亡，蓋治天下在德不在勢。誠能因勢以立法，務德以扶勢，未有不安且治者。使秦既一天下，與民休息，寬繇賦，省刑罰，黜奢淫，崇儉約，選任忠良，放遠法吏，而以郡縣治之，雖與三代比隆可也。〔註57〕

以秦朝來說，其優勢在於國富兵強，如果能夠配合上君主施行「德」政，就可以獲得民心的支持。「德政」的基本原則，是要滿足人民的希冀。人民希望的是安居樂業，不要有戰爭，不需要繳交太多的賦稅，不必擔心嚴刑峻法。君主可以在郡縣的制度下，做好官吏的選任，避免任用嚴酷、不近人情的「法吏」，要任用忠良。至於君主本身要戒除奢淫，崇尚儉約，這樣就不必動用人民的金錢和力量，來滿足君主個人享樂的需要。歸納起來說，「德」可以表現在「制」、「政」、「兵」、「守」四個方面。

---

〔註56〕蘇軾：〈形勢不如德論〉，《蘇軾文集卷二》，頁48。
〔註57〕蘇轍：《古史卷七・秦始皇本紀第七》，《三蘇全書》第3冊，頁446。

歷史經驗表明，秦亡於「政」而非亡於「制」，說明即使是好的「制」，也需要有「政」的配套；「安史之亂」幾亡唐朝，是失於「兵」和「守」。所以要想通過行郡縣制來保國祚長久，除了要有「政」的配套外，還需要有「兵」、「守」的配合，即「政」、「兵」、「守」的綜合配套。「制」「政」、「兵」、「守」都是具有一定力量的構成社會上層建築的基本要素，它們對社會的發展變化和出現的突發事件，均有一定的應變能力，但「制」的力量總是有限的，如有「政」、「兵」、「守」的綜合配套，「制」就可以借助「政」、「兵」、「守」的力量來增強自己，配套得愈好，應變能力就愈強，政權就愈鞏固，政局就愈穩定。「政」、「兵」、「守」與「制」存在著成正比例的關係，這是「制」需要「政」、「兵」、「守」配套的深層原因，也這是郡縣制存在、發展的重要規律。

# 第二節　財政與經濟制度

## 一、賦　役

所謂「賦役」，包括了賦稅和勞役兩大部分，是人民對於國家應盡的義務。蘇轍下列的這段話，非常精要地表達出三蘇對於賦役制度的基本認知：

> 夫國之財賦，非天不生，非地不養，非民不長。取之有法，收之有
> 時，止於是矣。而宗室官吏之眾，可以禮法節也。〔註58〕

國家必須要有財政收入，才有辦法維持國家的運作。但是限於當時的物質生產條件，其財賦來源是有限的，其總量也是有一定數的。蘇軾曾透過贊同司馬光的說法，表達出同樣的意見：

> 善乎，司馬光之言也，曰：「天下安有此理。天地所生財貨百物，止
> 有此數，不在民則在官。譬如雨澤，夏潦則秋旱。不加賦而上用足，
> 不過設法陰奪民利，其害甚於加賦也。」〔註59〕

基於這樣的認知，所以「取之有法，收之有時」和「省費節用，去事之所以害財者」，成為他們論述「賦役制度」時一貫的基本主張。

### （一）賦　稅

中國古代國家的稅收，最早被稱為「貢賦」，後來稱「賦稅」，有時也單

---

〔註58〕蘇轍：〈收支敘〉，《蘇轍集·欒城後集卷十五》，頁1053。
〔註59〕蘇軾：〈論商鞅〉，《蘇軾文集卷五》，頁156。

獨稱「賦」或稱「稅」。國家「賦稅」的來源是當時社會的經濟活動：農業（包括林、牧、漁業）、手工業和商業等。農業是古代社會最主要的物質生產部門，因此也是國家賦稅最主要的來源。由此徵收的賦稅，即土地稅或農業稅，稱爲「田賦」。三蘇史論中對於「賦稅」的論述，也是偏重於「田賦」的。

　　三蘇在論述「田賦」問題時，都會先陳述歷代的田賦制度，透過這種歷時性的比較，可以凸顯出宋代賦稅問題的迫切性，並且引發對於解決方式的思考。在歷代的田賦制度中，他們最推崇三代時的井田制度，以下分別是蘇洵、蘇軾、蘇轍的看法：

> 井田復，則貧民皆有田以耕，穀食粟米不分于富民，可以無饑。富民不得多占田以錮貧民，其勢不耕則無所得食，以地之全力供縣官之稅，又可以無怨。是以天下之士爭言復井田。〔註60〕

> 昔者三代之制，度地以居民，民各以其夫家之眾寡而受田于官，一夫而百畝，民不可以多得尺寸之地，而地亦不可以多得一介之民，故其民均而地有餘。當周之時，四海之內，地方千里者九，而京師居其一，有田百同，而爲九百萬夫之地，山陵林麓，川澤溝瀆，城郭宮室塗巷，三分去一，爲六百萬夫之地，又以上中下田三等而通之，以再易爲率，則王畿之內，足以食三百萬之眾。以九州言之，則是二千七百萬夫之地也，而計之以下農夫一夫之地而食五人，則是萬有三千五百萬人可以仰給於其中。當成、康刑措之後，其民極盛之時，九州之籍，不過千三萬四千有餘夫。地以十倍，而民居其一，故穀常有餘，而地力不耗。何者？均之有術也。〔註61〕

> 古者治民必周知其夫家、田畝、六畜、器械之數，未有不知其數而能制其貧富者也，未有不能制其貧富而能得其心者也。故三代之君，開井田，畫溝洫，謹步畝，嚴版圖，因口之眾寡以授田，因田之厚薄以制賦。經界既定，仁政自成。〔註62〕

三蘇在此主要推崇的是周朝的「井田」制度，不過在談周朝的制度前，應該由夏朝和商朝的田賦制度開始討論。夏朝的田賦制度稱爲「貢」，「貢」有兩種，一是諸侯進獻的土貢（地方特產），一是百姓繳納的田賦。夏朝時，除了

---

〔註60〕蘇洵：《衡論・田制》，《嘉祐集卷五》，頁48。
〔註61〕蘇軾：〈策別安萬民三〉，《蘇軾文集卷八》，頁258～259。
〔註62〕蘇轍：〈民賦敘〉，《蘇轍集・欒城後集卷十五》，頁1054。

都城周圍地區是由王直接控制和占有之外，其他大部分的土地分封給諸侯。這些土地，一部分爲公田，由國家直接占有的奴隸耕種，其收穫物全部歸國家所有和支配；一部分則授與平民耕種，據說「夏后氏五十而貢」，〔註63〕即夏朝平民每戶從國家受田五十畝，然後將收穫物的一部分貢納給國家。耕種國有土地的平民所繳納的貢，就是田賦，即土地稅。「貢」是一種定額稅，是比較百姓所受土地若干年的產量之後，得出一年的平均產量，再把這個平均產量的十分之一定爲貢額。當貢額確定之後，不論以後年景、收成如何，百姓都必須如數繳納。問題是萬一遇到荒年，即使粒米不收，也必須如數納貢，百姓如何能夠忍受？因此這樣的制度，到了商朝時便有所調整。

商朝的田賦制度稱爲「助」。爲了灌溉和耕種的方便，商朝的土地都畫分爲井字的方塊，每塊土地之間由水渠和道路分開。一井中有九塊方形土地，這就是井田制。商代井田中的每塊土地是七十畝，周圍的八塊分給八家耕種，中間的那塊是國家公田，由八家「共同幫助」國家耕種，所以稱爲「助」法。公田的收穫物歸國家所有，私田的收穫則歸百姓自己所有。田賦只來自公田，不取私田的收穫。豐年時，國家公田收入和百姓私田收入都增加，荒年二者都減少。這樣，就可以避免實行「貢」法時，百姓在荒年盡其所有而不能完賦的情況。這就是「殷人七十而助」的「助」法，又稱「藉」法。「藉」就是「借」，指借民力以耕公田。「助」法的問題在於，公田是由八家共同耕種的，如果沒有嚴格的監督，百姓在公田上的勞動必然不會像在自家私田上的勞動那樣努力，於是影響到公田的產量，進而影響國家的稅收。

周代爲了克服上述的弊端，在「井田制」的基礎上，對於土地分配方式有所調整。周代的井田中，每塊土地是一百畝，一井共九百畝，授與八家共同耕種。最後將所有收成的十分之一繳給國家作爲田賦，其餘的收成給八家計畝均分，這就是「周人百畝而徹」的「徹」〔註64〕法。由於公田已經不再

---

〔註63〕《孟子‧滕文公上》：「夏后氏五十而貢，殷人七十而助，周人百畝而徹。」《四書章句集注‧孟子集注卷五》（臺北：學海出版社，民80年3月），頁254。

〔註64〕關於「徹」法的含義，歷來有四種不同的理解：一、「徹」指十分之一的稅率，周代什一而稅，所以稱「徹」。二、徹法即助法，一井九百畝，八家各私一百畝，中間一百畝爲公田，由八家共耕，謂之「徹」。三、「徹」爲貢法、助法並行，都城內用貢法，郊野用助法。四、「徹」是「通」的意思，一井之民，耕種時通力合作，收穫時計畝均分，民得其九，公取其一。參見張守軍：《中國古代的賦稅與勞役》（北京：商務印書館，1998年12月），頁14。本論文採取的是第四種理解。

由井田中單獨畫出，而是作為私田授與百姓耕種，就可以激起百姓的勞動積極性，使公田得到和私田一樣的精耕細作，從而增加國家的田賦收入。這就是三蘇所推崇的「井田制度」，他們認為可以達到「貧民皆有田以耕」、「一夫而百畝，民不可以多得尺寸之地，而地亦不可以多得一介之民，故其民均而地有餘」和「因口之眾寡以授田，因田之厚薄以制賦。經界既定，仁政自成」的境界。

　　但是，到了西周末年，隨著井田制的瓦解和土地私有制度的產生，「三代」的田賦制度也隨之瓦解，必須有新的田賦制度取代。對於「井田制」的瓦解，三蘇都覺得十分遺憾：

> 周之時，用井田。井田廢，田非耕者之所有，而有田者不耕也。耕者之田資于富民，富民之家地大業廣，阡陌連接，募召浮客，分耕其中，鞭笞驅役，視以奴僕，安坐四顧，指麾於其間。而役屬之民，夏為之耨，秋為之獲，無有一人違其節度以嬉。而田之所入，己得其半，耕者得其半。有田者一人而耕者十人，是以田主日累其半以至於富強，耕者日食其半以至於窮餓而無告。〔註65〕

> 自井田廢，而天下之民，轉徙無常。惟其所樂，則聚以成市。側肩躡踵以爭尋常，挈妻負子以分升合。雖有豐年，而民無餘蓄，一遇水旱，則弱者轉於溝壑，而強者聚為盜賊。地非不足，而民非加多也，蓋亦不得均民之術而已。〔註66〕

> 蓋天下之多虞，其始自井田之亡。田制一敗，而民事大壞，紛紛而不可止。其始也，兼併之民眾而貧民失職，貧者無立錐之地，而富者田連阡陌，以勢相役，收太半之稅。耕者窮餓而不耕者得食。〔註67〕

西周後期，隨著生產力的發展，在井田之外，出現了大量私田，開始了「土地私有制」。這些私田，有平民開墾的，有逃亡奴隸開墾的，也有諸侯封君為擴大自己占有的土地而開墾的。一些占有較多私田的農民開始把土地出租給他人耕種，收取地租，成為地主，而一些農民或奴隸則成為他們的佃農。諸侯封君也開始把自己占墾的私田租給奴隸耕種，最後甚至把受封的國家井田也當作私田處理。三蘇在此指出的是「土地私有制」中最嚴重的問題，那就

---

〔註65〕蘇洵：《衡論・田制》，《嘉祐集卷五》，頁47。
〔註66〕蘇軾：〈策別安萬民三〉，《蘇軾文集卷八》，頁259。
〔註67〕蘇轍：〈民政策上・第五道〉，《蘇轍集・欒城應詔集卷九》，頁1324。

是因「土地兼併」而造成土地占有上的「貧富差距」狀況。官僚、地主、商人們憑藉著政治、經濟上的強大勢力，通過合法購買和強力掠奪等手段，大量兼併農民的土地。失去土地的農民可能會成為「轉徙無常」的流亡者，「一遇水旱，則弱者轉於溝壑，而強者聚為盜賊」；或者成為大地主的佃農，形成「田非耕者之所有，而有田者不耕」，使得富者「以勢相役，收太半之稅。耕者窮餓，而不耕者得食」的不公平情況越來越嚴重。

尤其是在春秋戰國時期，各國諸侯與周天子之間為了占有更多的土地財產，開始了激烈的爭霸戰爭。為了增加財政收入，以應付統治階級的奢侈需要和大量軍費開支，各國先後都開始進行稅制的改革。這種狀況，在推崇三代井田制度的三蘇眼裡，必然成為批判的對象。如蘇軾就說：

> 及其衰也，諸侯恣行，其所以賦取於民者，唯其所欲，而刑罰隨之，故其民至於窮而無告。夫民之為農，而責之以工也，是猶居山者而責之以舟楫也。魯成公作丘甲，而《春秋》譏焉。《穀梁傳》曰：「古者農工各有職。甲，非人人之所能為也。丘作甲，非正也。」而杜預以為古者四丘為甸，甸出長轂一乘，戎馬四匹，牛十二頭，甲士三人，步卒七十二人，而魯使丘出之也。夫四丘而後為甸，魯雖重斂，安至於四倍而取之哉！哀公用田賦，曰二吾猶不足。而夫子譏其殘民之甚。未有四倍而取者也。且夫變古易常者，《春秋》之所譏也。故書作三軍、舍中軍、初稅畝、作丘甲、用田賦者，皆所以譏政令之所由變也。而《穀梁》、杜氏之說如此之相戾，安得不辨其失而歸之正哉！故愚曰《穀梁》之說是。〔註68〕

在這段文字中提到的「初稅畝」、「作丘甲」、「用田賦」，都是與「田賦」制度有關的改革措施。所謂的「初稅畝」，就是開始按田畝徵稅，不分公田、私田，一切土地均按畝繳納土地稅。蘇軾對於「初稅畝」的評論是：「宣公無恩信於民，民不肯盡力於公田，故按行擇其善畝而稅之。……夫民不盡力於公田者，上之過也。宣公不責己悔過，而擇其善畝而稅之，宜其民之謗讟而災異之作也。」〔註69〕對於這項賦稅制度的改變，蘇軾是以「執政者的德行」為觀察角度的，認為導致這項改革的原因在於魯宣公「無恩信於民」，使得人民不肯盡力於公田的耕種。魯宣公不但沒有自我反省，還採用對人民更加剝削的「稅

---

〔註68〕蘇軾：〈問魯作丘甲〉，《蘇軾文集卷六》，頁187～188。
〔註69〕蘇軾：〈問初稅畝〉，《蘇軾文集卷六》，頁191。

畝」方式。其實，單純就制度層面來看，國家向私田徵稅，表示承認了私田的合法性，也就等於承認了「土地私有制」的合法性。可說是因應時代環境變遷，不得不然的改革措施。

至於「作丘甲」、「用田賦」的制度，則是把「軍賦」與「田賦」結合，以百姓持有田畝的多寡爲基準，加徵軍役和軍用品，這也是春秋戰國時因應「國際」戰爭的需要而採行的新措施。蘇軾在這裡認爲《春秋》記載「作丘甲」，是爲了「譏諷」、「貶抑」魯國的「變古易常」。而且，要求本業爲農業的百姓成爲征戰的士兵，或者要求他們製作、繳交出軍用品，也是違反「人之常情」的措施。

爲了抑制「兼併」的情況，以及改善「以農爲兵」或「以農爲工」的不合理狀況，歷代也都有相應的改革措施。蘇洵認爲，漢代董仲舒所提出的「限民名田」的措施，應該可以良好地抑制土地兼併狀況，以改善貧富差距日益嚴重的問題。不但對於漢代有用，對於宋代也會有很好的效果。蘇洵這麼說：

> 聞之董生曰：「井田雖難卒行，宜少近古，限民名田以贍不足。」名田之說，蓋出於此。而後世未有行者，非以不便民也，懼民不肯損其田以入吾法，而遂因之以爲變也。孔光、何武曰：「吏民名田無過三十頃，期盡三年，而犯者沒入官。」夫三十頃之田，周民三十夫之田也，縱不能盡如周制，一人而兼三十夫之田，亦已過矣。而期之三年，是又迫蹙平民，使自壞其業，非人情，難用。吾欲少爲之限，而不禁其田嘗已過吾限者，但使後之人不敢多占田以過吾限耳。要之數世，富者之子孫，或不能保其地以至於貧，而彼嘗已過吾限者，散而入於他人矣。或者子孫出而分之以無幾矣。如此，則富民所占者少而餘地多，餘地多則貧民易取以爲業，不爲人所役屬，各食其地之全利。利不分於人，而樂輸於官。〔註70〕

蘇洵雖然推崇「井田」制，但是他也知道在宋代復行井田的客觀條件並不存在。〔註71〕對宋朝來說，所能夠做的，是把握住井田制「皆有田以耕」的「精神」，在兼併現象已經很嚴重的情況下，實行「漸進式」的「限田」政策。蘇洵知道「限民名田」政策最大的阻礙，在於「民不肯損其田以入吾法」，已經持有大量土地的富者，必然不可能願意釋放出自己的土地。假如像西漢時孔

---

〔註70〕蘇洵：《衡論·田制》，《嘉祐集卷五》，頁 49。
〔註71〕見蘇洵：《衡論·田制》所述。

光、何武所用的激進手段：「期盡三年，而犯者沒入官。」可能會激起很大的反彈，實在是「非人情，難用」。所以他主張，「少爲之限，而不禁其田嘗已過吾限者，但使後之人不敢多占田以過吾限耳。」避免正面與既得利益者產生衝突，是減少改革阻力的方法之一。改革者應該把眼光放遠，國家的土地持有情況是會不斷變化的，立下法制之後，是爲了規範未來，不再重蹈覆轍。至於現在的土地持有者，則以「自然消亡法則」對待即可。也許他們的後代子孫會把田地賣掉，土地持有率自然下降；或者因爲後代子孫分家，各戶所持有的土地也會自然減少。這樣一來，就能逐漸改善土地兼併、貧富不均的問題了。

　　蘇轍對於隋唐之後的田賦制度，曾有以下的評論：

> 下及隋唐，風流已遠，然其授民田，有口分、永業，皆取之於官。
> 其斂民財，有租、庸、調，皆計之於口。其後世亂法壞，變爲兩稅。
> 戶無主客，以見居爲簿；夫無丁中，以貧富爲差。田之在民，其漸
> 由此，貿易之際，不可復知，貧者急於售田，則田多而稅少。富者
> 利於避役，則稅少而田多。僥倖一興，稅役皆弊。〔註72〕

唐朝「租庸調制」的前身，是東漢末年曹操所頒行的「租調制」。規定百姓每畝田地向國家繳粟四升，稱「田租」；每戶出絹二匹、綿二斤，稱「戶調」。以「戶」爲單位徵收賦稅，會造成豪家大族庇蔭大量親屬和客戶，往往和三五口人家的小戶繳納一樣的戶調，極不合理。於是北魏建立「均田制」，改變以「戶」計徵的租調制，爲以「丁」計徵。要實施以丁計徵的租調制，必須確保每個勞動者都有一塊土地，擁有生產財富的基本條件，也就是按照勞動力來「均田」。唐朝前期繼續實行均田制，所授民田的十分之二爲永業田，子孫可以繼承；十分之八爲口分田，身死則歸還國家。並且把前代的租調制發展爲「租庸調制」，除了田租、戶調，增加了「力役稅」稱爲「庸」，每丁每年要服規定天數的勞役，也可以納絹或布代役。這些制度有兩個主要的特徵，第一是注意限制土地兼併，保證農民對於小塊土地的占有權和使用權，以確保國家賦稅的基礎；第二是注意按負擔能力平均賦稅，要求占有土地多、家資雄厚、擁有大量勞動力及耕畜的豪強地主多承擔國家賦稅。〔註73〕

　　到了唐朝中葉，土地兼併情況又惡化了，再加上安史之亂造成大量人口

---

〔註72〕蘇轍：〈民賦敘〉，《蘇轍集・欒城後集卷十五》，頁1054～1055。
〔註73〕參考張守軍：《中國古代的賦稅與勞役》，頁28～38。

流散、死亡，更加促進了土地占有權的集中，均田制徹底瓦解，租庸調制也已經無法維持。於是唐德宗任用楊炎爲相，開始實行「兩稅法」改革。「兩稅」就是「戶稅」和「地稅」，「戶稅」是據資產（貧富）徵稅，「地稅」則是按耕墾的田畝數徵收。最大的特徵是以「資產稅」取代「人丁稅」，以及以「貨幣稅」逐漸取代「實物稅」，也就是把租庸調中應納布帛絹等實物的部分，均改爲折錢計徵，因此促進了商品貨幣經濟的發展。

　　宋代政權奪之於後周，一切制度沿襲前朝，賦稅制度也是五代的延續並加以定型。五代時因爲國家有土地的需要，所以有營田、屯田的經營。於是造成了「形勢戶」侵占民田，不納租稅，賦稅的負擔和官物的運輸落在單貧小戶身上。原本合併於兩稅中的「勞役」，被分立出來由人民輪充，於是形成了勞役制度上的問題。田賦仍是按田畝徵收，於是財用窘急時便有各種名目的附加稅和雜稅。〔註74〕蘇轍曾經談到宋代時爲了改革賦稅制度的弊病，所採用過的措施：

> 故丁謂之記景德，田況之記皇祐，皆以均稅爲言矣。然嘉祐中，薛向、孫琳始議方田，量步畝，審肥瘠，以定賦稅之入。熙寧中，呂惠卿復建手實，抉私隱，崇告訐，以實貧富之等。元豐中，李琮追究逃絕，均虛數，虐編戶，以補失陷之稅。此三者，皆爲國斂怨，所得不補所失，事不旋踵而罷。〔註75〕

宋神宗熙寧年間，王安石爲相，針對當時賦役不均，稅額銳減，國家積貧積弱的情況，決定對田賦進行整理，於是推行「方田均稅法」。由官府派人丈量土地，根據土地質量即肥瘠情況，把土地分爲五等，分等納稅。方田均稅的目的是爲了均平田賦，使占有大量土地的兼併之家按其占田實數納稅，以貫徹地產多者多納稅，地產少者少納稅的公平原則，用意是良善的。只是在推行的過程中，發生了官吏舞弊、地等畫分不準等弊端，於是造成如蘇轍所說的「爲國斂怨，所得不補所失」的後果，受到許多人的反對，推行了十三年就廢止了。

　　針對「方田均稅法」實施上的問題，蘇軾也有所評論，並且提出了一個可行的作法：

---

〔註74〕詳細的賦稅制度可參考劉道元：《兩宋田賦制度》（臺北：食貨出版社，1978年12月臺灣再版），頁53～83。

〔註75〕蘇轍：〈民賦敘〉，《蘇轍集‧欒城後集卷十五》，頁1055。

> 今欲按行其地之廣狹瘠腴，而更制其賦之多寡，則姦吏因緣爲賄賂
> 之門，其廣狹瘠腴，亦將一切出於其意之喜怒，則患益深，是故士
> 大夫畏之而不敢議，而臣以爲此最易見者，顧弗之察耳。夫易田者
> 必有契，契必有所直之數，具所直之數，必得其廣狹瘠腴之實，而
> 官必據其所直之數，而取其易田之稅，是故欲知其地之廣狹瘠腴，
> 可以其稅推也。〔註76〕

爲了避免官吏在丈量土地時，因爲收受賄賂而徇私，以自己的喜怒來定土地
的廣狹瘠腴，蘇軾建議可以拿「田契」（土地所有權狀）當作認證的依據。因
爲在田契中必然會記載田地的價值，包括面積大小和地力肥瘠，官府也會依
照田契所提供的資料，來訂出田地買賣時的交易稅。蘇軾這個建議，相當務
實，並非只是空泛地指責方田均稅法的缺失。

## （二）勞　役

「勞役」又稱「徭役」，包括「兵役」和「力役」兩種，是國家要求人民
提供本身的勞動力而盡的義務。國家需要建立一定數量的軍隊，因此百姓必
須按照規定服兵役。力役則是爲國家從事各種勞動，如修建宮室、城池、官
府，運送官物，追捕盜賊以及官府差遣百姓從事的其他活動。宋代對於「力
役制度」最主要的爭論點，是要行「差役」法還是「雇役」法；而對於「兵
役制度」的爭論，則在於要「兵民合一」（徵兵）還是「兵民分立」（募兵）。
本節主要討論「力役制度」，而將「兵役制度」置於下一節「兵制」中探討。

「差役」和「雇役」的差別，在於百姓是親身服役，還是向政府納錢，
由政府雇人服役。「雇役」的可能性，必須建立在國家安寧無戰事，以及商品
貨幣經濟發展的基礎上。蘇轍曾經談到力役制度的歷史發展趨勢：

> 三代之民，以力事上，不專以錢。近世因其有無，各聽其便。有力
> 而無財者，使效其力；有財而無力者，皆得雇人。人各致其所有，
> 是以不勞而具。今也棄其自有之力，而一取於錢，民雖有餘力不得
> 效也。於是賣田宅，伐桑柘，鬻牛馬，以供免役，而天下始大病矣。
> 〔註77〕

古代役重於賦。夏朝和商朝勞役的具體規定已經不詳，但夏朝最後一個君主
——桀，就是因爲窮竭民力，賦斂無度，人民無法生存，才導致滅亡的。商

---

〔註76〕蘇軾：〈策別安萬民四〉，《蘇軾文集卷八》，頁262。
〔註77〕蘇轍：〈畫一狀〉，《蘇轍集・欒城集卷三十五》，頁619。

朝統治者則因爲經常對四夷用兵，兵役和力役也非常沉重。周代的勞役同樣也是負擔沉重，從《周禮》裡可以看到相關規定，而從《詩經》中的許多詩篇，則可看到人民對於繁重徭役的怨恨。秦統一全國後，爲了修築馳道、阿房宮、驪山陵、長城等工程，以及對匈奴、百越的戰爭需要，大規模的力役、兵役，給人民帶來了深重的災難。在這個時候，都是由百姓親身服役，不可能出錢雇役。也就是蘇轍所說的「三代之民，以力事上，不專以錢。」

到了漢代，漢制原本規定成年男子都有服正卒、更卒和戍卒的義務，但在社會比較安定，國家沒有迫切需求時，可以不必親身服役。如果是按規定納錢，由政府雇人代役，稱爲「更賦」；若是繳交實物（糧食）購買免役權，則稱爲「買復」。〔註78〕這個階段的做法，是以差役和雇役並行。不過，從三國時代開始，一直到唐朝初年的這段時期，因爲國家局勢的混亂，「雇役」不可能繼續推行。要到唐朝的「租庸調制」建立之後，才又延續這個做法。租庸調制的「庸」就是具有免役金的性質，是應服役的丁夫不去服役而繳納的一種實物折納。這個階段，正是蘇轍所說「有力而無財者，使效其力；有財而無力者，皆得雇人。人各致其所有，是以不勞而具。」

唐代安史之亂後，楊炎推行兩稅法改革，把租庸調中的「庸」和「調」都改爲以貨幣繳納。因爲土地兼併的發展，使許多農民喪失土地，成爲流民，社會上的雇傭關係已經有相當發展，使得國家用所得貨幣雇人服役具有可能性。不過，兩稅法雖然已經包括了役金，但是對於「徭役」的徵發並沒有廢除。蘇軾對此的評論是：「萬一不幸，後世有多欲之君，輔之以聚歛之臣，庸錢不除，差役仍舊，使天下怨讟。」〔註79〕也就是說，百姓有雙重負擔，又要繳交包括庸金在內的兩稅，又要負擔勞役，將會激發民怨。

到了宋代，兩稅和徭役正式分開。宋朝的兩稅僅爲田賦，不包括丁錢與徭役。兩稅之外，百姓還要負擔徭役。宋代徭役有兩類：一是「職役」，是擔任地方下級官吏，主要有主管官府財物的「衙前」；負責督征賦稅的「里正」、「戶長」、「鄉書手」；追捕盜賊的「耆長」、「弓手」、「壯丁」；還有傳達敕令文書和負責州縣雜務的種種職務等。另一類是「雜徭」，是臨時性差役，例如在地方上修路、治水、修造官府私第等工作。宋代把民戶按家資分爲九等，

---

〔註78〕　《史記‧平準書第八》中記載：「兵革數動，民多買復及五大夫，徵發之士益鮮。」顏師古注曰：「入財於官以取優復。」見《史記會注考證》，頁529。
〔註79〕　蘇軾：〈上神宗皇帝書〉，《蘇軾文集卷二十五》，頁734。

各種職役由一、二、三、四等戶輪流承擔。下五等戶為貧困戶，是免役的。官戶（又稱官僚形勢戶，包括貴族、官僚）也不服役。以戶等定差，派遣勞役，這就是宋代的差役制。蘇轍曾談到繁重的縣役危害人民生活的狀況：

> 惟嘉祐以前，百役在民，衙前大者主倉庫，躬饋運，小者治燕饗，職迎送，破家之禍，易如反掌。至於州縣役人，皆貪官暴吏之所誅求、仰以為生者，先帝深究其病，鬻坊場以募衙前，均役錢以雇諸役，使民得闔門治生，而吏不敢苟問。有司奉行，不得其當，坊場求數倍之價，役錢取寬剩之積，而民始困躓，不堪其生矣。〔註80〕

宋代的「衙前」役負責管理州郡的倉庫、搬運官物、迎送官吏等職務，但是管理官物不僅要負擔所需費用，如有丟損，還要賠償，衙前戶常常因此破產。富戶往往買通官府，採取各種手段，把衙前役推到三、四等戶，甚至五等戶以下貧民身上，造成貧民紛紛棄田逃亡，以避重役。於是王安石變法推行「免役法」，亦稱募役法，令本來就要承擔徭役的民戶按貧富戶等第出「免役錢」，不再服役，政府用所收入的免役錢雇人充役。原來不承擔徭役的官戶，女戶，坊郭戶，單丁戶，僧道戶和城市的上五等戶，也要按其田產數量輸錢助役（其中官戶減半），叫做「助役錢」。在定額之外，要加收百分之二十，供災荒年分雇役之用，叫做「免役寬剩錢」。

蘇軾和蘇轍對於「免役法」的意見頗為一致，在新法施行早期，他們都是站在反對的立場，希望恢復「差役」制。但是等到新法實施一段時間之後，因為兩人都有實際接觸百姓的機會，確實感受到兩種制度各有利弊，因此雖然仍主張恢復「差役」制，但並不認為「差役」是完美無缺，「免役法」就一無是處，〔註81〕而是更務實地希望改革舊法弊端，善用新法優點，採取折衷的方案，一切以人民的福祉為出發點。

最初，他們對於「免役法」的反對，主要有三個理由：

第一，免役法要求所有的人民都要繳納免役金，這樣一方面是增加了原先不需要承擔徭役的百姓的負擔，另一方面因為配套措施沒有做好，對於不同戶等原有的責任和義務也都各有危害。蘇軾說：

---

〔註80〕 蘇轍：〈民賦敘〉，《蘇轍集‧欒城後集卷十五》，頁 1055。
〔註81〕 蘇轍說：「臣謂改雇為差，實得當今救弊之要。然使聞害不除，見善不徙，則差役害人，未必減於免役。」見蘇轍：〈三論差役事狀〉，《蘇轍集‧欒城集卷三十九》，頁 683。

雇役之法，自第二等以上人戶，歲出役錢至多。行之數年，錢愈重，穀帛愈輕，田宅愈賤，以至破散，化爲下等。請以熙寧以前第一、第二等戶逐路逐州都數而較之。元豐之末，則多少相絕，較然可知。此雇役之法，害上戶者一也。第四等已下，舊本無役，不過差充壯丁，無所陪備。而雇役法例出役錢，雖所取不多，而貧下之人，無故出三五百錢，未辦之間，吏卒至門，非百錢不能解免，官錢未納，此費已重。故皆化爲游手，聚爲盜賊。當時議者，亦欲蠲免此等，而戶數至廣，積少成多，役錢待此而足，若皆蠲免，則所喪大半，雇法無由施行。此雇役之法，害下戶者二也。〔註82〕

蘇軾認爲「上戶」所受到的影響在於：免役法所收的是「貨幣」（錢）而非實物，因此貨幣的價值漸漸高於穀帛，上戶也必須付出更多的穀帛才能換到足夠的金錢，漸漸地家產都變賣光了，戶等也因此下滑。至於四等以下的「下戶」，即使規定繳納的錢數不多，但是除了增加負荷外，還要應付來收免役金的官吏，更是沉重的負擔。還有「官戶」本來雖然不需承擔徭役，卻有其他禁令須遵守，蘇轍說：

今朝廷所以條約官戶，如租佃田宅、斷買坊場、廢舉貨財、與眾爭利，比於平民，皆有常禁。苟使之與民皆役，則昔之所禁皆當廢罷。罷之，則其弊必甚；不罷，則不如爲民。此徭役之說，轍所以未論也。〔註83〕

現在免役法規定「官戶」也要出錢助役，卻沒有解除相關的禁令，等於是加重「官戶」的負擔。但是那些禁令卻也是不應該解除的，否則將會帶來更大的弊端。

第二，他們認爲雇役會有逃亡的問題。蘇軾說：「自古役人，必用鄉戶，猶食之必用五穀，衣之必用絲麻，濟川之必用舟楫，行地之必用牛馬，雖其間或有以他物充代，然終非天下所可常行。」〔註84〕用「鄉戶」爲差役，有什麼好處？蘇轍說得很明白：

役人之不可不用鄉戶，猶官吏之不可不用士人也。有田以爲生，故無逃亡之憂；樸魯而少詐，故無欺謾之患。今乃捨此不用，而用浮浪不

---

〔註82〕 蘇軾：〈論役法差雇利害起請畫一狀〉，《蘇軾文集卷三十》，頁852。
〔註83〕 蘇轍：〈制置三司條例司論事狀〉，《蘇轍集‧欒城集卷三十五》，頁610～611。
〔註84〕 蘇軾：〈上神宗皇帝書〉，《蘇軾文集卷二十五》，頁733。

根之人，轍恐掌財者必有盜用之奸，捕盜者必有竄逸之弊。〔註85〕
鄉戶是離不開田地的，安土重遷的觀念會束縛服勞役之人的行動。就算有逃亡事件發生，官府也可以追究其鄉里親戚的連帶責任，或者沒收其土地，對於服勞役之人的掌控力較強。還有，農民的性格相對來說是「樸魯而少詐」的，使之掌理官物、追捕盜賊，也比較可以令人放心。假如是雇用「浮浪不根之人」，就可能有逃亡、盜用、竄逸等等的弊病產生。

第三，「免役法」徵收的是貨幣，而且還要加收「寬剩錢」。蘇軾認為如此會造成的弊病是：「掊斂民財，十室九空，錢聚於上，而下有錢荒之患。」
〔註86〕民間的錢財多被徵收，集中到官府裡了，使得人民日益貧困。蘇轍則說：

> 且夫錢者，官之所為，米粟布帛者，民之所生也。古者上出錢以權天下之貨，下出米粟布帛以補上之闕。上下交易，故無不利。今青苗、免役皆責民出錢，是以百物皆賤，而惟錢最貴，欲民之無貧不可得也。〔註87〕

也是批評「免役法」造成了人民貧困的狀況。

不過，到了宋哲宗元祐年間，廢止免役法，恢復差役法之後，蘇軾和蘇轍並不像以司馬光為主的大部分舊黨人士那樣，對於新法一律貶斥。蘇軾在客觀地觀察免役法實施後的情況，以及復行差役法所產生的弊病之後，直言：「差役、免役，各有利害。」〔註88〕他認為差役法會使得「民常在官，不得專力於農，而貪吏猾胥，得緣為姦。」〔註89〕而蘇轍也發現，之前他對於免役法的顧慮，並沒有想像中的嚴重：

> 獨有一弊，所雇衙前或是浮浪，不如鄉差稅戶可以委信。然行之十
> 餘年，浮浪之害無大敗闕，不足以易鄉差衙前騷擾之患。〔註90〕

他原本擔心免役法中雇用「浮浪之人」，會有「逃役」的問題，事實上並沒有發生。而差役法（鄉差衙前之役）對於人民的侵擾，才是更嚴重的問題。蘇轍認為侵擾的原因在於：

---

〔註85〕蘇轍：〈制置三司條例司論事狀〉，《蘇轍集‧欒城集卷三十五》，頁609。
〔註86〕蘇軾：〈辯試館職策問札子二首之二〉，《蘇軾文集卷二十七》，頁791。
〔註87〕蘇轍：〈畫一狀〉，《蘇轍集‧欒城集卷三十五》，頁619。
〔註88〕蘇軾：〈辯試館職策問札子二首之二〉，《蘇軾文集卷二十七》，頁791。
〔註89〕同上註。
〔註90〕蘇轍：〈論差役五事狀〉，《蘇轍集‧欒城集卷三十七》，頁644。

> 國朝因隋、唐之舊，州縣百役并差鄉戶。人致其力以供上，使歲月
> 番休，勞佚相代。吏若循理，不以非法加民，則被役之人，本無大
> 苦。然役人既是稅戶，家有田產，誅求必得。吏少廉慎，凡有所須，
> 不免侵取。〔註91〕

勞役之所以給人民帶來負擔和災禍，並不是「制度」本身設計不良，問題是
出在執行的官吏不能「循理」，而且「以非法加民」。復行差役法之後，假如
官吏仍繼續不合理地對待服勞役的人民，就喪失了復行舊法的用意。因此蘇
轍希望朝廷一定要頒發禁令，徹底執行，讓官吏「愛惜鄉差役人」，這樣人民
才能「被差役之利，而無差役之害」。〔註92〕

蘇軾還發現，「差役法」的復行，反而為「中等戶」帶來危害：

> 獨有第三等人戶，方雇役時，每戶歲出錢多者不過三四千。而今應
> 一役，為費少者，日不下百錢，二年一替，當費七十餘千。而休閒
> 遠者，不過六年。則是八年之中，昔者徐出三十餘千，而今者併出
> 七十餘千，苦樂可知也。而況農民在官，貪吏狡胥，恣為蠶食，其
> 費又不可以一二數。此則差役之法，害於中等戶者一也。今之議者，
> 或欲專行差役，或欲復行雇法，皆偏詞過論也。臣愚以謂朝廷既取
> 六色錢，許用雇役，以代中等人戶，頗除一害，以全二利。此最良
> 法，可久行者。〔註93〕

對於第三等戶的人民來說，在「免役法」的制度下，他們需要繳交的免役金
最多不過三四千錢；復行「差役法」之後，親身服役的開銷加起來卻需要七
十餘千。可見對於中等戶來說，差役法的負擔比免役法重多了。既然已經發
現了這樣的問題，於是蘇軾建議，應該可以在革除兩種制度的缺點之後，善
用兩種制度的優點，以「差役法」照顧上、下等戶的需要，以「雇役法」解
除中等戶的困苦。

王安石等新黨執行新政和司馬光等舊黨復行舊法，共同的問題是在於「急
躁」，從「免役法」改革以及「差役法」恢復的過程中，就可以明白看到這一
點。在兩方極端的意氣之爭中，蘇軾和蘇轍能夠客觀、中肯地辨析兩種制度
的優缺點，是因為他們具有歷史性的眼光。站在「歷史的高度」看事情，可

〔註91〕蘇轍：〈再言役法札子〉，《蘇轍集·欒城集卷三十八》，頁 677～678。
〔註92〕同上註，頁 678。
〔註93〕蘇軾：〈論役法差雇利害起請畫一狀〉，《蘇軾文集卷三十》，頁 852。

以有更宏觀的視野，這種見識在宋代當時是十分難能可貴的。

## 二、商　業

　　蘇洵曾經論及北宋時的商業狀況，他說：

> 先王不欲人之擅天下之利也，故仕則不商，商則有罰；不仕而商，
> 商則有徵。是民之商不免徵，而吏之商又加以罰。今也，吏之商既
> 幸而不罰，又從而不徵，資之以縣官公羅之法，負之以縣官之徒，
> 載之以縣官之舟，關防不譏，津梁不呵。然則，爲吏而商誠可樂也，
> 民將安所措手？〔註94〕

這段話所涉及的是北宋「爲吏而商」的弊病，以及所引發的市場壟斷問題。
北宋前期在商稅上實行「恤商」政策，在商品專賣上又步步放寬限制，富商
大賈得有優越的條件，以驚人的速度累積起他們的財富。他們之所以能很快
的發財，也是因爲善於勾結官僚，得到庇護。而官僚之所以保護商人，則是
因爲商人可分錢給他，或幫他經營商業，增置資產，不少官僚就是亦官亦商
者。但是朝廷對於這種「爲吏而商」的狀況卻既不處罰禁止，又不加以徵收
商稅，等於是姑息養奸。商人仗恃著官僚，或本身就是官僚，兼營商業，導
致了土地兼併和市場壟斷的問題。這些問題，對於朝廷財政收入的衝擊越來
越大，使得政府對於商業政策有了改革的迫切性。

　　在王安石變法中，與商業經濟有關的措施是：「均輸法」、「市易法」和「青
苗法」，最主要的走向就是「國家介入和掌控」。因爲國家想要擴大財源，無
非有這麼幾條門路可想：一是剝奪有特權者的特權，這不僅可以擴增政府經
濟實力，還可挾制這些人的政治利益。二是讓經濟實力富足的人多出錢。這
些人在變法前雖然也要承擔比較重的負擔，但還有很大的油水可供擠壓，何
況這種擠壓抑制還含有限制他們「與人主爭利」、「強化集權」的意義。三是
隨著商品經濟的發展，商業利潤已十分誘人，這部份油水只要通過政府的力
量，壟斷市場，加強專賣官營，其利潤自然歸於國家。四是在貧苦農民身上
打主意。雖說這部分人應該沒有什麼可壓榨的，但是因爲人數龐大，只要按
他們的經濟能力承擔數量不太大的負擔，合在一起也是一筆可觀的數字。國
家透過對於商業的介入和掌控，一方面是希望從這四方面獲得更多的財政收

---

〔註94〕蘇洵：《衡論·申法》，《嘉祐集卷五》，頁42。

入，另一方面也是希望改善市場壟斷的問題。

「均輸法」就是政府利用國家資金，從事某些大宗商品的地區間遠距離的販運貿易，以調劑物資餘缺的一種經營方式。這種制度由來已久，從漢武帝元封元年（前 110 年）便在桑弘羊主持下，開始推行。漢代推行均輸法的背景，是因爲當時各郡國對中央政府每年都有地方物產貢輸的任務。但實際上，道遠的郡國把貢物運抵京師時，按市價計算，恐怕還不足抵償運費，而且貢物在長途運輸中又容易損壞，更增加了費用。一方面郡國苦於遠道運輸，另一方面中央政府在財政上也因運費過大而遭受損失（運費由賦稅收入中抵付）。因此桑弘羊靈活運用商人在地區間從事販運貿易的經驗，創設了「均輸法」，規定郡國把應繳的貢物連同運費，依照當地正常的市價，折合爲一定數量的、當地出產的土特產品，就地繳給均輸官。均輸官則把這些土特產品運往需要該種物品的其他地區銷售，獲得金錢，再上繳朝廷。如此一來，郡國不必再爲運輸而操心，解決了過去實物貢輸時因道里有遠近而輸送有勞逸不均的問題，所以稱爲「均輸」；朝廷也可以藉由物品輾轉貿易的差價中，獲得更高的利潤。

均輸法在全面推行之後，在一年之中給西漢政府上繳的利潤就達五百餘萬匹絹帛（可能此時物價上漲，故以均輸之利購存布帛，以保幣值），大大充實了財政收入。不但減少了原先郡國貢輸時人力和物力的浪費，還使民間商人的收購、販運受到抑制，對於打擊商人資本的投資兼併活動有一定的作用。〔註95〕但是，蘇軾和蘇轍對於這個制度都沒有好評：

> 昔漢武之世，財力匱竭，用賈人桑弘羊之說，買賤賣貴，謂之均輸。
> 於時商賈不行，盜賊滋熾，幾至於亂。孝昭既立，學者爭排其說，
> 霍光順民所欲，從而予之，天下歸心，遂以無事。〔註96〕

> 漢武帝因文、景富庶之後，虐用其民，厚自奉養，征伐四夷，幾喪天
> 下。逮其晚歲，托國於霍光。光知用兵之害，罷均輸榷酤，與民休息，
> 而天下復安。凡武帝之所以得稱賢君者，惟用霍光故也。〔註97〕

他們都提到漢昭帝時霍光「罷均輸榷酤」之事，並且給予霍光正面的評價。

〔註95〕參考吳慧：《中國商業政策史》（臺北：文津出版社，1995 年 12 月），頁 63～
67。劉佛丁、李一翔、張東剛、王玉茹：《中華文化通志・制度文化典・工商
制度志》（上海：上海人民出版社，1998 年 10 月），頁 92～94。
〔註96〕蘇軾：〈上神宗皇帝書〉，《蘇軾文集卷二十五》，頁 735～736。
〔註97〕蘇轍：《歷代論・孫仲謀》，《蘇轍集・欒城後集卷九》，頁 980。

漢武帝臨死前，桑弘羊和大將軍霍光等一起接受遺詔，輔佐八歲的小皇帝——昭帝。因為均輸法和其他國家掌控商業的政策，危害到富商大賈和朝廷官僚的經濟利益，必然引起他們的反對。而且這些政策在執行過程中，也會發生許多違反政策原意而損及人民利益的問題。如有的地方均輸官以低價向人民收購物資，強徵非當地所產物品；有的官吏暗中與奸商勾結，買賤賣貴等等。霍光本來就對於桑弘羊的政策不完全贊同，於是以此為口實，召開「鹽鐵會議」，來檢討武帝時代的財經和內政外交方面的政策。鹽鐵會議的爭論，在經濟上是朝廷與豪民的明爭，在政治上是霍光同桑弘羊的暗鬥，在思想上則表現為儒家學派「經濟放任政策」與法家學派「經濟干涉政策」的一場大論戰。最後，霍光以謀反的罪名處死桑弘羊，結束這場爭鬥。

　　蘇軾和蘇轍所採取的都是儒家的經濟觀點，所以他們才會支持霍光的做法。儒家的經濟放任政策，基本立場是：不與民爭利。所以蘇軾曾在讀了《後漢書·朱文季傳》之後，藉由東漢朱暉勸諫章帝的話，表達出自己對於均輸的看法：

> 王制：天子不言有無，諸侯不言多寡，食祿之家，不與百姓爭利。
> 今均輸之法，與賈販無異。鹽利歸官，則下人宿怨；布帛為租，則
> 吏多奸盜。皆非明主所當行。〔註98〕

東漢章帝時，為了政府財政開支的需要，尚書張林上書建議恢復鹽鐵官賣和均輸法，而朱暉根據的是儒家傳統的經濟觀點，又引發了一場辯論，這場辯論的本質和鹽鐵會議是相同的。章帝最後雖然採行了張林的建議，但是沒多久就又屈服於政治勢力之下，為了換取豪強的支持，仍舊使經濟放任政策占了主導地位。

　　王安石制定均輸法，是因為宋代有與桑弘羊當時相似的需求。宋代也有各地須向中央繳納貢賦的制度，主持物資貢輸工作的機構稱為「發運司」。但是實物貢輸在供需之間發生嚴重的脫節，不但輾轉運輸甚為勞費，而且各地同類物資大量集中於開封，數量過剩，不得不低價拋售。長期以來，諸路上供的物資每年數額固定，不顧年成豐歉，於是當地方政府無法應付上面的徵取時，就向農民多收稅，增加農民的負擔。又由於朝廷所用的物品，「多求於不產，責於非時」，地方官或納稅戶為了上供、完賦，只好出錢向商人購買，使得商人可以操控市場，從中獲利。王安石認為，這種輕重斂散之權旁落於

---

〔註98〕蘇軾：〈朱暉非張林均輸說〉，《蘇軾文集卷六十五》，頁 2017。

商人之手的情況必須要改變。

宋代的均輸法是擴大「發運使」的權限，總管東南六路的財賦和茶鹽酒礬等各項收入，並利用這些資本，盡量在豐產、價賤、路程近便的地方進行所需物品的徵收和採購。對於非生產地區或歉收的地區，不強徵實物或糧食，可以錢幣折交。發運使則用歉收地區所收的錢到豐收地區去收購，以填補庫存；糧食有餘存時，還可在歉收地區價貴之處出售，可免豐年價格過賤而傷農，對歉收地區人民也有好處。

對於商業資本更全面的約束，是熙寧五年（1072）三月時所頒行的「市易法」，這是由政府設置專門機構，直接吞吐物資，參與交易，以平抑市場物價的一種政策措施。市易法的歷史源頭是桑弘羊的「平準法」，而且有新的發展。簡單地說，桑弘羊的平準法是官府命吏坐市肆販賣，直接零售；而市易法則是由官府批發給商人去零售，而且還對商人進行貸款賒銷，使商人以財產作抵押，五人以上互保，每年納息二分。市易法的推行能夠使穩定市場物價，對於城市的一般居民來說，也在一定程度上減輕了大商人高抬物價所加重的負擔。

均輸法和市易法實際施行以後，朝廷裡產生了激烈的爭論，反對的意見如潮水般湧來。其中，蘇軾之所以反對，是因為他認為這兩個政策對人民來說是「與商賈爭利」，對官府來說是「得不償失」：

> 立法之初，其說尚淺，徒言徙貴就賤，用近易遠。然而廣置官屬，多出緡錢，豪商大賈，皆疑而不敢動，以為雖不明言販賣，然既已許之變易，變易既行，而不與商賈爭利者，未之聞也。夫商賈之事，曲折難行，其買也先期而與錢，其賣也後期而取直，多方相濟，委曲相通，倍稱之息，由此而得。今官買是物，必先設官置吏，簿書廩祿，為費已厚，非良不售，非賄不行，是以官買之價，比民必貴，及其賣也，弊復如前，商賈之利，何緣而得。朝廷不知慮此，乃捐五百萬緡以予之。此錢一出，恐不可復。縱使其間薄有所獲，而徵商之額，所損必多。〔註99〕

均輸法和市易法固然不利於富商大賈，但也使民間中小商人受到影響，因為有許多商人貸款之後，無力償還，紛紛倒閉。商家減少，官府所收到的商稅（徵商之額）自然也就減少了。而且官府所主辦的交易買賣，因為有更多的

人事費開銷（設官置吏、簿書廩祿）和中間經手人的貪污，所以在購買時，會花更多的公帑。與販賣之後的利潤結算起來，官府獲得的商賈之利並不多。

　　均輸法和市易法主要針對地區間的販運商和城市的富商大賈，但還有許多商人是直接和農民打交道，賤買貴賣加上高利貸，使他們兼併土地更為方便。為了抑制這個勢力，王安石推行了青苗法。青苗法是從西漢宣帝時創立的「常平法」轉化而來的，其基本宗旨與李悝的「平糴法」相同，蘇轍曾經談到李悝之法：

> 民之為性，豐年食之而無餘，饑年則轉死溝壑而莫之救。富商大賈乘其不足而貴賣之，以重其災，因其有餘而賤取之，以待其敝。予奪之柄歸於豪民，而上不知收，粒米狼戾而不為斂，藜藿不繼而不為發，故為之法曰：賤而官為糴之，以無傷農，貴而官為發之，以無傷末。小饑則發小熟之斂，中饑則發中熟之斂，大饑則發大熟之斂。此李悝之法也。〔註100〕

「常平法」就是由政府設置「常平倉」，豐年穀價賤時官府以高於市場的價格收購糧食貯存，荒年穀價貴時，再以低於市場的價格出售，盡量使價格的波動保持在有利於生產和消費的一定幅度之內。

　　不過宋代推行「常平倉」，到了王安石時，已經不能發揮正常的作用了，因此他認為，既然常平倉成效不彰，不如把倉中現存的糧食和現錢當作本錢，貸給農民，一方面使農民可以貸款應急，一方面政府可以獲得利息收入。青苗法在施行上有許多細緻的辦法，超越了前代，可說是王安石及其同僚的創造發明。不過，蘇軾做了常平法和青苗法的比較之後，並不贊同青苗法：

> 且夫常平之為法也，可謂至矣，所守者約，而所及者廣。借使萬家之邑，止有千斛，而穀貴之際，千斛在市，物價自平。一市之價既平，一邦之食自足，無操瓢乞丐之弊，無里正催驅之勞。今若變為青苗，家貸一斛，則千戶之外，孰救其饑？且常平官錢，常患其少，若盡數收糴，則無借貸，若留充借貸，則所糴幾何，乃知常平青苗，其勢不能兩立，壞彼成此，所喪愈多，虧官害民，雖悔何逮。〔註101〕

常平法的設計比較單純，就是為了平抑糧食價格，由政府扮演居中調節的角色，對於人民沒有什麼附加的要求。至於青苗法，是一種貸款制度，必須考

---

〔註100〕蘇轍：〈民政策上・第五道〉，《蘇轍集・欒城應詔集卷九》，頁1325。
〔註101〕蘇軾：〈上神宗皇帝書〉，《蘇軾文集卷二十五》，頁735。

慮貸款人的身分、貸款的數量、貸款的歸還方式、利息的比例和收取等問題。在宋代民間原本就有借貸的制度，不過取息相當高，一般是一倍的利息。針對這種民間高利貸的情形，蘇轍在早年所寫的策論中，曾經也給予批判，並且提出過理想化的改革措施：

> 夫所謂貸者，雖其為名近於商賈市井之事，然其為意，不可以不察也。天下之民，無田以為農，而又無財以為工商，禁而勿貸，則其勢不免轉死於溝壑。而使富民為貸，則有相君臣之心，用不仁之法，而收太半之息。其不然者，亦不免於脫衣避屋以為質，民受其困，而上不享其利，徒使富民執予奪之權以豪役鄉里。故其勢莫如官貸，以周民之急。《周官》之法，使民之貸者，與其有司辨其貴賤，而以國服為息。今可使郡縣盡貸，而任之以其土著之民，以防其逋逃竄伏之奸，而一夫之貸，無過若干。春貸以斂繒帛，夏貸以收秋實，薄收其息而優之，使之償之無難，而又時免其息之所當入，以收其心。使民得脫於奴隸之中，而獲自屬於天子。如此則天下之遊民可得而使，富民之貸，可以不禁而自息。〔註102〕

蘇轍認為貸款有存在的必要性，但是與其讓富民用高利貸的方式圖取暴利，壓迫貧民，不如由官府來主辦貸款事務。不過，官府辦貸款，是為了照顧人民需要，而不是為了賺取利息的，所以應該要「薄收其息而優之，使之償之無難，而又時免其息之所當入，以收其心」。可見宋代當時的民間高利貸，已經是不容忽視的問題。也許是因為蘇轍有過這樣的主張，因此王安石在熙寧二年設立制置三司條例司時，就安排蘇轍擔任檢詳文字的職務，共同思考變法的政策。

王安石和蘇轍雖然都講變法，但他們對於要如何變的主張卻是不同的。自從青苗法還在草擬階段時，蘇轍就已經和王安石、呂惠卿有過爭論了。在青苗法推行之後，蘇轍又透過比較私人借貸和公家貸款的不同，以呈現青苗法之害：

> 公家之貸，其實與私貸不同。私家雖取利或多，然人情相通，別無條法。今歲不足而取償於來歲，米粟不給而繼之以芻薪，雞豚狗彘皆可以還債也。無歲月之期，無給納之費。出入閭里，不廢農作。欲取即取，願還即還。非如公家，動有違礙。故雖或取息過倍，而

〔註102〕蘇轍：〈民政策下·第二道〉，《蘇轍集·欒城應詔集卷十》，頁1330～1331。

> 民恬不知。今官貸青苗，責以見錢。催隨二稅，鄰里相保，結狀請
> 錢。一家不至，九家坐待。奔赴城市，糜費百端。一有逋竄，均及
> 同保。貧富相迫，要以皆斃而後已。朝廷雖多設法度，以救其失，
> 而其實無益也。〔註103〕

蘇轍認爲私人借貸的利息雖高，但是在還款的方式上比較有彈性。也許今年還不出來，可以寬延至明年；也許無法歸還米粟，但可以用其他的物品代替。青苗法本來設計是放款時給現錢，歸還時還實物，但是執行之後，有些地方卻要求歸還時要還現錢，這就是「責以見錢」的問題。還有爲了防止發放的青苗錢收不回來，所以規定富裕戶可以多借，越貧困的人戶借額越少，使得真正有需要的人反而得不到幫助。青苗法又規定五戶或十戶結爲一「保」，假如借戶逃亡了，保戶要分賠，即「一家不至，九家坐待」，「一有逋竄，均及同保」。還有地方官吏爲了多放青苗錢以邀功，實行「抑配」，也就是強迫不需要的人借貸、交息。或者是如果有人還不出錢，就會被抓到官府用刑等。這種種的問題，都是青苗法的弊病，難怪會引發反變法人士的強烈抨擊。

　　三蘇對於商業，採取的都是儒家的經濟放任觀點，而王安石變法的基礎卻是法家的經濟干預觀點。這兩種主張，在歷史上一直就不斷有著爭論。經濟干預觀點主張國家對經濟生活要多加干預，以保證經濟生活正常進行，否則就會引起衝突、混亂，對整個社會、國家產生危害。經濟放任觀點則認爲怎樣從事經濟活動是百姓自己的事，百姓自會根據自己的利益行事，而把經濟活動進行到最好的狀態；國家不應與民爭利，不應多所干預，否則只會妨害經濟生活的正常進行。由宋代的狀況看來，王安石的變法政策容易走向經濟干預的極端，司馬光和其他反對變法的人容易走向經濟放任的極端。比較起來，三蘇的觀點還算是比較持平的。

# 第三節　軍事與國防制度

## 一、兵　制

　　北宋建國後，在軍事、行政和財政各方面實行強化中央集權、削弱地方勢力的政策，確立了居重馭輕、以文制武的政治局面。但是宋朝在加強對內

---

〔註103〕蘇轍：〈畫一狀〉，《蘇轍集‧欒城集卷三十五》，頁618～619。

防範的同時，卻大大削弱了對外防禦的力量，在對外戰爭中長期處於劣勢。北宋先是與契丹（遼）對峙，在屢屢戰敗之後，於宋眞宗時訂下澶淵之盟，以「歲幣」換取和平；後來西夏爲亂，與西夏之間的戰爭也都是敗多於勝。因爲現實環境的需要，三蘇的史論中對於軍事（兵）有大量的論述，例如蘇洵有名的〈六國論〉，就是藉著評論「六國破滅」之因，爲「弊在賂秦」，隱含著對於宋朝歲幣政策的批判。

## （一）集兵養兵

集兵之制，即兵役制度，是兵制最基本的內容之一。就其基本類型而言，大體可區分爲義務兵役制（以「徵兵制」爲主）和志願兵役制（以「募兵制」爲主）兩種。三蘇對於「兵役制度」的論述，主要是在辨析「兵民合一」（徵兵）和「兵民之分」（募兵）的優缺點，這兩種制度，除了「集兵」的方式不同外，在「養兵」方面的問題也有所不同。

蘇轍曾經分析兵役制度的歷史演變趨勢，他認爲：

> 臣聞三代之時，無兵役之憂。降及近世，有養兵之困，而無興役之患。至於今，而養兵興役之事，皆不得其當，而可爲之深憂。〔註104〕

三代之時，之所以無兵役之憂，是因爲「古者兵出於農，而役出於民」，「有農則不憂無兵，而有民則不憂無役」。在井田制度下，國家授田給民，隨之要求農民繳交田賦、提供力役以及出丁當兵，兵民合一是理所當然的。等到土地私有制度興起，再加上社會生產力的發展，武器裝備的改進，戰爭規模的擴大，對於士兵的數量和質量也有了新的要求，所以兵民分立的募兵制應運而生。國家便以向人民收稅的方式，來支應募兵的需要，最典型的是唐代的租庸調制，蘇轍說：

> 民之所以供上之令者三：曰「租」，曰「調」，曰「庸」。租者，地之所當出；調者，兵之所當費；庸者，歲之所當役也。故使之納粟於官，以爲田之租。人入布帛以爲兵之調，歲役其力，不役，則出其力之所直，以爲役之庸。此三者農夫皆兼爲之，而遊惰末作之民，亦不免於庸調。運重漕遠，天子不知其費，而一出於民。民歲役二旬，而不役者，當帛六十尺，民亦不至於大苦。故隋、唐之間，有養兵之困，而無興役之患。〔註105〕

---

〔註104〕蘇轍：〈民政策下・第一道〉，《蘇轍集・欒城應詔集卷十》，頁1327。
〔註105〕同上註，頁1328。

蘇轍把「租、庸、調」各別的作用解釋得很清楚，而其中的「調」就是提供募兵所需的費用。蘇轍覺得租庸調制最好的地方，是可以讓「遊惰末作之民」也分擔募兵和力役的責任，而不會把所有的負擔都加在農民身上。

至於宋朝當代的制度，蘇轍這麼批評：

> 天下非有田者不可得而使，而有田者之役，亦不過奔走之用，而不
> 與天子之大事。天下有大興築，有大漕運，則常患無以爲使。故募
> 冗兵以供力役之急，不知擊刺戰陣之法，而坐食天子之奉。由是國
> 有武備之兵，而又有力役之兵，此二者其所以奉養之具，皆出於農
> 也。而四海之游民，無尺寸之庸調，爲農者，常使陰出古者遊民之
> 所入，而天子亦常兼任養兵、興役之大患。故夫兵役之弊，當今之
> 世，可謂極矣。〔註106〕

宋初最主要的兵役制度是「募兵制」，募兵的對象是流民和饑民，選擇精壯驍勇者到中央擔任禁軍。禁軍是北宋的正規軍，也是中央軍，除了有侍衛皇帝、守衛京城的職責外，還肩負著對外征伐和調戍各地（更戍）的雙重任務。禁軍的更戍，在換防時帥臣就隨之改變，體現兵無專主的原則，雖然消除了禁軍將領擁兵作亂的隱患，但也帶來了上下號令不通的弊病。地方上的軍隊稱爲「廂軍」，原是各州的鎮兵，宋初將各地藩鎮兵中壯勇者抽調編入禁軍後，剩下老弱者留在本地，主要做雜役的工作，不參加軍訓，也不參加作戰，雖有兵的名稱，卻無兵的職能。地方上還有民兵性質的「鄉兵」和警察性質的「土兵」、「弓手」等。土兵是招募的，鄉兵和弓手則是依據戶籍從農民中抽丁組成的。所以，宋代的兵役制度是募兵、徵兵兼施，而以募兵爲主。

蘇轍所說的「國有武備之兵，而又有力役之兵」，「武備之兵」是指「禁軍」，「力役之兵」是指「廂軍」。而廂軍是「不知擊刺戰陣之法，而坐食天子之奉」的。宋代嚴重的「冗兵」問題，使得朝廷花在「養兵」上的費用極爲龐大。而且這些費用，完全都要靠農民的田賦來支付，「游民」不必負擔，也沒辦法讓他們負擔。當農民受不了沉重的賦稅壓力時，也寧可變成遊民，帶來更大的社會問題。

看到「募兵制」帶來的問題，於是三蘇偏重於推崇「兵民合一」（徵兵制）的好處，歸納起來，有以下三點：

1、「兵民合一」可使士兵的素質精良。蘇軾曾說：

---

〔註106〕蘇轍：〈民政策下・第一道〉，《蘇轍集・欒城應詔集卷十》，頁 1328。

> 三代之兵，不待擇而精，其故何也？兵出于農，有常數而無常人，國
> 有事，要以一家而備一正卒，如斯而已矣。是故老者得以養，疾病者
> 得以爲閒民，而役於官者，莫不皆其壯子弟。故其無事而田獵，則未
> 嘗發老弱之民，師行而饋糧，則未嘗食無用之卒。使之足輕險阻，而
> 手易器械。聰明足以察旗鼓之節，強銳足以犯死傷之地，千乘之眾，
> 而人人足以自捍。故殺人少而成功多，費用省而兵卒強。〔註107〕

所謂的「正卒」，是指「現役」的士兵，由每戶出兵一人，這是西周的兵制規
定。蘇軾認爲，因爲規定的是「人數」，而不是規定由誰來擔任，所以每戶應
該都會推選最強壯的年輕子弟出來當兵，這樣士兵的素質就會比較精良。

2、「兵民合一」可以避免國家「養兵」的負擔。蘇轍曾說：

> 古者隱兵於農，無事則耕，有事則戰。安平之世，無廩給之費，征
> 伐之際，得勤力之士。此儒者之所歎息而言也。〔註108〕

「兵民合一」指的是全國百姓兼具「士兵」和「農民」兩種身分，平時是農
民，所進行的生產，一方面提供日用需要，一方面作戰時之準備；有戰爭時，
各戶出丁當兵，其所需的物資，由各戶自行準備。蘇軾比較「兵民合一」和
「兵民分立」對於國家在軍需調度上的差別：

> 古之爲兵者，戍其地則用其地之民，戰其野則食其野之粟，守其國
> 則乘其國之馬，以是外被兵而內不知，此所以百戰而不殆也。今則
> 不然，戍邊用東北之人，糴糧用內郡之錢，騎戰用西羌之馬，是以
> 一郡用兵而百郡騷然，……今欲使被邊之郡自用其民、自食其粟、
> 自乘其馬，而不得其術。〔註109〕

以國家全盤局勢來考量，如果某個地方的作戰可以自給自足，不影響到其他
地方，當然是最好的。這種理想，只有在「兵民合一」的制度下才可能做到。
假如是「募兵」，國家不但要支付士兵的生活費用，還要進行戰備物資的儲備
和運輸，其影響層面必然是全國性的。還有以「募兵」方式來當兵的人，幾
乎終身都是士兵的身分，朝廷必須照顧他們：

> 夫既已募民而爲兵，其妻子屋廬，既已託於營伍之中，其姓名既已

---

〔註107〕蘇軾：〈策別訓兵旅二〉，《蘇軾文集卷九》，頁276。

〔註108〕蘇轍：〈民賦敘〉，《蘇轍集・欒城後集卷十五》，頁1053～1054。

〔註109〕蘇軾：〈私試策問・關中戰守古今不同與夫用民兵儲粟馬之術〉，《蘇軾文集卷
七》，頁202。

> 書於官府之籍，行不得爲商，居不得爲農，而仰食于官，至于衰老
> 而無歸，則其道誠不可以棄去，是故無用之卒，雖薄其資糧，而皆
> 廩之終身。凡民之生，自二十以上至於衰老，不過四十餘年之間。
> 勇銳強力之氣足以犯堅冒刃者，不過二十餘年。今廩之終身，則是
> 一卒凡二十年無用而食於官也。〔註110〕

就算剛應募時是年輕小夥子，二、三十年之後必然衰老，成爲「老弱之卒」，
沒有戰鬥力。這樣不但國家軍隊的素質下降，而且還是國家養兵的沉重負擔。
如果是「兵民合一」制，就不會有這樣的問題了。

3、「兵民合一」可以防止士兵的驕縱，強化抵禦外侮的能力。

三蘇在論述兵制時，對於宋仁宗朝批評最多的，不但是「冗兵」的問題，
還有隨之而來的「士兵驕縱」問題。像蘇洵就說：「冗兵驕狂，負力幸賞。」
〔註111〕蘇轍也說：「今者天下之兵，使之執勞者，皆不知戰，而可與戰者，皆
驕而不可使。」〔註112〕

爲什麼士兵會驕縱呢？蘇洵認爲是因爲在「募兵」的制度下，「所謂兵者，
皆坐而衣食於縣官，故驕，驕則無所不爲。」〔註113〕士兵會覺得朝廷提供給
他們充足的衣食之費，是理所當然的事，因此若稍不順其意，可能就動輒爲
亂。在「兵民合一」制之下就不會這樣了，因爲士兵就是農民，自然瞭解耕
種的辛勞。萬一收成不好，無法獲得足夠的衣食供給，他們也不會怪朝廷沒
有照顧他們。

蘇軾認爲，士兵驕縱的原因，是自恃自己有懂得打仗的「專業」，而一般
百姓沒有：

> 今天下屯聚之兵，驕豪而多怨，陵壓百姓而邀其上者何故？此其心
> 以爲天下之知戰者，惟我而已。〔註114〕

> 今夫天下之患，在於民不知兵。故兵常驕悍而民常怯。盜賊攻之而
> 不能禦，戎狄掠之而不能抗。〔註115〕

「民不知兵」的缺點，是來自「兵民分立」。要解決這個問題，就要採行「徵

---

〔註110〕蘇軾：〈策別訓兵旅二〉，《蘇軾文集卷九》，頁276～277。
〔註111〕蘇洵：《幾策‧審勢》，《嘉祐集卷一》，頁3。
〔註112〕蘇轍：〈民政策上‧第五道〉，《蘇轍集‧欒城應詔集卷九》，頁1325。
〔註113〕蘇洵：《衡論‧兵制》，《嘉祐集卷五》，頁45。
〔註114〕蘇軾：〈策別安萬民五〉，《蘇軾文集卷八》，頁264。
〔註115〕蘇軾：〈策別訓兵旅二〉，《蘇軾文集卷九》，頁277。

兵制」，讓全民都有接受戰備訓練的機會。這樣做的話，一方面可以讓專職的
士兵沒有驕縱的機會，「彼知有所敵，則固已破其姦謀，而折其驕氣。」〔註116〕
另一方面，可以強化對外抵禦的武裝能力，使得「天下之知兵者眾，而盜賊
戎狄將有所忌。」〔註117〕

　　既然「兵民合一」制的好處這麼多，爲什麼宋代的兵役制度還是以「兵
民分立」的「募兵制」爲主呢？原因之一是因爲「兵民合一」的兵役制度與
「田賦制度」息息相關，蘇轍說：

> 議者又謂三代之盛，兵出於農，故團結伍保以寓軍。今朝廷喜其近
> 古，亦謂可行。然而三代之民，受田於官。官之所以養之者厚，故
> 出身爲兵而無怨。今民買田以耕，而後得食。官之所以養之者薄，
> 而欲責其爲兵，其勢不可得矣。〔註118〕

就算制度本身再好，若沒有客觀的社會環境和物質條件配合，也是「其勢不
可得」。而且歷史上，之所以會有「募兵制」的出現，除了因應現實環境的需
要之外，必然也是有相當的優點，才會受到各個朝代沿用，其勢亦不可止。
蘇轍對於「兵民分立」的優點，曾有比較多的論述。歸納起來，有以下兩點：

　　1、「兵民分立」可使人盡其才，維持社會秩序。蘇轍說：

> 何謂分兵、民之利？人生而天畀之才，畀之才，則付之祿，隨其精
> 粗，適其高下，使食其技而資其身，是未有知其所由然者也。故士
> 大夫讀《詩》《書》，執射御，習書計，高可以治人，下可以爲役，
> 而祿從之矣。農工商賈，服田疇，通貨賄，運機巧，上可以雄里閭，
> 下可以養親戚，而利從之矣。有人於此，才力過人，操行凡鄙，上
> 不能爲吏，下不能爲民，天畀之才，而無以資之，嬰之以勞苦，迫
> 之以饑饉，不群起爲盜，則無以求濟其欲，此勢之所必至。〔註119〕

三蘇論「天人關係」時，就是主張：人生之初，便由上天稟受了個性、性向等
種種「天賦」。有了怎麼樣的天賦和才能，就會順著那樣的方向發展，是勉強不
來的。〔註120〕在此論兵役制度時，也是承襲這樣的看法。有的人「才力過人，
操行凡鄙，上不能爲吏，下不能爲民」，就是適合當兵。「募兵制」可以提供機

---

〔註116〕蘇軾：〈策別安萬民五〉，《蘇軾文集卷八》，頁264。
〔註117〕蘇軾：〈策別訓兵旅二〉，《蘇軾文集卷九》，頁278。
〔註118〕蘇轍：《畫一狀》，《蘇轍集・欒城集卷三十五》，頁620。
〔註119〕蘇轍：《歷代論・兵民》，《蘇轍集・欒城後集卷十一》，頁1011。
〔註120〕詳見本論文第三章第一節〈天人關係論〉的討論。

會給這種類型的人，讓他們接受適當的訓練後，發揮長處，為國服務。

「兵民分立」的另一個好處，是可以管束這些「凶悍、放蕩無著」的人：

> 至於山林之材武、田里之凶悍、放蕩無著之人，一隸於伍符尺籍，食
> 其粟，衣其帛，俯首受箠而不敢肆，居則學弓劍，出則效首級，積歲
> 月以取祿位，有其才必得其養。氣類相從，凡凶人勇夫，皆萃於軍中，
> 然後人人各得其歸。故雖凶旱水溢，天下小小不寧，而盜賊不起，較
> 之漢、唐之間，十不三四，天下陰享其利，而不知其故也。〔註121〕

在軍法的訓練、約束和管制之下，性情凶悍、有勇氣武力的人受到管理，「俯首受箠而不敢肆」。而且在軍中還有升遷的管道，當他們的人生有了向上追求奮鬥的目標，「積歲月以取祿位」，就會使他們往正向發展，不至於自暴自棄，淪為盜賊匪黨。如此，就可以避免社會的動亂。

2、「兵民分立」可使士兵和農民各有專業，互相幫助。

蘇轍說：「使民盡力耕田，賦輸以養兵，終身無復征戍之勞。而朝廷招募勇力強狡之民，教之戰陣，以衛良民。二者各得其利。」〔註122〕基於「專業」的考量，「兵民分立」可以讓農民專心務農，士兵專心備戰，各展所長，專心致志，當然是最好的了。除了專業之外，還有「互相扶助」的用意：

> 使民出其賦以養兵，兵盡其力以衛民。民有耕耨之勤，而兵有征戍
> 之勞，更相為用，而不以相德，此固分兵、民之本意也。〔註123〕

農民耕種生產，繳納田賦以供養軍隊；士兵備戰操練，出兵征戍以保衛百姓。兩者如果搭配得好，可以發揮極大的戰力。

歷史上採用「兵民分立」制，使得國力強盛，對外征戰無往不利的典範，是春秋時齊國的管仲。西元前685年，齊桓公用管仲為相，分「國」（統治者居住的都城及其郊區）為三個大區，分「野鄙」（城郊以外的地區）為五個大區。國的三個大區包括工商之鄉六個、士鄉十五個，工商之鄉的居民免除兵役，士鄉居民專服兵役，野鄙的居民專門從事農業。〔註124〕因為有良好的兵

---

〔註121〕蘇轍：《歷代論·兵民》，《蘇轍集·欒城後集卷十一》，頁1012。

〔註122〕蘇轍：〈民賦敘〉，《蘇轍集·欒城後集卷十五》，頁1055。

〔註123〕蘇轍：《歷代論·兵民》，《蘇轍集·欒城後集卷十一》，頁1012。

〔註124〕蘇轍：〈民政策上·第四道〉：「臣聞管子治齊，始變周法，使兵民異處。制國
為二十一鄉，工商之鄉六，而士鄉十五。制鄙以為五屬，立五大夫，使各治
一屬之政。國中之士為兵，鄙野之民為農，農不知戰而士不知稼，各治其事
而食其力。」《蘇轍集·欒城應詔集卷九》，頁1322。

役制度，齊桓公時的對外征戰成果相當地豐碩：

> 當是之時，桓公南征伐楚、濟汝，逾方城，望汶山；北伐山戎，制
> 零支，斬孤竹；西攘白狄，逾大行，渡辟耳之溪。九合諸侯，築夷
> 儀，城楚丘，徜徉四方。國無罷敝之民，而天下諸侯往來應接之不
> 暇。〔註125〕

「兵民分立」的制度既保障了「兵源」，也保障了「糧源」，與其他運用「兵
民合一」制的國家比較起來，「我能累累出兵不息，而彼不能應；我能外戰而
內不乏食，而彼必不戰而後食可足。」〔註126〕就是發揮了「各有專業，互相
幫助」的優點。

由以上的討論，可以看出「兵民合一」和「兵民分立」各有其優缺點，
而且也各有其施行的社會環境條件。這一方面是表示，對於「兵役制度」的
論述不能脫離於社會現實環境，即使制度的本意再好，但是因為社會變遷，
制度也必須隨之而變。另一方面也是表示，想要進行「兵役制度」的改革，
不能夠只改變「制度」本身，還必須調整相關的環境。必須要有適合政策發
展的物質條件配合，這樣的改革才會成功。

針對宋代的「冗兵」、「養兵」負擔沉重、士兵驕縱、士兵戰力低落等各
種問題，三蘇有以下幾個積極的建議：

### 1、以田募兵

原本在「募兵制」之下所發的糧餉，包含料錢、月糧和春冬衣等，是以
金錢或實物的方式發放。蘇洵建議，為了解決「養兵」花費太多的問題，可
以採用「以田募兵」的方式。在蘇洵的構想中，〔註127〕是要把官田（包括
「職分田」和「籍沒田」兩種）拿來作為募兵之用。願意每戶出一夫當兵的
人家，可以向官府登記領取田地，每家最多三百畝，而耕作收成的三分之一，
必須繳給官府。對於出來當兵的人，朝廷要尊重他們，不要沿用「黥面涅手」
〔註128〕的陋習。春、夏、秋三季農作之時，要讓他們農耕，到了農閒之時

---

〔註125〕蘇轍：〈民政策上·第四道〉，《蘇轍集·欒城應詔集卷九》，頁1322。
〔註126〕同上註。
〔註127〕見蘇洵：《衡論·兵制》，《嘉祐集卷五》，頁44～47。後來蘇轍在〈御試制策〉
　　　　中也提出相同的意見，並且對於這種做法可能會產生的兩個疑慮：「有兵而不
　　　　可使耕，一也；天下須兵之地，無官田，而閒田之鄉不須兵，二也。」加以
　　　　補充說明，使此構想更為完善。詳見《蘇轍集·欒城應詔集卷十二》，頁1353。
〔註128〕所謂「黥面涅手」，是指在士兵的臉部或手部刺字，以表示出其士兵的身分，

（冬季），就進行戰備訓練，「授之器械，教之戰法」。再從這些人家中，拔擢「其技之精者」來擔任隊長，幫助官府做監督的工作，「在野督其耕，在陣督其戰」，使得「其人皆良農也，皆精兵也」。如此一來，國家既採行「募兵制」，同時又兼有「兵民合一」之利。

## 2、善用工商技巧之民和游閒無職之徒

中國古代不論是賦稅制度、力役制度或是兵役制度，所有的徵收都是以「田地」為標準，也就造成「農夫」既要繳交田賦，又要擔任勞役，還要負責當兵，實在是負荷沉重。相較之下，工商之民繳交工、商稅，負擔較輕；而游閒無職之徒，「優遊終日，而無所役屬」，根本不需要負擔任何賦稅、勞役。蘇轍認為，這實在是很不公平的狀況。因此他建議：

> 臣欲收遊民之庸調，使天下無僥倖苟免之人，而且以紓農夫之困。
> 〔註129〕

在蘇轍的構想中，「游閒無職之徒」雖然沒有田產，不需要交田賦，但是也應該向他們徵收「庸」和「調」的稅金，「庸以養力役之兵，而調以助農夫養武備之士」，這樣可以使農夫的負擔減輕一點。如果「力役之兵」自然年老、疾病死亡之後，就不要再招募新人了，可讓「遊民」來替補其職，藉以抵消本來要繳交的「庸」金。不然，還是要向遊民收稅。這樣一來，有三個好處，其一是減輕農夫負擔，其二是力役之兵有人替補，又不需另外花費用，其三是「遊民」為了繳稅，必須要謀求生路，就會恢復其農夫的本業，乖乖地耕作。「要之十歲之後，必將使農夫眾多，而工商之類漸以衰息。」這樣可使人民繳交賦稅和徵服勞役的情形，回復正常的運作。

## 3、縮短募兵制的兵期

為了解決「募兵制」之下，幾乎終身為士兵的問題。這些士兵到了老弱之時，既缺乏戰鬥力，又給國家帶來沉重的養兵負擔，蘇軾建議：

> 臣以謂：五十以上，願復而為民者，宜聽：自今以往，民之願為兵者，皆三十以下則收，限以十年而除其籍。民三十而為兵，十年而

目的是防止士兵逃亡。這個做法始於唐末，盛行於五代，宋代沿用。蘇洵：《衡論·兵制》曾說：「陵夷及於五代，燕師劉守光又從而為之黥面涅手之制，天下遂以為常法，使之判然不得與齊民齒。故其人益復自棄，視齊民如越人矣。」可見「黥面涅手」對於士兵的心理傷害很大，不但讓別人看不起他們，還會使得他們的自我評價低落。

〔註129〕蘇轍：〈民政策下·第一道〉，《蘇轍集·欒城應詔集卷十》，頁 1329。

復歸，其精力思慮，猶可以養生送死，爲終身之計。〔註130〕

宋代募兵的對象是游民和饑民，所以當有水、旱、蟲災，人民沒飯吃時，想要當兵的人數就會大增。國家必須訂立一個篩選和退役的標準，才不會拖垮了軍隊的素質和國家的財政。在蘇軾的構想中，募兵的年齡上限是三十歲，當兵的年限是十年，這樣在擔任士兵時，是最身強力壯的時候；除兵籍回到百姓身分時，也才四十歲，還可以再創事業，經營自己的後半生。至於目前已經超過五十歲的士兵，如果想要恢復老百姓的身分，也應當准許，讓他們另謀生路。這樣就可以慢慢減少「冗兵」的人數，又顧及人民生活的需求，還可以讓軍隊的年齡層年輕化，一舉數得。

### （二）用兵任將

不論士兵是用「徵兵制」，或是用「募兵制」招集而得，要維持一定的戰鬥能力，平時就必須給予良好的訓練，對於軍隊的調度有正確的安排，並且要任用有能力的將領來統率軍隊。

### 1、良好的訓練

戰爭是會造成傷害的，如果沒有必要，當然不能輕易開啓戰端。但是，有些時候掌控權並不在我方手中，戰火可能是由對方挑釁而起的。像宋朝對西夏早期的戰爭，〔註131〕都是由西夏先起戰端，宋朝則因爲多年來「上下安於無事，武備廢而不修；廟堂無謀臣，邊鄙無勇將；將愚不識干戈，兵驕不知戰陣；器械朽腐，城郭隳頹」，〔註132〕實際上毫無應戰能力，結果當然是戰敗。屢戰屢敗的結果是：「凡中國勇健豪壯之氣，索然無復存者矣。」〔註133〕

在這種狀況下，蘇轍認爲對於士兵的訓練，要先著重於「養氣」：

> 蓋所以戰者，氣也；所以不戰者，氣之畜也；戰而後守者，氣之餘
> 也。古之不戰者，養其氣而不傷，今之士不戰，而氣已盡矣。此天
> 下之所大憂者也。〔註134〕

---

〔註130〕蘇軾：〈策別訓兵旅二〉，《蘇軾文集卷九》，頁277。

〔註131〕以宋仁宗慶曆四年（1044年）五月簽訂和約爲分界。關於宋、夏戰爭的詳情，可參考劉慶、毛元佑：《中國宋遼金夏軍事史》（北京：人民出版社，1994年4月），頁73～82。

〔註132〕《續資治通鑑長編·卷二百四·英宗治平二年正月丁卯》（臺北：世界書局，1961年11月）。

〔註133〕蘇轍：〈北狄論〉，《蘇轍集·欒城應詔集卷五》，頁1279。

〔註134〕同上註。

軍隊行軍的時候，士兵的心關注著號令，氣勢投注在戰爭中；戌守的時候，士兵的心關注著堡壘，氣勢投注在防禦中；在戰場上對陣時，士兵的心關注著兵刃，氣勢則投注在求勝。只要在上位者「御之以勇，而驅之以智」，不論多少軍隊都可指揮自如。但是當這些士兵過慣了安逸平穩的日子後，他們就不想打仗了，不但差遣不動，而且還驕縱蠻橫。所以，平時雖然沒有戰爭，也還是要培養「士氣」，做好征戰的思想準備。

蘇轍舉戰國時六國的例子，當時秦國武力強盛，「小戰則殺將，大戰則割地，兵之所至，天下震慄」，但是六國並沒有束手就擒，「猶帥其罷散之兵，合從以擊秦，砥礪戰士，激發其氣。」於是「其民觀其上之所為，日進而不挫，皆自奮怒以爭死敵。」也就是說，士兵是否有「士氣」，關鍵是在於朝廷如何看待外侮。假如朝廷自己先氣餒了，「尊奉夷狄無知之人，交歡納幣，以為兄弟之國，奉之如驕子，不敢一觸其意」，那就是「長夷狄豪橫之勢」，而滅自己威風，「適足以壞天下義士之氣」。因此，蘇轍建議君主應該「誠養威而自重，卓然特立，不聽夷狄之妄求，以為民望，而全吾中國之氣。」〔註135〕只要有了抵禦外侮的志氣，士兵對於日常的訓練就會服氣，上場作戰也才會有勇氣。

還有上戰場打仗，士兵和將領之間必須互相熟悉，這樣將領才能做出適當的調度，士兵也才會服從命令。這種彼此之間的默契，是要靠將領與士兵透過平時的操練、相處慢慢培養的。但是宋朝為了杜絕武將擁兵叛上之事重演，在軍事統御體制上做了防備：

> 而其上之所統，獨有三太尉。推而上之，則至於樞密使。此四大臣者，非在什伍部曲之間以日夕訓練之者也。且夫卒未親附而罰之，則不服，不服，則難用也。今使大臣獨制其上，恩意不交而德澤不洽，上下不相信，特以勢相從，而無以義附者，則是未可以法治也。〔註136〕

這樣的制度形成了「將不知兵」、「兵不知將」的弊端：

> 舉天下之兵數百萬人，而不立素將，將兵者無腹心親愛之兵，而士卒亦無所附著而欲為之效命者。故命將之日，士卒不知其何人，皆莫敢仰視其面。夫莫敢仰視，是禍之本也。此其為禍，非有脅從駢

---

〔註135〕蘇轍：〈北狄論〉，《蘇轍集‧欒城應詔集卷五》，頁1280。本段引文均出於此篇。

〔註136〕蘇轍：〈臣事策上‧第五道〉，《蘇轍集‧欒城應詔集卷七》，頁1302。

　　起之殃。緩則畏而怨之，而有急，則無不忍之意。〔註137〕

帶兵的將領根本無法熟悉自己所帶的士兵，士兵也無法了解將領。因為陌生，
形成隔閡，平時稍有不如意就埋怨，遇到危急時，也不可能願意犧牲生命，
保護自己的長官。

　　要解決這個問題，蘇轍建議把訓練士兵、管理軍隊日常生活的責任，交
給軍中的基層幹部（監軍御史、護軍諸校、軍正、正丞等）來落實。這些基
層幹部本身就處於軍中，最能瞭解士兵真實的狀況。朝廷可以選用「忠信守
節之士」，由他們擔負起教育士兵的工作，「訓之以禮，繩之以法，有所誅滅
而士卒皆服。」〔註138〕上級長官只要掌握這些幹部，就可以把命令推行下去，
也可以讓士兵在平時受到良好的訓練。

　　不但是士兵要接受訓練，就連一般的老百姓也都應該有基本的戰備訓
練，這是要扭轉宋代過於「重文輕武」的風氣。蘇軾的想法是：

　　　臣欲使士大夫尊尚武勇，講習兵法。庶人之在官者，教以行陣之節。
　　　役民之司盜者，授以擊刺之術。每歲終則聚之郡府，如古都試之法，
　　　有勝負，有賞罰，而行之既久，則又以軍法從事。然議者必以為無
　　　故而動民，又悚以軍法，則民將不安，而臣以為此所以安民也。天
　　　下果未能去兵，則其一旦將以不教之民而驅之戰。夫無故而動民，
　　　雖有小恐，然孰與夫一旦之危哉？〔註139〕

蘇軾的眼光看得較遠，以宋代的現實環境來說，對外戰爭是無法避免的事。
如果不做任何的準備，不但在戰場上毫無勝算，連在戰爭未起前，光是對於
戰爭的恐懼，就會使百姓「驚潰」了。唐朝的例子，是前車之鑑：

　　　開元、天寶之際，天下豈不大治。惟其民安於太平之樂，酣豢於游
　　　戲酒食之間，其剛心勇氣，消耗鈍眊，痿蹶而不復振，是以區區之
　　　祿山一出而乘之，四方之民，獸奔鳥竄，乞為囚虜之不暇，天下分
　　　裂，而唐室因以微矣。〔註140〕

因此平時對於百姓的戰備訓練，其實是一種「愛民」的表現，也是防患於未
然的遠見。

---

〔註137〕蘇轍：〈臣事策上‧第四道〉，《蘇轍集‧欒城應詔集卷七》，頁1300。
〔註138〕蘇轍：〈臣事策上‧第五道〉，《蘇轍集‧欒城應詔集卷七》，頁1302。
〔註139〕蘇軾：〈策別安萬民五〉，《蘇軾文集卷八》，頁264。
〔註140〕蘇軾：〈策別安萬民五〉，《蘇軾文集卷八》，頁263。

## 2、正確的安排調度

蘇轍曾說：「今世之強兵莫如延邊之土人，而今世之惰兵莫如內郡之禁旅。」因為「往者西邊用兵，禁軍不堪其役，死者不可勝計。羌人每出，聞多禁軍，輒舉手相賀；聞多土兵，輒相戒不敢輕犯。」〔註141〕

北宋的禁軍有「更戍」的制度，也就是輪流調動駐防的地區，目的是不要讓軍隊的勢力在地方上坐大，也不讓領兵的將領有培養自己勢力的機會。基於北宋有兩個充滿野心的敵國外患，本來應該要加強邊疆駐軍的戰備能力才是，但是如此的「更戍」制度，造成了兩個問題：其一是「邊戍之兵，歲初而來，終歲而去，寒暑不相安，險易不相習，勇怯不相程，志氣不相企；上無顧於墳墓，而下無愛於妻子；平居憂愁無聊，無樂土之心，而緩急苟免，無死戰之意，不可求得其用。」〔註142〕邊戍之兵對於所戍守的地區是「過客心態」，不可能投注心力。其二是「舉中原之士而屯之於邊，雖無死傷戰鬥之患，而其心常自以為出征行役，苦寒冒露，為國勞苦，凡國家之所以美衣豐食以養我者，止為此等事也。故士卒百萬，端坐而食，實不知行陣之勞，不見鋒刃之危，而皆已自負，以為有勞於國，其勢不可有所復使。」〔註143〕邊戍之兵自以為辛勞，以為朝廷理所當然要以美衣豐食來供應他們，卻沒有真正發揮防禦國家的作用。在這兩種心態的影響之下，禁軍的對外戰鬥能力就越來越差了。

為了因應這種情況，蘇轍建議在軍隊的調度上，要有所調整：

> 臣請使禁軍之在內郡者勿復以戍邊，因其老死與亡而勿復補，使足以為內郡之備而止。去之以漸，而行之以十年，而冗兵之弊可去矣。〔註144〕

> 臣愚以為方今之計，內郡之兵當常在內，而不以戍邊；戍邊之兵，當常戍邊，而不待內郡之戍卒。募內郡之兵，其樂徙邊者，而稍厚之，不足，則募民之樂為邊兵者以足之。〔註145〕

也就是不再調動內郡的禁軍去戍邊，並且延長戍邊之兵的戍守期限。如果所募的內郡之兵有戍邊的意願，就給予比較優厚的待遇。這樣一方面可以解決

---

〔註141〕蘇轍：〈上神宗皇帝書〉，《蘇轍集‧欒城集卷二十一》，頁375。
〔註142〕蘇轍：〈民政策下‧第五道〉，《蘇轍集‧欒城應詔集卷十》，頁1336。
〔註143〕同上註。
〔註144〕蘇轍：〈上神宗皇帝書〉，《蘇轍集‧欒城集卷二十一》，頁375。
〔註145〕蘇轍：〈民政策下‧第五道〉，《蘇轍集‧欒城應詔集卷十》，頁1337。

冗兵問題，一方面可以提升邊境的防禦能力。

要解決冗兵問題，還可以從另一個角度思考。蘇轍認爲宋朝之所以需要那麼多的士兵，原因之一是無法精確地掌握敵方的狀況，不知道敵方會向哪裡移動、會從哪裡進攻……，因此到處都必須部署兵力來作防範。在宋太祖時因爲善用厚賞以收人心，使其下屬願意爲其賣命，深入敵方，刺探敵情。所以當敵人有行動時，可以事先得知，藉以調兵遣將。如此一來，常備的兵力就不需要很多。今世則不然，因爲對於用錢方面的拘泥和苛刻，無法投注金錢以收買人心來獲取情報。沒辦法掌握關鍵情報，只好準備很多軍隊，以因應不時之需。結果造成了冗兵，而邊防能力也越來越弱。所以蘇轍建議：

> 臣願陛下復修其成法，擇任將帥而厚之以財，使多養間諜之士以爲
> 耳目。耳目既明，雖有強敵而不敢輒近，則雖雍熙之兵可以足用於
> 今世。〔註146〕

要培養間諜（情報人員），提供確實的情報，才能幫助帶兵的將領掌控全局，做出最好的軍事調度和兵力安排。

除了平時對於兵力部署、調動等要有正確的安排之外，與戰爭的勝負最息息相關的是戰場上的戰略運用、兵法調度。這個部份，是帶兵的將領應該負責的。不過，要做出「正確」的選擇，其實是一件很困難的事。蘇軾說：

> 利害之相權，奇正之相生，戰守攻圍之法，蓋以百數，……是故不
> 難於用，而難於擇。擇之爲難者，何也？銳於西而忘於東，見其利
> 而不見其所窮，得其一說，而不知其又有一說也。此豈非用智之難
> 歟？〔註147〕

選擇之難，難在「人」看事情會有盲點，還會受到個人的喜怒好惡所影響。尤其是越急著立功、求勝的將領，越容易下錯誤的判斷，因爲他們只「見其利而不見其所窮」。所以蘇洵對於帶兵的將領，首先是希望他們「治心」：

> 凡主將之道，知理而後可以舉兵，知勢而後可以加兵，知節而後可以
> 用兵。知理則不屈，知勢則不沮，知節則不窮。見小利不動，見小患
> 不避，小利小患不足以辱吾技也，夫然後可以支大利大患。〔註148〕

將領透過「治心」，使得下判斷時，能夠保持冷靜，這樣才有辦法仔細思考用

---

〔註146〕蘇轍：〈上神宗皇帝書〉，《蘇轍集‧欒城集卷二十一》，頁375。

〔註147〕蘇軾：〈孫武論上〉，《蘇軾文集卷三》，頁91。

〔註148〕蘇洵：《權書‧心術》，《嘉祐集卷二》，頁11～12。

兵之理，衡量全盤的局勢，清楚自己所追求的目的。蘇轍曾說：「用兵之難，蓋有怵於外而動者矣。力之所及，而義不可，君子不爲也。義之所可，而力不及，君子不強也。」〔註149〕不要因爲外在一點點的刺激，就按捺不住衝動。要以「義」作爲判斷的標準，才能「見小利不動，見小患不避」，把目標放在眞正的大利、大患上。

　　例如，在與敵方對峙時，正確判斷何時應當出兵，何時應當按兵不動，就是影響勝負的關鍵。蘇轍藉由評論祖逖，表達以下的想法：

> 敵國相圖，必審於彼己。將強敵弱，則利於進取。將弱敵強，則利於自守。違此二者而求成功，難矣。〔註150〕

蘇轍認爲祖逖是「懂得自守」的典範。當祖逖受命爲豫州刺史、屯兵淮陽時，因爲兵力尙弱，所以先做戰力的儲備，「鑄造兵器，招合離散」，安定軍心、民心。而他自己則「每於兵間，勤身節用，禮下賢俊，懷撫初附，專以恩信接人，不尙詐力」，因此「人爭爲之用」。北方的石勒也出兵攻打祖逖，祖逖「輒就破其眾」，但也不躁進，仍是繼續培養自己的實力。這種堅毅、莫測高深的「自守」策略，使得石勒「不敢以兵窺其境」，而且還主動示好，又幫祖逖的母親修墓，又派遣使者提出通商、和談的要求。祖逖接受通商的請求，「通南北之貨，多獲其利」。如果照這種方式發展下去，祖逖北伐是很有希望成功的。可惜這時候朝廷派戴若思來當祖逖的上司，沒有賦予祖逖足夠的信任，而且換了新的領導者，也會打亂了原本正在進行的策略。使得祖逖抑鬱不能解，引發疾病。他雖抱病，仍致力戍守最險阨的地方，至於病重不治。〔註151〕

### 3、任用有能力的將領

　　在上述祖逖的事蹟中，有兩點可提供後世爲借鏡，其中之一是蘇轍所提出來的「自守之道」；另外一點，就是對於武將的不信任和「以文制武」的政策，這是與導致宋朝軍事衰弱的原因息息相關的。宋朝採用「以文制武」的政策，但是文人大多未經戰陣，缺乏統兵作戰的實際能力，讓他們領兵作戰，其後果不言自明。宋朝甚至還有「將從中御」的狀況，就是由幽居深宮、遠離前線的皇帝和二三大臣，依據主觀臆測，制定作戰陣圖，箝制和剝奪前方

---

〔註149〕蘇轍：《歷代論・賈誼下》，《蘇轍集・欒城後集卷九》，頁979。

〔註150〕蘇轍：《歷代論・祖逖》，《蘇轍集・欒城後集卷十》，頁989。

〔註151〕祖逖的生平，詳見《晉書卷六十二・列傳第三十二・祖逖》，《新校本晉書并附編六種》(臺北：鼎文書局，1982年11月四版)，第3冊，頁1693～1699。

將帥的機動指揮權。本來，「將在外，君命有所不受」，根據戰場上敵我雙方不斷變化的情況，因地因時便宜行事，乃是作戰指揮的起碼要求。但是宋代卻是限制了將領的積極性、創造性和責任感，迫使將領們循規蹈矩，死守陣圖，如何能夠適應千變萬化的戰場要求？運籌於深宮之中，結果必然是致敗於千里之外。這是宋代在軍事調度上，最大也最難解決的問題。

宋朝對於武官的防範，有一套嚴密的制度，而且是由中央貫徹到地方的。為了使兵權完全集中到皇帝手中，於是採行樞密院──三衙統兵體制。樞密院是宋代主管軍機事務的最高機關，與中書省「對持文武二柄」，並稱東西二府。其長官一般都由文臣擔任，貫徹了「以文制武」的精神。假如有個別武將出任樞密院長官，就會受到文臣的極力反對，如宋仁宗時的名將狄青，還沒擔任多久就被罷黜了。三衙主要的職權在於統領和調度禁軍，在三衙之下所派任的統兵官都是臨時委任的，而且往往都是文臣，由他們來督率武將。朝廷又另外委派「帥臣」，品級最高的帥臣直接聽命於中央樞密院、宰執大臣和皇帝本人，三衙沒有指揮權。宋代還有讓宦官監軍的陋習，始於太宗。由於宦官在奪取帝位時幫了大忙，太宗便倚之為心腹親信，讓他們參預軍政，給予監督鉗制將帥，乃至指揮軍隊的全權。可是宦官們生長在深宮，並不諳兵事；有的宦官甚至倚仗權勢，為非作歹。讓宦官監軍，無異是成事不足，敗事有餘。

不論是設計交錯縱橫的指揮系統和統轄體制，或是以文臣主兵，用宦官督察，都是為了防止武將在位尊權重之後，尾大不掉，驕橫難制的問題。這樣的制度，有助於國家統一，社會安定，但是也形成了中央與地方在軍備力量上的「強幹弱枝」，統兵機構之間的「彼此制約」，軍隊部署上的「內外相制」的局面。兵、將之間的互不相習，也束縛了將帥主觀能動性的發揮，削弱部隊的戰鬥力。

這些弊端在宋朝當時就已經被發現了，而且有相當多具體的觀點和對策被提出來，三蘇的建議也是其中之一。蘇轍把應變的方法說得很明白：

> 臣以為，當今之勢，不變其法，無以求成功。且夫邀天下之大利，則必有所犯天下之危，欲享大利而顧其全安，則事不可成。而方今之弊，在乎不欲有所搖撼而徒得天下之利，不欲有所勞苦而遂致天下之安。〔註152〕

---

〔註152〕蘇轍：〈臣事策上・第四道〉，《蘇轍集・欒城應詔集卷七》，頁 1300～1301。

因爲透過觀察歷史，三蘇對於「勢」的演變規律有深刻的認識和因應的主張。〔註153〕因此蘇轍認爲，唐、五代時的制度在制定之初也是很好的，只是隨著時間和制度實行上的演變，「利已盡而不知變，是以其害隨之而生」。宋朝的太祖、太宗，制定了兵權集中和「以文制武」的政策，在當時，是必要的應變措施，「以變五代豪將之風」。後代應該學習其「因時權變」的精神，而不能一直墨守成規，明知有弊端，卻不敢改祖宗舊法。因此蘇轍說，「當今之勢，不變其法，無以求成功。」

不過，蘇轍雖然主張要「變其法」，但是他的建議都比較溫和，盡量把改革會面對的衝擊減到最低。他對於「重視武將」的建議有兩點：

第一，希望君主透過「恢復武舉」和「親試騎射」等措施，表現出重視和尊重武將的態度。因爲在上位者的好惡，會主導整體政策的走向。在宋初的輕武風氣下，有許多武臣的子孫都不願意繼續習武，而轉爲文官路線。久而久之，所有的武將人才都流失了，這是國家巨大的損失。所以希望君主轉變態度，表達開始重視武將的意思，如此使天下習武之人「知上意之所悅，有以自重而爭盡其力，則夫將帥之士可以漸見矣。」〔註154〕

第二，希望君主能改變不信任武將的心態，「將帥豈必盡疑其爲奸？」不應該先預設所有的將帥，都一定是會叛亂、一定是不忠的，那只是一種「偏見」。當然，也不可以毫無條件地就信任武將。朝廷可以先進行「擇將」，也就是對於有專業能力的武將，先考核他們的忠誠度後，再加以任用。「擇將而得將，苟誠知其忠，雖舉天下以與之而無憂，而況數萬之兵哉！」〔註155〕

除了「忠誠度」是武將考核的第一優先之外，對於其專業能力，也是列入考核的重點之一。蘇軾認爲，要考核一個武將是否有能力，不能只看外表，也不能只憑言語，應該可以從他「治兵」的表現，看出他的才能：

> 故凡欲觀將帥之才否，莫如治兵之不可欺也。今夫新募之兵，驕豪而難令，勇悍而不知戰，此眞足以觀天下之才也。武舉、方略之類以來之，新兵以試之。觀其顏色和易，則足以見其氣；約束堅明，則足以見其威；坐作進退，各得其所，則足以見其能。凡此者皆不可強也。故曰：先之以無益之虛名，而較之以可見之實。庶乎可得

〔註153〕詳見本論文第三章第二節〈勢論〉的討論。
〔註154〕蘇轍：〈臣事策上・第三道〉，《蘇轍集・欒城應詔集卷七》，頁 1299。
〔註155〕蘇轍：〈臣事策上・第四道〉，《蘇轍集・欒城應詔集卷七》，頁 1301。

而用也。〔註156〕

從歷史上的兩個例子來看：楚國的子玉治兵非常暴虐，一天當中就「鞭七人，貫三人耳」。透過這樣的表現，可以看出子玉的性格「剛而無禮」。〔註157〕讓這種性格的人來帶兵是危險的，因為他會以自己強烈的好惡來作判斷，難以客觀地綜觀全局。而吳王闔閭為了考驗孫武的帶兵能力，故意挑選了一百八十名宮女接受孫武訓練，並由兩名王妃負責統率。剛開始，縱使孫武「三令五申」重覆表明會執行軍法，眾宮女皆不理孫武的號令，於是孫武便將作為統帥的兩名王妃斬首，即使吳王阻止亦不理會。於是眾宮女即時變得嚴肅起來，對軍令絕對依從。吳王由此看到了孫武軍令嚴明，治軍才能極高，認為犧牲兩名王妃換取一位奇才是絕對值得的，因此便拜孫武為將軍。

所以要考核一個武將的帶兵能力，就給他一批還沒有受過訓練的新兵，「觀其顏色和易，則足以見其氣；約束堅明，則足以見其威；坐作進退，各得其所，則足以見其能。」如果一個武將，能夠通過忠誠度和專業能力的雙重考核，就足以受到君主信任，可以賦予他更大的責任了。

## 二、國防外交

### （一）歲幣問題

宋真宗景德元年（1004），遼聖宗南侵，宋真宗聽從寇準的建議親征，雙方在澶淵對峙，經過宋降將王繼忠從中斡旋，曹利用的交涉，於次年訂定了澶淵之盟。宋人雖然損失了每年的歲幣銀十萬兩，絹二十萬匹，但是也因此換來了比較長時間的和平。從澶淵之盟直到北宋末年的聯金滅遼，這段時期內宋遼的重要外交交涉還有：宋仁宗慶曆二年（1042）的增幣交涉，將輸遼歲幣增加二十萬；慶曆二年到四年（1044）的宋遼夏交涉；宋神宗熙寧七年（1074）至八年（1075）的邊界談判。

對於這樣的「歲幣外交」，三蘇均有所批評，主要提出三個問題：1、「歲幣」會造成百姓的沉重負擔。2、「歲幣」為國家帶來恥辱。3、「歲幣」使朝廷懈怠。以下分別加以說明：

〔註156〕蘇軾：〈策別訓兵旅一〉，《蘇軾文集卷九》，頁275。
〔註157〕關於子玉的事蹟，記載於《左傳‧僖公二十七年》，《左傳會箋》（臺北：明達出版社，1986年10月），頁514～515。

### 1、「歲幣」會造成百姓的沉重負擔

三蘇都認爲，當國家需要支付「歲幣」時，必然會向百姓多收稅。下列依序是蘇洵、蘇軾、蘇轍的說法：

> 夫賄益多，則賦斂不得不重；賦斂重，則民不得不殘。故雖名爲息民，而其實愛其死而殘其生也。名爲外憂，而其實憂在內也。〔註158〕

> 求和而自我，則其所以爲媾者必重。軍旅之後，而繼之以重媾，則國用不足。國用不足，則加賦於民。加賦而不已，則凡暴取豪奪之法，不得不施於今之世矣。天下一動，變生無方，國之大憂，將必在此。〔註159〕

> 二邊之略不絕，是以天下之賦斂，雖知其甚重而不可輕。天下之賦斂其重而不可輕，是以天下之民，雖知其甚困，而不可得而安也。〔註160〕

「賦斂」越重，百姓的負擔就越大。朝廷甚至還會製造出各種收稅的名目，「暴取豪奪」，使百姓的生活過得越來越不安。等於是把「外患」轉爲「內憂」，因而動搖國家的根本。

### 2、「歲幣」為國家帶來恥辱

中國自秦漢以來，就養成了一種鄙視夷狄的「我族中心」主義，並建立了以中國爲中心的國際制度，要求臣服的諸國爲藩屬，按時入貢。對中國來說，國際關係的最高理想就是維持以中國爲中心的朝貢制度。在此一制度下，中國運用羈縻、貿易、和親、屯田、分化、以夷制夷、以夷攻夷等政策來對付夷狄。這種思想的源頭，是來自《春秋》「內諸夏而外夷狄」〔註161〕的觀念，認爲處於天下之中的文明中國，不可與「野蠻」的夷狄雜處。充分表達了傳統華夏民族對於夷狄的「嚴夷夏之防」的態度，以及文化上的優越感。而孟子說：「吾聞用夏變夷者，未聞變於夷者」，〔註162〕則是進一步想要以高度的文明和道德去同化和感化外夷。

但宋朝的情況，卻是在對遼戰爭屢戰屢敗的情況下，對遼產生了一種畏

〔註158〕蘇洵：《幾策‧審敵》，《嘉祐集卷一》，頁5。
〔註159〕蘇軾：〈策斷一〉，《蘇軾文集卷九》，頁281～282。
〔註160〕蘇轍：〈民政策下‧第四道〉，《蘇轍集‧欒城應詔集卷十》，頁1334。
〔註161〕《公羊傳‧成公十五年》，《十三經注疏‧春秋公羊傳注疏卷十八》，頁231。
〔註162〕《孟子‧滕文公上》，《四書章句集注‧孟子集注卷五》，頁260。

懼的情緒。因爲「畏懼」，於是選擇以「歲幣」的方式來避免戰爭。蘇轍說：

> 今者中國之弊，在於畏戰，畏戰固多辱矣，而民又不免於貧，無所
> 就其利，而遍被其害，重賦厚斂，以爲二邊之略，國辱而民困。蓋
> 今世之病，病已極矣。賢人君子竭其智慮，以求安其民，而民常爲
> 夷狄之所擾。天子欲使其澤下布，而海內常爲夷狄之所困。此其弊
> 蓋有原矣。〔註163〕

傳統中國思想家和史家大都視統一帝國及其維持的朝貢制度爲理想，而以與
外族建立平等關係爲恥辱，更不用說是以「割地」、「歲幣」等損害本國權益
的方式，來換取和平了。

### 3、「歲幣」使朝廷懈怠

在澶淵之盟訂定初期，宋人對於遼是否能長期信守盟約，還具有疑慮，
因此對於河北防務仍極注重。但是隨著經驗的累積，宋人對於盟約的信心逐
漸建立，是以認定遼意在和平，別無二心。在料敵不來的苟安心理下，宋廷
雖仍累詔整飭邊備，實際上君臣邊將已經戒心日弛，防務漸趨荒廢。〔註164〕
蘇轍指出：

> 方今天下之勢，中國之民，優遊緩帶，不識兵革之勞，驕奢怠惰，
> 勇氣消耗。而戎狄之略，又以百萬爲計，轉輸天下，甘言厚禮，以
> 滿其不足之意。使天下之士，耳熟所聞，目習所見，以爲生民之命，
> 寄於其手，故俯首柔服，莫敢抗拒。〔註165〕

雖然「歲弊外交」有如此弊病，但蘇軾認爲，那已經是「既往之咎，不
可追之悔也」。〔註166〕就算再怎麼批判其過失，也不能讓時間倒流，讓事情從
頭來過。當務之急，是要「求後日之計」，這樣未來才有希望。

### （二）敵情分析

謀畫未來之前，首先要「知彼」，也就是對於敵國的歷史演變和目前的局
勢狀況有所理解。蘇軾認爲契丹的狀況，和漢代時的匈奴相似，都是遊牧民

---

〔註163〕蘇轍：〈民政策下・第四道〉，《蘇轍集・欒城應詔集卷十》，頁1334。

〔註164〕河北邊防的廢墮，是使得北宋後期在金兵南犯時毫無招架能力的主因之一。
　　　　可參見廖隆盛：〈從澶淵之盟對北宋後期軍政的影響看靖康之難發生的原
　　　　因〉，收錄於《國策貿易戰爭──北宋與遼夏關係研究》（臺北：萬卷樓圖書
　　　　股份有限公司，2002年10月），頁207～242。

〔註165〕蘇轍：〈北狄論〉，《蘇轍集・欒城應詔集卷五》，頁1279。

〔註166〕蘇軾：〈策略二〉，《蘇軾文集卷八》，頁228。

族，生性剽悍，因此戰鬥力強盛，難以完全消滅：

> 古者匈奴之眾，不過漢一大縣，然所以能敵之者，其國無君臣上下
> 朝覲會同之節，其民無穀米絲麻耕作織紝之勞。其法令以言語爲約，
> 故無文書符傳之繁。其居處以逐水草爲常，故無城郭邑居聚落守望
> 之助。其游裘肉酪，足以爲養生送死之具。故戰則人人自鬥，敗則
> 驅牛羊遠徙，不可得而破。蓋非獨古聖人法度之所不加，亦其天性
> 之所安者，猶狙猿之不可使冠帶，虎豹之不可被以羈紲也。〔註167〕

因爲有這樣的認知前提，所以當大多數的人開始依賴澶淵之盟帶來的和平，
而興起苟安心理時，三蘇仍繼續不斷地指出宋遼關係上具有潛在的危機，提
醒君主鞏固國防的必要。蘇洵說：

> 天生北狄，謂之犬戎，投骨於地狺然而爭者，犬之常也。今則不然，
> 邊境之上，豈無可乘之釁？使之來寇，大足以奪一郡，小亦足以殺
> 掠數千人，而彼不以動其心者，此其志非小也。將以蓄其銳而伺吾
> 隙，以伸其所大欲，故不忍以小利而敗其遠謀。〔註168〕

蘇洵認爲遼有更大的企圖，因此他們先掌握了宋的恐戰心理，根本不需要出
兵，損傷自己的國力，只需要恐嚇一下宋朝，宋就會乖乖交出歲幣。久而久
之，「吾日以富，中國日以貧，然後足以有爲也。」〔註169〕所以，以目前來說，
遼並不想眞的打仗，它只想壓榨宋朝，藉以培養自己的實力。宋朝應該看清
楚它的眞面目，不可誤信遼有和平的誠意，反而應該掌握遼尚不欲戰的心理，
以速戰的方式來解決問題。

至於西夏，其族種爲黨項羌，部族散居陝隴北部一帶，爲唐末陝北之藩
鎮。部族酋長拓拔思恭因助討黃巢有功，唐室授爲夏綏銀節度使，賜姓李。
宋朝建立之後，李繼遷叛宋，當時宋人因爲軍旅不振，又北受契丹威脅，無
力以武力制服，不得不以財貨爵祿爲籠絡羈縻之計，但是就帝國之德威體面
來說，實甚難堪。因此宋人在心理上，對於西夏的存在，有一種政治上的不
甘心，而在經濟上，又有一種優越感。在這兩種心理交互影響下，宋廷的對
夏政策顯得嚴厲而搖擺。當武力無法制服時，便以貿易和財貨籠絡來善後；
和平安定一段時間後，又因忿爭，動輒禁絕貿易，以爲制裁，甚至用兵進擊，

---

〔註167〕蘇軾：〈策斷三〉，《蘇軾文集卷九》，頁286。
〔註168〕蘇洵：《幾策‧審敵》，《嘉祐集卷一》，頁6。
〔註169〕同上註。

圖爲一逞。

　　蘇軾分析宋廷之所以無法以武力制服西夏的原因，在於西夏善用了「小國」的優勢，而宋朝並未把握「大國」的優勢。小國和大國的優缺點分別是：

> 夫大有所短，小有所長，地廣而備多，備多而力分，小國聚而大國分，則強弱之勢，將有所反。大國之人，譬如千金之子，自重而多疑。小國之人，計窮而無所恃，則致死而不顧。是以小國常勇，而大國常怯。恃大而不戒，則輕戰而屢敗。知小而自畏，則深謀而必克。此又其理然也。夫民之所以守戰至死而不去者，以其君臣上下歡欣相得之際也。國大則君尊而上下不交，將軍貴而吏士不親，法令繁而民無所措其手足。若夫小國之民，截然其若一家也，有憂則相卹，有急則相赴。凡此數者，是小國之所長，而大國之所短也。〔註170〕

小國土地小，但是力量可以集中；大國的土地、力量雖然較大，但也較爲分散。小國之人，沒有什麼外在的牽絆，所以毫無忌憚，比較勇敢；大國之人，顧慮較多，做事必須思前顧後，顯得持重而膽怯。小國知道自己的力量不大，因此會善用謀略以補不足，反而能夠贏得戰爭的勝利；大國卻因爲仗恃自己的力量，輕敵冒進，是以常常失敗。小國中君民之間關係密切，宛如一家人，因此互相幫助，團結力量大；大國的君臣、將士之間的關係比較疏離，再加上法令繁瑣，動輒得咎，使得人民不知所措。西夏具有小國的優點，因此在對宋戰爭上屢屢取得勝利。

　　蘇軾認爲宋朝必須發揮「大國」的優勢，來壓制西夏：

> 且夫大國，則固有所長矣，長於戰而不長於守。夫守者，出於不足而已。譬之於物，大而不用，則易以腐敗，故凡擊搏進取，所以用大也。孫武之法，十則圍之，五則攻之，倍則分之，敵則能戰之，少則能逃之，不若則能避之。自敵以上者，未嘗有不戰也。自敵以上而不戰，則是以有餘而用不足之計，固已失其所長矣。凡大國之所恃，吾能分兵，而彼不能分，吾能數出，而彼不能應。〔註171〕

大國的優勢在於兵員充足。作戰時，不能只採取守勢，「大而不用，則易以腐敗」，在糧食消耗和命令傳遞上都很不利。應該要把兵員分成小隊，一方面增加機動性，一方面用輪番上陣的方式，讓敵方小國沒有任何喘息的機會，使

---

〔註170〕蘇軾：〈策斷二〉，《蘇軾文集卷九》，頁284～285。
〔註171〕同上註，頁285。

他們疲於奔命，應接不暇，消耗其戰力，以贏得勝利。

北宋當時針對西夏所建立的防禦設施，是在河北和陝西沿邊建築堡寨和挖掘塹壕，目的是建立一條阻遏西夏騎兵的防線。但結果並沒有達到預期的目的，這是因為宋朝分兵把守每一個據點，使戰陣過長，兵力分散，置自己於被動挨打的境地。所以蘇軾才要建議朝廷，應該集中兵力，化被動為主動。發揮大國的優勢，主動出擊，才能殲滅敵人。

遼和西夏之間的勢力消長和彼此的和戰關係，也是影響宋遼、宋夏關係的重要因素。蘇轍分析說：

> 戎狄之俗，畏服大種，而輕中國。戎強則臣狄，狄強則臣戎；戎狄
> 皆弱，而後中國可得而臣；戎狄皆強，而後侵略之患不至於中國；
> 蓋一強而一弱，中國之患也。〔註172〕

以遼和西夏的強弱來看，應該是遼強夏弱，如果遼夏聯手一起來對付宋，對於宋的威脅最大。以實際的情況來看，遼確實曾在慶曆二年（1042），利用西夏元昊出兵攻宋的時機，逼宋割讓關南十縣之地。最後交涉的結果，是宋對遼增加了歲幣二十萬。於是宋朝也開始運用「以夷制夷」或「以夷攻夷」的策略，聯遼制夏，而且還引發了遼夏之間的戰爭，成功地避免了兩敵聯合而攻宋的危機，這便是慶曆二年到四年（1044）的宋遼夏三角交涉。〔註173〕由此顯示了蘇轍對於宋、遼、夏關係的分析，確是真知灼見。

## （三）自我建設

攘外必先安內，針對宋廷的「恐遼情緒」和「忿夏心結」，三蘇建議宋朝本身應該先做好「心理建設」和「國防建設」兩方面的自我建設。

在「心理建設」方面，應該要消除「害怕外患」的心理。蘇轍的說法，是認為北狄之人雖然風俗習慣與中國人不同，但是身為「人」的基本需求，包括：擁護親戚、休養生息、畜牛馬、長子孫、安居佚樂、欲保其首領……等，都是一樣的。有了這樣的認知，中國在面對夷狄時，應該就不會自己先膽怯了。〔註174〕蘇轍又採用《孟子》：「出則無敵國外患者，國恆亡」的說法，來強調「外患」有存在的必要，不需要害怕。如果沒有外患，才需要害怕。

---

〔註172〕蘇轍：〈西戎論〉，《蘇轍集‧欒城應詔集卷五》，頁1280。
〔註173〕詳情可參考陶晉生：《宋遼關係史研究‧第四章北宋慶曆改革前後的外交政策》（臺北：聯經出版社，1984年7月），頁79～93。
〔註174〕蘇轍：〈北狄論〉，《蘇轍集‧欒城應詔集卷五》，頁1278～1280。

例如在戰國，晉厲公與楚共王爭鄭，晉打算在楚有可乘之隙時出兵攻打。這時范文子卻不希望晉興起這項戰事，意欲「釋楚以爲外懼」，晉欒武子沒有聽從他的意見。果然，晉雖然贏得對楚的戰爭，但是沒多久自己國內就大亂，「厲公殺三卻，立胥童。欒書殺胥童，弒厲公。」這就是「沒有外患」之後會產生的問題。還有西晉武帝剛即位時，南方尚有吳在，是由羊祜主持謀畫而滅吳的。蘇轍認爲羊祜是「巧於策吳，而拙於謀晉」，這是因爲「武帝之爲人，好善而不擇人，苟安而無遠慮，雖賢人滿朝，而賈充、荀勖之流以爲腹心，使吳尚在，相持而不敢肆，雖爲賢君可也。吳亡之後，荒於女色，蔽於庸子，疏賢臣，近小人，去武備，崇藩國，所以兆亡國之禍者，不可勝數，此則滅吳之所從致也。」〔註175〕由這兩個例子，可看出「外患」反而會具有「砥礪」的作用，實在不需要害怕。

蘇軾的說法，則是由「害怕也沒有用」的角度來談。他以因爲避寇而遷都的史實，來證明若是因爲害怕而逃避，只有死路一條。歷史上的史實包括：犬戎敗幽王後，周東徙於洛；魏惠王畏秦，遷於大梁；楚昭王畏吳，遷於鄀；楚頃襄王畏秦，遷於陳；楚考烈王畏秦，遷於壽春；董卓劫帝遷於長安；李景遷於豫章……等，不是國勢衰微，就是滅亡。〔註176〕這樣說的用意，是希望朝廷不要用逃避的方式處理外患。應該要發憤圖強，勇於面對和解決。

克服了心理層面的障礙之後，就必須在國防建設上下功夫。蘇轍偏重舉反面例子來論述，他曾經舉了三件史實：楚靈王舉思亂之民以伐吳，結果沒有成功，自己也死了。齊湣王攻宋，結果被燕國所乘，以致亡國。還有後唐莊宗勇而善戰，但是打敗後梁之後，就開始沉湎於聲色之娛。樞密使郭崇韜勸諫唐莊宗也沒有用，於是自願去伐蜀，希望建功。雖然蜀不難攻打，但是後唐國內已亂，郭崇韜最後還是被讒言所害而死於蜀地。由此，蘇轍得到的結論是：「國無釁，而後可以伐人。冒釁以伐人，敵無釁則己受其災，敵有釁則我與敵皆斃。」〔註177〕就是強調國內必須要穩定，才可以向外進行征伐的道理，如果本身的國防建設不夠穩固，就輕易向外興兵，必然會導致滅亡。

蘇轍又透過論六國之敗於秦的原因，來表達國政穩固的重要。六國爲何會亡於秦？蘇轍所認爲的原因是：一、六國本來就無法同心。二、韓、趙、

〔註175〕蘇轍：《歷代論・羊祜》，《蘇轍集・欒城後集卷九》，頁984。

〔註176〕蘇軾：〈論周東遷〉，《蘇軾文集卷五》，頁151～153。

〔註177〕蘇轍：《歷代論・郭崇韜》，《蘇轍集・欒城後集卷十一》，頁1009。

魏、楚四國都與秦國接壤，難以避開戰爭。三、六國自身國內混亂，本來就
岌岌可危，更何況是強秦在旁窺伺。六國國內如何混亂？蘇轍說：

> 然（齊）威、宣方以其力攻伐諸侯，諸侯不親。湣王取宋、破燕，
> 求逞其欲，不暇及遠。……楚考烈王死，李園專國，負芻與王猶爭
> 立，僅能自定，而秦兵至；趙王遷信讒以誅李牧；魏景湣王用秦間
> 以廢信陵；韓王安制於韓玘，燕丹私怨始皇，欲以刺客斃秦。〔註178〕

除了簡述六國自亂的狀況之外，蘇轍還在《古史・趙世家》論贊中特別談到
趙國「自敗」的三件事情：

> 孝成王貪上黨之利，不聽趙豹而聽趙勝，以致秦怒，一失矣。使廉頗
> 拒秦長平，聽秦之間，而使趙括代頗，再失矣。趙括既敗，邯鄲被圍，
> 虞卿請以重寶附楚、魏，以援國示秦，則秦媾可合，王不能用，而聽
> 趙豹，使鄭朱入秦求媾，諸侯由此莫肯救趙，三失矣。〔註179〕

蘇轍把國際關係複雜的六國史實，拿來當作宋朝處理遼、夏之國際關係時的
借鏡。看到六國因國內自亂，致使秦有機可乘，也就警惕宋朝要先鞏固好自
己的內政，以免讓遼、夏有可乘之機。而且事實表明，也只有在自己國力強
盛時，才有機會在外交關係上追求平等與和平。

　　鞏固國防建設的原則，是要善用中國的優點。蘇軾曾經以「有法」和「無
法」來比較中國和北方民族的民族性，以及兩者在備戰上的差異：

> 中國以法勝，而匈奴以無法勝。聖人知其然，是故精修其法而謹守
> 之，築爲城郭，塹爲溝池，大倉廩，實府庫，明烽燧，遠斥堠，使
> 民知金鼓進退坐作之節，勝不相先，敗不相後。此其所以謹守其法
> 而不敢失也。一失其法，則不如無法之爲便也。故夫各輔其性而安
> 其生，則中國與胡，本不能相犯。惟其不然，是故皆有以相制，胡
> 人之不可從中國之法，猶中國之不可從胡人之無法也。〔註180〕

北方民族本來是以遊牧爲主，擅長騎射。受到長期盤馬彎弓的遊牧狩獵生活
的影響，其戰鬥的基本武力都是亦牧亦兵的部落兵，具有很強的戰鬥機動性。
自從南下與中原民族接觸後，中國的典章制度、物質文明便開始對他們產生
影響。蘇軾認爲北方民族雜用中國之法，對他們並沒有好處，因爲「其心固

---

〔註178〕蘇轍：《古史卷二十三・田敬仲世家第十六》，《三蘇全書》第 4 冊，頁 145。
〔註179〕蘇轍：《古史卷二十・趙世家第十三》，《三蘇全書》第 4 冊，頁 97。
〔註180〕蘇軾：〈策斷三〉，《蘇軾文集卷九》，頁 286。

安於無法也，而束縛於中國之法」，反而沒辦法發揮自己原來的優點。而「中國之人，固安於法也，而苦其無法」，是以中國的當務之急是要恢復原有的法度，包括：「築爲城郭，塹爲溝池，大倉廩，實府庫，明烽燧，遠斥堠，使民知金鼓進退坐作之節，勝不相先，敗不相後」等。做好國防建設，就有了可以防守和作戰的「形」、「勢」，進而激發在戰場上的「氣」。中國必須「其守以形，其攻以勢，其戰以氣」，才能夠「百戰而力有餘」。因爲「形者，有所不守，而敵人莫不忌也。勢者，有所不攻，而敵人莫不憊也。氣者，有所不戰，而敵人莫不懾也。」假如捨己之長而與北方民族以「力」而戰，那無異是自殺。

中國的另一個優點，是「國家大」，擁有豐富的物產和資源。蘇洵便曾提到了這個特點，並且建議宋朝廷在發展國防建設時，要注重「區域均衡發展」。蘇洵說：

> 國家分十八路，河朔、陝右、廣南、川峽實爲要區。河朔、陝右，
> 疆域之防，而中國之所恃以安。廣南、川峽，貨財之源，而河朔、
> 陝右之所恃以全。其勢之輕重如何哉？〔註181〕

因爲北宋的外患主要來自北方和西北方，所以往往對於河朔和陝右這兩個區域比較重視，所派駐的地方首長和軍事將領都是精心挑選的。而廣南、川峽這兩個區域，卻是宋朝拿來安置貶謫、流放等官員的地方，「審官差除，取具臨時，竄謫量移，往往而至。」蘇洵提醒朝廷，廣南、川峽實際上是國家的「貨財之源」，也是北方邊防賴以支撐的後備力量所在，現在派駐的都是一些不能做事或不想做事的官員，等於是「欲富其倉而蕪其田，倉不可得而富也。」此外，廣南、川峽兩區也是控制南夷、氐蠻的要害之地，假如放任無能、貪污、瀆職等官員來操控對外的互市貿易，不但對於國家財政是一大損失，更可能激起民怨和外族的紛爭，引發南方邊境的軍事危機。所以蘇洵希望朝廷能夠「重遠」，不要忽略了廣南、川峽兩區域的重要性，更要派駐有能力的官員，命他們用心經營。對於各區域的發展給予同等的重視，這是國防建設上另一個重要的原則。

## （四）對外策略

蘇轍在祕閣試〈王者不治夷狄論〉一文中，反對何休「王者不治夷狄」

---

〔註181〕蘇洵：《衡論·重遠》，《嘉祐集卷四》，頁 34。

〔註182〕的說法，他認為：

> 古之所以治夷狄之道，世之君子嘗論之矣。有用武而征伐之者，高
> 宗、文王之事是也；有修文而和親之者，漢之文景之事是也；有閉
> 拒而不納之者，光武之謝西域、絕匈奴之事是也。此三者皆所以與
> 夷狄為治之大要也。〔註183〕

宋朝所面對的外患問題，與春秋時期的華、夷之辨，已經有相當的差異了。
因此蘇轍對於《春秋》的詮釋，也與何休不同。而且蘇轍還舉出當時的歷史
事實，包括「用武而征伐之」、「修文而和親之」和「閉拒而不納之」三類，
作為王者「治夷狄」的佐證。簡單地說，除了閉關自守，對外來民族「閉拒
而不納」之外，對外所能夠採取的策略，基本上就是「戰」與「和」兩種選
擇。重點是不論做哪種選擇，都必須要讓「主控權」在我方手中才行：

> 蓋愚聞之，聖人之於戎狄也，吾欲來之則來之，雖有欲去者，不可
> 得而去也；吾欲去之則去之，雖有欲來者，亦不可得而來也。要以
> 使吾中國不失於便，而置夷狄於不便之地，故其屈伸進退，莫不在
> 我。〔註184〕

蘇軾認為，如果我方對於和戰擁有「掌控權」，那麼就能夠「我欲則戰，不欲
則守。戰則天下莫能支，守則天下莫能窺。」〔註185〕

### 1、戰

蘇軾認為由我方先開戰，是取得「掌控權」的一種策略。他先舉唐太宗
為例：

> 唐太宗既平天下，而又歲歲出師，以從事於夷狄，蓋晚而不倦，暴
> 露於千里之外，親擊高麗者再焉。凡此者，皆所以爭先而處強也。

---

〔註182〕何休（129～182），東漢人，著有《春秋公羊解詁》，是治《春秋公羊傳》的
學者。《春秋‧隱公二年》記載：「公會戎於潛」，何休的解釋是：「王者不治
夷狄。錄戎來者不拒，去者不追也。」何休之所以主張「王者不治夷狄」，因
為《公羊傳》的「華夷之辨」是以文化之優劣（禮義之高下、道義之有無）
為標準，因此夷狄有進至華夏、華夏有退為夷狄的可能。華夏各國對待夷狄，
應該以禮義為本，使之逐漸親附，泯除華夷界線；不應該為了私利，侵略示
威，輕啓戰端。可參考李新霖：《春秋公羊傳要義‧第二章　華夷觀》（臺北：
文津出版社，1989年5月），頁88～124。
〔註183〕蘇轍：〈王者不治夷狄論〉，《蘇轍集‧欒城應詔集卷十一》，頁1338。
〔註184〕同上註，頁1339。
〔註185〕蘇軾：〈策斷一〉，《蘇軾文集卷九》，頁282。

> 當時群臣不能深明其意，以爲敵國無釁而我則發之。夫爲國者，使
> 人備己，則權在我，而使己備人，則權在人。〔註186〕

蘇軾認爲唐太宗不斷地對外興兵，是一種宣示國力和主控權的表現，「爭先而處強」，並不是黷武好戰。若以宋朝與西夏之間的戰爭狀況來對比，就可以看出「先宣戰以取得掌控權」的重要性：

> 嚮者寶元、慶曆之間，河西之役，可以見矣。其始也，不得已而後
> 戰。其終也，逆探其意而與之和，又從而厚餽之，惟恐其一日復戰
> 也。如此，則賊常欲戰而我常欲和。賊非能常戰也，特持其欲戰之
> 形，以乘吾欲和之勢，屢用而屢得志，是以中國之大，而權不在焉。
> 欲天下之安，則莫若使權在中國。欲權之在中國，則莫若先發而後
> 罷。示之以不憚，形之以好戰，而後天下之權，有所歸矣。〔註187〕

蘇軾提到的是西夏元昊所引發的第一場戰爭，宋朝因爲是「不得已而後戰」，就已經讓自己處於挨打的地位；打不過西夏之後，又怕再開戰，急於議和，不管對方開什麼條件都願意接受。等於是完全把「戰」與「和」的主控權交在西夏的手中，予取予求。難怪西夏常常用「發動戰爭」來威脅宋朝，以獲得他們想要的利益。如果宋朝想要取得掌控權，就應該「先發而後罷」，做好充分準備，主動宣戰，表示不懼西夏的威脅，來中止因畏戰而引發的惡性循環。

　　蘇洵和蘇轍同樣也是主張要以「戰爭」的方式，來解決外患的問題。蘇洵曾以西漢時七國的狀況來比擬宋代的外患，並且對於晁錯所說：「削亦反，不削亦反。削之則反疾而禍小，不削則反遲而禍大。」表示贊同：

> 吁，七國之禍，期於不免。與其發於遠而禍大，不若發於近而禍小。
> 以小禍易大禍，雖三尺童子皆知其當然。……今日匈奴之強不減於
> 七國，而天下之人又用當時之議，因循維持以至於今，方且以爲無
> 事。而愚以爲天下之大計不如勿賂。勿賂則變疾而禍小，賂之則變
> 遲而禍大。畏其疾也，不若畏其大；樂其遲也，不若樂其小。〔註188〕

蘇洵是認爲只要宋朝本身「蓄全力以待之」，「未始不勝」，因此他主張「速戰速決」，趁著禍亂還小時，趕緊將它剷除。若是等到禍亂變大，不得不面對時，可能就已經無法收拾了。

---

〔註186〕同上註，頁282～283。
〔註187〕蘇軾：〈策斷一〉，《蘇軾文集卷九》，頁282。
〔註188〕蘇洵：《幾策‧審敵》，《嘉祐集卷一》，頁7～8。

　　不過，蘇轍對於晁錯的說法卻另有意見：

> 世皆以其言爲信，吾以爲不然。誠如文帝忍而不削，濞必未反。遷延
> 數歲之後，變故不一，徐因其變而爲之備，所以制之者，固多術矣。
> 猛虎在山，日食牛羊，人不能堪，荷戈而往刺之，幸則虎斃，不幸則
> 人死，其爲害亟矣。晁錯之計，何以異此！若能高其垣牆，深其陷阱，
> 時伺而謹防之，虎安能必爲害？此則文帝之所以備吳也。〔註189〕

漢文帝在處理尉佗稱號南越和匈奴桀驁的問題時，都是採用懷柔的政策，也
使得「剛強者皆乘風而靡」，因此蘇轍推崇老子「柔勝剛，弱勝強」的思想。
以之來看七國之亂，蘇轍認爲用激進的方法處理不見得好，不如暫時觀望，
靜待其變，說不定事情會有意想不到的發展。

　　以宋朝對付遼、夏二患的情況來說，假如太過激進，「吾民之不戰久矣，
用不戰之民，而待必戰之敵，竊恐世俗之難之也。」〔註190〕因此蘇轍建議運
用謀略，把原本會帶來危機的「歲幣」，轉化爲圖謀敵人的工具。他的構想是：

> 蓋古之英雄，能忍一朝之恥，而全百世之利。臣以爲當今之計，禮
> 之當加恭，待之當加厚，使者之往，無求以言勝之，而其使之來者，
> 亦無求以言犯之。凡皆務以無逆其心，而陰墮其志，使之深樂於吾
> 之賄賂，而意不在我。而吾亦自治於內，搜士揀馬，擇其精銳而損
> 其數，以外見至弱之形，而內收至強之實。作內政以寓軍令。凡皆
> 務以自損吾強大之勢，而見吾衰弱之狀，使之安然無所顧忌，而益
> 以怠傲。不過數年，彼日以無備，而吾日以充實。彼猶將以吾爲不
> 足與也，而有無厭之求。彼怠而吾奮，彼驕而吾怒。及此而與之戰，
> 此所謂敗中之勝而弱中之強者也。〔註191〕

這個謀略的重點在於解除敵方的防備心，爲我方爭取培養實力的時間。相當於
句踐在表面上臣服於吳王夫差，使其失去戒心之後，再「十年生聚，十年教訓」、
「臥薪嚐膽」，反過來一舉滅了吳國。因此在給遼、夏歲幣的時候，可以故意示
弱，對待來訪的使節在禮貌上要加倍恭敬，待遇上要加倍豐厚，言語上要盡量
順著他們的心意……，「使之深樂於吾之賄賂，而意不在我」。我方就趁這個機
會，趕緊加強自我建設，等到「彼怠而吾奮，彼驕而吾怒」時，再與之作戰，

---

〔註189〕蘇轍：《歷代論・漢文帝》，《蘇轍集・欒城後集卷七》，頁966。
〔註190〕蘇轍：〈民政策下・第四道〉，《蘇轍集・欒城應詔集卷十》，頁1334。
〔註191〕同上註。

必能取得勝利。這就是古語所說：「將欲取之，必固予之」的謀略運用。

2、和

三蘇對於遼、夏持有正確的認識和評價，而現實的情勢也使他們體認到征服遼、夏的困難，和維持現狀的必要。因此又主張在作戰實力尚未培養完備之前，不要輕啓戰端，先維持和平的關係。兩國在和平往來時期，有互相派遣使者（外交官）的需要。歷史上的外交官，稱爲「行人」，蘇軾說：

> 古者有行人之官，掌四方賓客之政。當周之盛時，諸侯四朝，蠻夷戎狄，莫不來享，故行人之官，治其登降揖讓之節，牲芻委積之數而已。至於周衰，諸侯爭彊，而行人之職，爲難且重。〔註192〕

也就是說，在中國強盛，而外族是來「朝貢」的情況下，「行人之官」比較好當，他們只要負責朝貢的禮儀、招待外來使節和點收貢品而已。但若兩國是處於平等競爭的狀態時，「行人之官」的職責就變得重要而困難了，在《戰國策》書中可以看到相當多的實例。宋朝與遼、夏之間的關係，也是充滿變數和競爭危機的，因此蘇洵建議朝廷，應該要看重「使者」的培養和任用：

> 敵國有事，相待以將，無事，相觀以使。今之所謂使者亦輕矣。曰此人也，爲此官也，則以爲此使也。今歲以某，來歲當以某，又來歲當以某，如縣令署役，必均而已矣。人之才固有所短，而不可強，其專對、捷給、勇敢，又非可以學致也。今必使強之，彼有倉惶失次，爲夷狄笑而已。古者，大夫出疆，有可以安國家、利社稷，則專之。今法令太密，使小吏執簡記其旁，一搖足，輒隨而書之。雖有奇才辯士，亦安所效用。彼夷狄觀之，以爲樽俎談燕之間，尚不能辦，軍旅之際，固宜其無人也。如此將何以破其奸謀而折其驕氣哉！臣愚以爲奉使宜有常人，唯其可者，而不必均。彼其不能者，陛下責之以文學政事，不必強之於言語之間，以敗吾事。而亦稍寬其法，使得有所施。〔註193〕

蘇洵指出，宋朝對於「使者」（外交官）的派遣，沒有一定的制度，都是因應臨時的需要，派遣不同的人出使，好像是爲了講求公平（求均）一樣。但因爲每個使者的才能長處不同，不見得都擅長外交上的應對進退。勉強出來擔任這樣的職務，表現不好只會被外國所嘲笑。還有，宋朝對於使臣防範甚嚴，

〔註192〕蘇軾：〈策略二〉，《蘇軾文集卷八》，頁230。
〔註193〕蘇洵：〈上皇帝書〉，《嘉祐集卷九》，頁92～93。

在使臣的身邊還派「親從官」〔註194〕監視，「使小吏執簡記其旁，一搖足，輒隨而書之」。這樣會讓使臣不敢輕舉妄動，喪失了在外交場合應有的應變機動性。因此，蘇洵對於朝廷任用外交官的兩點建議是：「奉使宜有常人」和「稍寬其法」。

蘇軾則是建議朝廷，應該建立外交的專職機構：

> 臣愚以爲西北雖有可勝之形，而中國未有不可勝之備，故嘗竊以爲可特設一官，使獨任其責，而執政之臣，得以專治內事。〔註195〕

> 今若依倣行人、屬國特建一官，重任而厚責之，使宰相於兩制之中，舉其可用者，而勿奪其權；使大司農以每歲所以餽於二虜者，限其常數，而豫爲之備；其餘者，朝廷不與知也。凡吾所以遣使於虜，與吾所以館其使者，皆得以自擇。而其非常之辭，無厭之求，難塞之請，亦得以自答。使其議不及於朝廷，而其閒暇，則收羅天下之俊才，治其戰攻守禦之策，兼聽博採，以周知敵國之虛實，凡事之關於境外者，皆以付之。如此，則天子與宰相特因其能否，而定其黜陟，其實不亦甚簡歟！〔註196〕

蘇軾這樣建議，是因爲關於外患的事常常難以速決，但又需用心經營。執政大臣若一直煩惱外交的事，就會影響其他重要內政的處理。所以應該學習古代「行人之官」的制度，設立專職外交的機構。選任有能力、可信任的官員擔任長官，給予足夠的職權，讓這個機構管理所有「關於境外」的事務：包括派遣使者、招待外來使節、外交要求的回覆、對外攻防策略的擬定、情報的搜集……等。這樣把內政、外交分開，由專人處理，可以獲得更好的效果。

維持和平關係的另一種策略，是「互市貿易」。宋朝在周邊少數民族地區，以及與邊外民族王朝或部落交界的地區，都有形式多樣的互市貿易政策。官方經營的主要有兩種形式：榷場貿易和市馬貿易。「榷場」是宋政府在沿邊地

---

〔註194〕蘇轍在宋哲宗元祐四年（1089），曾經擔任「北朝皇帝生辰國信使」。還朝後，上奏〈北使還論北邊事札子〉五篇，其中第三篇〈乞罷人從內親從官〉也提到「親從官」的問題：「緣親從官多係市井小人，既差入國，自謂得以伺察上下。入界之後，恣情妄作，都轄以下，望風畏避，不敢誰何。雖於使副，亦多寒傲。夷狄窺見，於體不便。」他以自己的親身經驗，指出親從官仗勢欺人的不良行徑，並且請求朝廷取消親從官的制度。見《蘇轍集・欒城集卷四十二》，頁 750。

〔註195〕蘇軾：〈策斷一〉，《蘇軾文集卷九》，頁 280～281。

〔註196〕蘇軾：〈策略二〉，《蘇軾文集卷八》，頁 230。

區設置的以邊外民族王朝爲主體對象的固定貿易場所。

　　宋與遼的貿易開始於太祖時代，至太宗太平興國二年（977），才正式在鎮州、易州、雄州、霸州和滄州置榷務，以犀象香藥及茶與遼貿易。以後隨著雙邊關係的幾度變化，榷場屢經開閉。一直到了澶淵之盟後，宋遼榷場貿易才趨於穩定，形成了固定化的對遼貿易形式。宋對遼的貿易可說是緩和邊寇的一種手段，但是以斷絕貿易關係來制裁遼國則不大成功，因爲宋遼間沒有很清楚而易於隔絕的國界。

　　宋與夏的貿易在宋初時，因爲兩國關係還沒有發展到長期激化的程度，宋政府對於李繼遷等黨項貴族採取的策略是以懷撫爲上，對雙邊互市不多加限制，也有助於雙方關係的穩定與改善。宋仁宗寶元元年（1038）以後，宋夏戰爭開始，隨著雙方和戰形勢的不斷變化，宋朝邊關互市政策轉入了禁、開不定的時期。宋政府之所以經常實行嚴禁宋夏邊關互市的政策，就是要以此作爲對西夏統治者的經濟制裁，以迫使他們改變敵對態度，與宋朝保持穩定友善的關係。不過這樣的經濟制裁並沒有達到預期的政治效果，也無法禁絕所有邊關互市，只不過在禁止時，轉明爲暗，形成了當時邊界盛行的走私問題。〔註197〕

　　「市馬」指的是戰馬的買賣，主要集中在西北、川蜀和廣西三邊的少數民族地區。不過，只有來自西北邊區的馬，才適合當作「戰馬」，其餘兩區的市馬貿易，在性質上都偏重於對邊疆民族的經濟優惠和政治羈縻。被蘇轍稱爲「西南夷」的，就是川蜀和廣西這兩區的少數民族。蘇轍認爲「西南夷」之所以會出兵侵擾宋朝邊境，原因是在於：

　　　　愚嘗觀於西南徼外，以臨蠻夷之眾，求其所以爲變之始，而遂至於
　　　　攻城郭，殺人民，縱橫放肆而不可救者，其積之莫不有漸也。夫蠻
　　　　夷之民，寧絕而不之通。今邊鄙之上，利其貨財而納之於市，使邊
　　　　民凌侮欺謾而奪其利，長吏又以爲擾民而不之禁。窮志無聊，莫可
　　　　告訴，故其勢必至於解仇結盟，攻剽躁踐，殘之於鋒鏑之間，而後
　　　　其志得伸也。〔註198〕

---

〔註197〕有關北宋與遼、夏邊境的走私貿易問題，可參考廖隆盛：《國策貿易戰爭——北宋與遼夏關係研究》，頁 117～173。以及安國樓：《宋朝周邊民族政策研究·第五章周邊互市政策及其作用》，頁 108～112。
〔註198〕蘇轍：〈西南夷論〉，《蘇轍集·欒城應詔集卷五》，頁 1282。

也就是在互市貿易的過程中，出現了邊民和邊疆民族之間的紛爭。這些紛爭的起源在於宋朝的邊民「凌侮欺謾而奪其利」，當地的長官又不能秉公處理。邊疆民族在「莫可告訴」之下，怨氣積聚太久而無處可發，於是就訴諸武力，「攻剽蹂踐，殘之於鋒鏑之間」，來討回公道。他們的目的只在於「求利」，並沒有想要侵略宋朝的「大志」。因此蘇轍建議，對待西南夷應該要在邊境互市貿易之地，設置「校尉」、「蠻夷騎都尉」等專門處理外交事務的官員，「使其強者不能內侵，而弱者不為中國之所侮。」對於西南方的邊疆民族，要講求誠信，「待之如中國之人」，這樣宋朝就可以維持與「西南夷」之間的和平關係了。

# 第四節　小　結

　　三蘇史論的「政治制度論」討論了「政權傳承與分配制度」、「財政與經濟制度」和「軍事與國防制度」三方面的問題。

　　對於「政權傳承與分配制度」關注較多的，是蘇軾和蘇轍。關於政權傳承問題的討論，屬於「正統論」，又可分為「君統傳延」和「朝代承續」兩個層面來談。蘇軾、蘇轍對於君統傳延理論的論述，基本上並沒有脫離「立嫡立長」的範疇，不過他們進一步以「人之常情」作為嫡長子傳承制的理論基礎，並且延伸討論了在君位傳承時，假如遇到嫡長子的品行才能不足，或是國家動盪不安，又或是繼位的君主年幼無法親理政事時，應當如何因應，使得立嫡立長的君統傳延理論更加完備。

　　北宋時對於朝代承續之正統性的討論，是由歐陽修引發端緒，他把道德理想主義和權力現實主義加以揉和，並且為正統論找到了古典依據。蘇軾並沒有完全繼承歐陽修的意見，而是希望讓正統問題單純化，因此把道德理想主義和權力現實主義分開來論述，期望大臣們不要再作無謂的爭執，能把更多的努力投注在「使君主有德」的實質問題上。

　　朝廷與地方之間的權力分配形式，也是歷代關注的問題，稱為「封建論」。蘇軾和蘇轍在論述這個主題時，都同意柳宗元〈封建論〉的觀點，認為秦朝的「廢封建行郡縣」是時勢所趨，不得不然。他們對於封建論的發展，是區分出「制」（政治體制）和「政」（政治措施）的不同，正確地解釋了秦朝滅亡的原因，並且以「德政」的主張，作為柳宗元〈封建論〉的修正與補充。

　　其次，因應宋代變法的需要，三蘇討論了財政與經濟方面的制度。在賦稅制度方面，他們都嚮往三代井田制度所造就的理想狀態，也對於井田制度的瓦解感到遺憾。爲了抑制宋代土地兼併的問題，蘇洵主張採取漸進式的「限田」政策，試圖改善貧富差距日益嚴重的問題。而蘇軾和蘇轍也反對王安石所主張的「方田均稅法」，指出其在推行過程中所產生的弊端，並且提出改進的建議。在勞役制度方面，蘇轍曾對於力役制度的發展趨勢有所探討。因爲有此基本認知，所以蘇軾和蘇轍在變法的初期，都是反對免役法，主張採取差役制。不過當免役法實際推行之後，他們也接受免役法有其好處，因此希望善用新法優點，務實地改革舊法弊端，一切以人民的福祉爲出發點。

　　蘇洵對於宋朝「爲吏而商」的弊病和市場壟斷問題，已經有所察覺，也對此提出改革的意見。不過因爲在經濟政策上的基本認知不同，蘇軾和蘇轍對於王安石在商業經濟方面的各項措施：均輸法、市易法和青苗法，所持的都是反對立場。通常反對新法者對於商業，採取的是儒家的經濟放任觀點，主張「不與民爭利」，但是王安石變法的基礎卻是法家的經濟干預觀點。兩者看問題的立場相異，處理方法不同，自然會產生衝突。尤其是因爲「人爲」的弊端，使得新法在政策執行時，產生了許多違反政策原意而損及人民利益的問題，更使得反對者振振有辭，不去不快。這樣的狀況，令人遺憾。不過，在新舊兩派的爭論中，三蘇總是能夠採取比較務實的態度和持平的觀點，這應該是他們由歷史經驗中所獲得的智慧。

　　因應宋朝對外關係的需要，三蘇對於軍事與國防方面的制度有相當多的討論。他們在分別討論了「兵民合一制」和「兵民分立制」的優缺點之後，主張宋朝在「集兵」時，應該結合兵民合一（徵兵制）和兵民分立（募兵制）兩者的優點，來解決冗兵、養兵負擔沉重、士兵驕縱和戰力低落等問題。在「用兵」方面，也針對宋朝的軍事弱點提出建議，認爲要有正確的任用武將方式，這樣才能良好地訓練士兵，加強國家戰備能力。在對外策略的主張上，因爲北宋中、後期的對外關係，比蘇洵所在時（宋仁宗、英宗）的情況更爲複雜和險惡，所以蘇軾和蘇轍比蘇洵更爲強調國家「自我建設」的重要性。雖然他們也認爲要解決外患問題，最終仍是要訴諸戰爭的，但是在作戰前，一定要先鞏固國家自身的實力，而且要知己知彼，採取正確的外交政策，使我方握有主控權，才能建立有尊嚴的對外關係。

　　任何一項制度，都不可能孤立存在，必然是互相配合，形成支撐國家運

作的體系。制度的創立，必有淵源，不可能憑空出現；而制度的終止，亦必有流變，不會無端地消失。因此我們必須探討「制度的歷史」，才能把握各項制度的眞相。一項制度由創始而臻於成熟，在當時必有其外在需要和內在用意；制度在推行之後，不可能絕對有利無弊，也不可能絕對有弊無利。所謂「利弊」，是要從當時所發生的實際影響而論定的。因此我們必須要把制度放回到歷史當時的情境去討論，若是單憑異代人主觀的意見和懸空的推論，沒辦法了解該項制度在當時實際的需要和眞確的用意，也無法恰當地評判出該項制度的利弊得失。整體看來，三蘇對於「歷代政治制度」的詮釋，正是這些原則的實踐。

# 第六章　三蘇史論之取材與論證方式

　　三蘇的史論是以「議論文體」寫作的文章，一般認為議論性文章具有「論點」、「論據」和「論證」三個要素。論點是作者對所議論的問題提出的見解和主張，是說理文的「綱」，更是指引讀者掌握文章脈絡的指標。根據論點，作者選取相關材料，作為「論據」。原則上，是要多舉事實，講道理，辨是非，以闡明事理。有了新穎的論點，又有確鑿的論據之後，就必須以某種邏輯思維來組合、排列所有的材料，使材料產生意義，這就是「論證」。論證是一個動態的過程，也是議論性文體的邏輯構成，用來闡釋論點的內涵、論述論點的形成、揭示論據與論點間的邏輯關係，以使人理解和信服。而用來組合、排列材料的方式，就是「論證方式」。

　　材料的選取，已經在一定程度上決定了文章「意義」的走向。組合、排列材料的方式（論證方式），更是凸顯文章意義的關鍵。「史論」除了要合乎議論性文章的一般要求之外，其「論史」目的，使得史論的作者必須更注重「古」、「今」材料的選用和安排。本章將分別從三蘇史論的「取材」和「論證方式」兩方面，來探討三蘇史論「意義生成」的方式。

## 第一節　三蘇史論的取材

### 一、選取材料的傾向

　　劉勰《文心雕龍・事類》說：「事類者，蓋文章之外，據事以類義，援古以證今者也。」也就是：引據各種事物，來比類義理；援用往古舊聞，來徵驗當今實況。三蘇史論所關注的題材和作為「論據」的材料，大都是關於「歷

史人物」的「事例」。歸納三蘇史論中所提及的歷史人物，〔註1〕並且以其所處的「朝代」來觀察，可以發現以下的現象：

從作者的角度來看，蘇洵所提及的人物，最多的是「西漢」時人，其次是「春秋」、「戰國」，再其次是「唐」。他沒有提過「西晉」、「南北朝」、「隋」和「五代十國」時的人物。對於「三代」、「秦」、「東漢」、「三國」、「東晉」時的人物，則是略有提及。蘇洵之所以特別關注「西漢」和「唐」的人物，是因為蘇洵的史論，較偏重於「軍事」方面和「制度」方面的探討，他的《權書》十篇主要就是在「論兵」，而《衡論》十篇中則論及「法制」、「田制」和其他國家制度的問題。在中國各個朝代中，國勢最為強盛的就是「西漢」和「唐」，因此蘇洵認為最適合拿來作為這兩個主題的「論據」。至於「春秋」和「戰國」時的人物，主要是在蘇洵有關論「勢」的主題時被提及。因為春秋戰國時期是一個社會情況變動劇烈的階段，當時的人物在時勢變化下，有許多相應的行為表現和論述，所以適合用來當作「勢論」的論據。

蘇軾所提及的人物，最多的是「春秋」時人，其次是「西漢」，再其次是「戰國」和「唐」，而且對於「三代以前」、「三代」、「秦」、「東漢」和「西晉」也有相當的關注。蘇軾之所以對於「春秋」時人物提及最多，是因為他有一組從《春秋》取材的作品，〔註2〕這一組作品的寫作目的在於辨析《春秋》的義旨，寫法是先提出一段《春秋》所記載的事蹟，然後比較《左傳》、《公羊》、《穀梁》三傳的說解，最後提出蘇軾自己的意見，他的傾向是以歷史來闡明《春秋》經的道理。還有《南省說書》十篇，包括了《左傳》三篇、《穀梁傳》四篇和《公羊傳》三篇，〔註3〕所論及的也是春秋時人物。另外，蘇軾有近百篇的史評，因為這些史評的取材幾乎平均分布於各個朝代，可以看出他在閱讀史書時的系統性。從取材來判斷，可以推測他所閱讀的史書包含了《史記》、《漢書》、《後

〔註1〕 歸納的方式，是先通讀三蘇的史論，判斷文章所論述的對象，以及文章中所使用的論據之後，一條一條列出來，製作成表格，呈現出「朝代」、「人名」、「所引用事蹟概述」和「三蘇史論的篇名」，再利用不同的條件加以排序和統計，可以藉此觀察出許多現象。請參見本論文附表三：〈三蘇論歷史人物意見簡表〉。

〔註2〕 即〈論好德錫之福〉、〈論鄭伯克段於鄢〉、〈論鄭伯以璧假許田〉、〈論取郜大鼎於宋〉、〈論齊侯衛侯胥命於蒲〉、〈論禘於太廟用致夫人〉、〈論閏月不告朔猶朝於廟〉、〈論用郊〉、〈論會於澶淵宋災故〉、〈論黑肱以濫來奔〉。

〔註3〕 即〈問供養三德為善〉、〈問小雅周之衰〉、〈問君子能補過〉、〈問侵伐土地分民何以明正〉、〈問魯猶三望〉、〈問魯作丘甲〉、〈問雩月何以為正〉、〈問大夫無遂事〉、〈問定何以無正月〉、〈問初稅畝〉。

漢書》、《三國志》、《晉書》、《宋書》、《唐書》等，這些史評應該是他在閱讀史書時有感而發，所寫下的隨筆，也成爲他在寫作史論時的論據來源。〔註4〕

蘇轍所提及的人物，最多的也是「春秋」時人，其次則是「戰國」，再其次是「秦」、「西漢」、「三國」和「唐」。對於其他各個朝代的人物也均有所提及，因此他對於歷史關注的廣度與蘇軾是相當的。蘇轍的史論寫作可說是三蘇中最有系統的，他先是針對《史記》的問題，寫作了《古史》，記載自三皇五帝到秦的史事並給予評論。他的《古史》中共有三十七篇列傳，其列傳主角都是「春秋」、「戰國」和「秦」時的人物，這就是蘇轍取材偏重於這幾個朝代的原因。蘇轍晚年時又寫作了《歷代論》四十五篇，是選擇自「三代」到「五代十國」中各朝代的代表性人物，加以評判和論述。這組作品的取材，使得他對於各個朝代均有所關注。

若以朝代的角度來看，「春秋」、「戰國」、「西漢」、「東漢」及「唐」，這幾個時期中的人物最常被三蘇當作論述的對象或是論證時的依據。提及「三代以前」和「三代」時人物比例最高的是蘇軾，這是因爲他有一組作品，〔註5〕是從《尚書》中摘取重要觀念，然後再透過史事的評論來闡述道理的，所以蘇軾論及三代以前和三代人物的比例，在三蘇中是最高的；提及「春秋」、「戰國」時人物比例最高的是蘇轍，這是因爲《古史》的關係。另外，蘇轍也將這樣的歷史考察運用至《春秋集解》的寫作，呈現出「以史解經」的傾向；提及「西漢」、「東漢」時人物比例最高的是蘇洵；提及「三國」時人物比例最高的是蘇轍，這是因爲蘇轍在《歷代論》中，特別針對了幾位三國時期的重要人物加以論述；提及「西晉」時人物比例最高的是蘇軾，而提及「唐」時人物比例最高的是蘇洵。

再以歷史人物的「身分」來觀察，三蘇史論所取材的對象，幾乎都是「君主」和「文、武大臣」。宋代的士大夫因爲仕宦經歷的影響和勇於用世的精神，其文學創作始終與政治密切關聯。三蘇史論的主要目的在於「適於實用」，因此

〔註4〕例如蘇軾有一篇史評：〈楚子玉兵多敗〉，論及春秋時楚國蔿賈看出子玉治兵過於暴虐，其用兵必會失敗，蘇軾認爲也許「少與之兵」，可以使其「戒懼而不敗」。這一項資料就是〈策別訓兵旅一〉當中的論據。

〔註5〕即〈乃言底可績〉、〈聖謨說珍行〉、〈視遠惟明聽德惟聰〉、〈始終惟一時乃日新〉、〈王省惟歲〉、〈作周恭先作周孚先〉、〈惟聖罔念作狂惟狂克念作聖〉、〈庶言同則繹〉、〈唐虞稽古建官惟百夏商官倍亦克用乂〉、〈道有升降政由俗革〉、〈觀過斯知仁矣〉、〈君使臣以禮〉、〈以佚道使民以生道殺民〉。

他們在「論史」與「論政」上也是難以截然畫分的。既然談論政治,其主角自然是君主和大臣。不過,在共同的表現之下,三蘇又各自有其特色。因為蘇洵特別關注軍事方面的主題,所以他所提及的歷史人物中有比較多是武將,以及關於用兵的事例。蘇轍的論述特色,在於他有十二篇「朝代論」〔註6〕和五篇「地域論」,〔註7〕關注到「朝代」特色和「地域」差異。雖然在他的論述中,不管是論「朝代」或是論「地域」,最終都還是論述「人」的問題,但在三蘇當中,只有蘇轍比較注意到人物的「群性」,因此他所選用的論據,就會提及朝代的「通性表現」,或者是地區中的「群體人物」。

三蘇史論所論及的對象和所運用的論據,都是取材自歷代典籍。《尚書》提供了「三代」時的材料;《春秋》、《左傳》和《論語》提供了「春秋」時的材料;《史記》提供了從「三代」到「西漢武帝」時的材料;《戰國策》和諸子的著作,提供了「戰國」時的材料;從漢代之後的材料,則分別取材自歷代的正史:《漢書》、《後漢書》、《三國志》、《晉書》、《宋書》和《唐書》。這表示三蘇史論所論的歷史人物都不是虛構,所運用來作為論證依據的「事例」也都是於史有徵的。假如他們對於某一項史料有所懷疑,就會利用其他的史料或是實地考察的方式,以是否合乎「邏輯」和「人情」作為推論標準,來考證其正確性。〔註8〕由此可以看出三蘇史論在取材上的嚴謹性,這樣的做法也使他們的論證更具有說服力。

## 二、材料指涉的典型化

中國的史家一般認為「人」是締造各種事件的關鍵,因此長久以來在史書撰寫中,就致力於對人物的刻畫。在解釋歷史的因果關係時,也多著重於人物之心術,認為「歷史事件」之所以會發生,主要決定權在於歷史行為者的「存心」與「意志」。這種看重「人」的特色,也可以在三蘇的史論中看到。除了從史論的標題上明顯可看出的「人物論」之外,其餘主題式的史論,也大多是以歷史人物作為論據。

三蘇史論中所提及的眾多歷史人物,經過歸納之後,可以看出有些人物出

---

〔註6〕即〈夏論〉、〈商論〉、〈周論〉、〈六國論〉、〈秦論〉、〈漢論〉、〈三國論〉、〈晉論〉、〈七代論〉、〈隋論〉、〈唐論〉、〈五代論〉。
〔註7〕即〈燕趙論〉、〈蜀論〉、〈北狄論〉、〈西戎論〉、〈西南夷論〉。
〔註8〕關於三蘇對經、史的考證觀念和實際表現,請參見本論文第二章第二節的討論。

現的頻率較高，而且是同時被三蘇所選用，在評價上也幾乎都有相同的認定。這個現象應該有兩方面的意義，一方面是三蘇在選用歷史人物作爲論據前，因爲閱讀過程中受到所閱讀的典籍影響，已經建構起某些人物在他們心中的評價，可以說這些人物已經被「典型化」了，於是當他們要論述某個主題時，便自然而然會想起某些人物；另一方面是當這些人物被選用來作爲論據之後，讀者就透過三蘇史論認識到這些人物的典型化表現，又因爲這些人物在三蘇史論中的不斷出現，又更進一步加強了其「典型化」的人物特質。其典型化的現象，可以分爲「正面人物」、「爭議性人物」和「反面人物」三個部分來說明：

## （一）正面人物

1、伊尹（三代）：三蘇都肯定伊尹對於君主的忠誠。正因爲伊尹的內心光明端正，不求私利，所以當他「既放而復立太甲」時，天下「不以爲專」，〔註9〕而且「無疑乎其心」。〔註10〕

2、子產（春秋）：蘇轍認爲子產是「以禮法行惠者」，〔註11〕這是推崇他以「禮」治國的表現。蘇軾也稱讚子產能夠「思其始而圖其終」，〔註12〕使得鄭國雖小，卻足以在春秋各大國之間立足。

3、魯仲連（戰國）：他「義不帝秦」，有能力排難解紛，而且又不貪圖爵祿，拒絕封賞，是一個有道義的人，受到三蘇一致的讚賞。〔註13〕

4、漢高祖（西漢）：漢高祖能夠打敗項羽，建立漢朝，蘇洵認爲這是因爲漢高祖能「知有所甚愛，知有所不足愛」，〔註14〕所以能在用兵時知所取捨。蘇軾認爲是「所用之人，常先於智勇，所行之策，常主於權謀，是以戰必勝，攻必取。」〔註15〕蘇轍則讚美漢高祖能「先據勢勝之地，以示天下之形；廣收信、越出奇之將，以自輔其所不逮；有果銳剛猛之氣而不用，以深折項籍猖狂之勢。」〔註16〕

---

〔註 9〕蘇軾：〈伊尹論〉，《蘇軾文集卷三》，頁 85。

〔註 10〕蘇轍：〈周公論〉，《蘇轍集・欒城應詔集卷三》，頁 1263。

〔註 11〕蘇轍：《古史卷三十・鄭子產列傳第七》，《三蘇全書》第 4 冊，頁 178。

〔註 12〕蘇軾：〈思治論〉，《蘇軾文集卷四》，頁 116。

〔註 13〕見蘇洵：〈諫論上〉，《嘉祐集卷八》，頁 76。蘇軾：〈論范蠡〉，《蘇軾文集卷五》，頁 153～154。蘇轍：《古史卷五十四・虞卿魯仲連列傳第三十一》，《三蘇全書》第 4 冊，頁 396。

〔註 14〕蘇洵：《權書・強弱》，《嘉祐集卷二》，頁 13。

〔註 15〕蘇軾：〈儒者可與守成論〉，《蘇軾文集卷二》，頁 40。

〔註 16〕蘇轍：〈三國論〉，《蘇轍集・欒城應詔集卷二》，頁 1252。

5、趙充國（西漢）：蘇洵稱讚趙充國是西漢的「賢將」，〔註17〕他在用兵上的優點是「不待煩刑賊民，而邊鄙以安」，〔註18〕而征西羌時，守便宜，不肯奉詔出兵，是持守了一定的原則，「循道而不阿」。〔註19〕

6、荀彧（三國）：蘇轍認為荀彧在輔佐曹操時，是「以帝王之業許之矣」，〔註20〕所以主張應該「以仁義救天下，天下既平，神器自至，將不得已而受之」，可惜曹操太過心急了，荀彧因此被殺，但是蘇軾稱讚他「其才似張子房，而道似伯夷」。〔註21〕

7、陸贄（唐）：蘇軾曾經向宋哲宗推薦陸贄的奏議，說陸贄「才本王佐，學為帝師。論深切於事情，言不離於道德。智如子房，而文則過；辯如賈誼，而術不疏。」〔註22〕而蘇洵在「博觀古今議論」時，就「以陸贄為賢」。蘇轍幼時讀其書，也覺得「其賢比漢賈誼，而詳練過之。」但這樣的人才，最後竟死於裴延齡之手，這是因為陸贄沒有遇到賢明的國君，「以有常之德，而事德宗之無常」，〔註23〕令人惋惜。

## （二）爭議性人物

1、伯夷、叔齊（三代）：因為這兩人的表現過於狷介，蘇洵認為是「徒義」，〔註24〕並不鼓勵。不過，蘇轍認為他們對於「明君臣之義」〔註25〕的堅持，是值得肯定的。

2、周公（三代）：周公輔佐成王時，曾經攝政而引起了管蔡之亂，蘇轍認為那是「勢未至於不得已」，〔註26〕才會讓天下人懷疑。但是蘇軾則認為周公誅管、蔡，是「其勢不得不誅」，〔註27〕周公的做法已經是在當時情勢之下最好的抉擇了。

3、管仲（春秋）：以管仲執政的表現來說，是很有貢獻的，而且「自始

〔註17〕蘇洵：〈衡論・御將〉，《嘉祐集卷四》，頁29。
〔註18〕蘇軾：〈上初即位論治道二首：刑政〉，《蘇軾文集卷四》，頁135。
〔註19〕蘇轍：《古史卷四十四・白起王翦列傳第二十一》，《三蘇全書》第4冊，頁319。
〔註20〕蘇轍：《歷代論・荀彧》，《蘇轍集・欒城後集卷九》，頁977。
〔註21〕蘇軾：〈論武王〉，《蘇軾文集卷五》，頁138。
〔註22〕蘇軾：〈乞校正陸贄奏議上進札子〉，《蘇軾文集卷三十六》，頁1012。
〔註23〕蘇轍：《歷代論・陸贄》，《蘇轍集・欒城後集卷十一》，頁1005。
〔註24〕蘇洵：〈利者義之和論〉，《嘉祐集卷八》，頁83。
〔註25〕蘇轍：《古史卷二十四・伯夷列傳第一》，《三蘇全書》第4冊，頁148。
〔註26〕蘇轍：〈周公論〉，《蘇轍集・欒城應詔集卷三》，頁1263。
〔註27〕蘇軾：〈周公論〉，《蘇軾文集卷三》，頁86。

為政而至於霸，其所施設，皆有方法。及其成功，皆知其所以然。」〔註28〕但是他雖然勸諫齊桓公不要任用小人，卻沒有推薦任何人才，是「知小人之不可用，而無以禦之。」〔註29〕他的私人生活也不合乎禮制，因此引發爭議。

4、蘇秦（戰國）：三蘇在論述六國問題時，通常都是認為六國應該要聯合起來抗秦，因此對於主張「合縱」政策的蘇秦，讚賞其遊說能力。但是若以當時六國諸侯的情況來說，「諸侯異心，譬如連鷗，不能俱飛，勢固然矣」，〔註30〕確實是難以同心的。因為違逆了「形勢」，所以蘇秦的失敗也是理所當然的。

5、范蠡（戰國）：范蠡懂得「擇君」，〔註31〕他知道句踐可以共患難，所以幫助句踐打敗吳國，建立功業，但是他也明白句踐是難與同安樂的君主，所以及時離開，得免文種之戮，這是三蘇都認同的。不過，蘇軾有更深一層的評論，他認為范蠡是「才有餘而道不足，故功成、名遂、身退，而心終不能自放者乎！」〔註32〕也就是說范蠡即使離開朝廷，明哲保身，他仍舊是一個在乎功名利祿的人。

6、漢景帝（西漢）：在西漢的歷史上，漢文帝和漢景帝統治的時代，被稱為「文景之治」，是稱讚他們的治世。不過，蘇軾和蘇轍有不同的意見，蘇軾認為漢景帝不應該殺周亞夫，是「可以為萬世戒」〔註33〕的其中一例；蘇轍甚至說漢景帝是「忌克少恩，無人君之量」，並舉出六件「背理而傷道」的事。幸虧漢景帝仍保持了「恭儉」的美德，所以還能「全身保國，與文帝俱稱賢君」。〔註34〕

7、漢武帝（西漢）：漢武帝被三蘇批評的地方在於「無禮」〔註35〕和「果於殺」，〔註36〕使得太子受到誤會時也不願辯解，寧可起兵作亂，因為知道「訴之必不察也」。還有因為「志求功名，不究利害之實」，〔註37〕所以窮兵黷武，最後耗盡了國力。但是蘇軾特別稱讚漢武帝「知人」，「其平生所用文武將帥、

〔註28〕 蘇軾：〈思治論〉，《蘇軾文集卷四》，頁 117。
〔註29〕 蘇轍：《歷代論・管仲》，《蘇轍集・欒城後集卷七》，頁 963。
〔註30〕 蘇轍：《古史卷四十・蘇秦列傳第十七》，《三蘇全書》第 4 冊，頁 281。
〔註31〕 蘇轍：《古史卷三十七・范蠡大夫種列傳第十四》，《三蘇全書》第 4 冊，頁 253。
〔註32〕 蘇軾：〈論范蠡〉，《蘇軾文集卷五》，頁 153。
〔註33〕 蘇軾：〈論管仲〉，《蘇軾文集卷五》，頁 147。
〔註34〕 蘇轍：《歷代論・漢景帝》，《蘇轍集・欒城後集卷七》，頁 967。
〔註35〕 蘇洵：《衡論・任相》，《嘉祐集卷四》，頁 31。
〔註36〕 蘇軾：〈論始皇漢宣李斯〉，《蘇軾文集卷五》，頁 161。
〔註37〕 蘇轍：《歷代論・漢武帝》，《蘇轍集・欒城後集卷八》，頁 969。

郡國邊鄙之臣、左右侍從、陰陽律歷博學之士，以至錢穀小吏、治刑獄、使絕域者，莫不獲盡其才而各當其處。」〔註38〕尤其是將漢昭帝托孤給霍光，是漢武帝最有眼光的一件事。

8、諸葛亮（三國）：蘇轍認爲諸葛亮接受蜀先主劉備的托孤之後，在「後主之暗弱，孔明之賢智」的情況下，若有異志，是「一搖手而定」的。但是諸葛亮卻能「奉一昏主三十餘年，而無纖芥之隙」，〔註39〕實在是很了不起。不過，蘇洵從軍事方面來看諸葛亮，則認爲「諸葛孔明棄荊州而就西蜀，吾知其無能爲也」，〔註40〕蘇軾從謀略方面來看，認爲諸葛亮失敗的原因在於「仁義詐力雜用以取天下」。〔註41〕

9、唐太宗（唐）：唐太宗應該算得上是中國歷代數一數二的好皇帝，他「任賢使能，將相莫非其人；恭儉節用，天下幾至刑措。」〔註42〕但是蘇軾和蘇轍對唐太宗還有一些意見，主要是太宗後期在傳位問題上沒有處理好，又相信讖緯，只因爲「疑似」就殺了李君羨，而且在「擇大臣以輔少主」時，託付給李勣，可說是「所託非人」。因爲李勣是「匹夫之俠也，以死徇人，不以爲難。至於道義之重，社稷所由安危，勣不知也。」〔註43〕因此蘇軾認爲李勣非「社稷臣」，而且是引發唐朝武后之禍的潛在原因。〔註44〕

## （三）反面人物

1、宋襄公（春秋）：他在泓之戰「不鼓不成列」、「不擒二毛」的表現，蘇軾認爲是「以不仁之資，盜仁者之名」，〔註45〕蘇轍則認爲「襄公凌虐小國，至使邾人用鄫子於次且之社，雖桀、紂有不爲矣。」〔註46〕

2、商鞅（戰國）：商鞅在秦實行新法，表面上好像是「使民務本力農，勇於公戰，怯於私鬥，食足兵強，以成帝業。」但蘇軾認爲秦之所以能夠富

〔註38〕蘇軾：〈霍光論〉，《蘇軾文集卷四》，頁108。
〔註39〕蘇轍：《歷代論·晉宣帝》，《蘇轍集·欒城後集卷九》，頁981。
〔註40〕蘇洵：《權書·項籍》，《嘉祐集卷三》，頁23。
〔註41〕蘇軾：〈諸葛亮論〉，《蘇軾文集卷四》，頁112。
〔註42〕蘇轍：《歷代論·唐太宗》，《蘇轍集·欒城後集卷十》，頁997。
〔註43〕同上註，頁998。
〔註44〕蘇軾對於唐太宗的意見在以下各篇可見：〈士燮論〉，《蘇軾文集卷三》，頁89～90；〈論管仲〉，《蘇軾文集卷五》，頁148。〈李靖李勣爲唐腹心之病〉，《蘇軾文集卷六十五》，頁2034～2035。
〔註45〕蘇軾：〈宋襄公論〉，《蘇軾文集卷三》，頁77。
〔註46〕蘇轍：《古史卷十五·宋微子世家第八》，《三蘇全書》第3冊，頁552。

強，是「孝公敦本力穡之效，非軼流血刻骨之功也。」〔註47〕反而秦的滅亡，才是商鞅造成的。而且因爲商鞅所制定的法律，「法皆與情不應」，〔註48〕所以才會遭受報應，以車裂而死。

3、李斯（秦）：蘇轍認爲，李斯在秦始皇「以詐力兼天下，志得意滿，諱聞過失」〔註49〕時，並沒有盡到臣子勸諫之責，反而助紂爲虐，「燔《書》、《詩》，誦功德，以成其氣。」等於是培養了秦始皇的暴虐。而到了秦二世時，蘇軾認爲李斯明知趙高的奸邪，卻沒有能把握時機「召百官、陳六師而斬之」，〔註50〕反而與趙高共謀，使趙高得以專權。因此李斯最後被趙高陷害，可說是自取其咎。

4、秦始皇（秦）：當秦始皇統一天下之後，不能與民休息，反而「焚詩、書，殺豪傑，東城臨洮，北築遼水」，〔註51〕「專任法制以斬撻平民」，〔註52〕因此才傳到二世，秦朝就滅亡了。而且秦始皇「廢諸侯、破井田，凡所以治天下者，一切出於便利，而不恥於無禮，決壞聖人之藩牆，而以利器明示天下」，〔註53〕蘇軾認爲這種「不重禮」的危害，不只影響秦朝，更是遺禍於後代，至今未息的。

5、王莽（西漢）：蘇軾認爲王莽「以經術附會其說」，〔註54〕用冠冕堂皇的說法來隱藏自己奪權篡位的野心。因此當他「執而未取」時，「天下不知其將取之，是以俯首而奉其所爲」。但是等到王莽篡位之後，「無君之心」已經很明顯了，所以蘇轍說：「英雄之士遂起而共攻之，不數年而莽以大敗。」〔註55〕

6、曹操（東漢）：曹操受到批評的原因，是因爲他沒有容人之量，「曹孟德所用，皆爲人役者也。」〔註56〕所以像荀彧、賈詡這樣有見識、敢進諫的臣子，曹操都無法接受，於是「有所重發而喪其功，有所輕爲而至於敗」。〔註57〕

---

〔註47〕蘇軾：〈論商鞅〉，《蘇軾文集卷五》，頁156。
〔註48〕蘇轍：《古史卷三十九・商君列傳第十六》，《三蘇全書》第4冊，頁264。
〔註49〕蘇轍：《古史卷五十六・李斯列傳第三十三》，《三蘇全書》第4冊，頁416。
〔註50〕蘇軾：〈論隱公里克李斯鄭小同王允之〉，《蘇軾文集卷五》，頁146。
〔註51〕蘇軾：〈儒者可與守成論〉，《蘇軾文集卷二》，頁40。
〔註52〕蘇洵：〈幾策・審勢〉，《嘉祐集卷一》，頁2。
〔註53〕蘇軾：〈秦始皇帝論〉，《蘇軾文集卷三》，頁80。
〔註54〕蘇軾：〈上初即位論治道二首・道德〉，《蘇軾文集卷四》，頁133。
〔註55〕蘇轍：〈漢論〉，《蘇轍集・欒城應詔集卷二》，頁1251。
〔註56〕蘇軾：〈周瑜雅量〉，《蘇軾文集卷六十五》，頁2020。
〔註57〕蘇軾：〈魏武帝論〉，《蘇軾文集卷三》，頁83。

7、司馬懿（三國魏）：魏明帝曹睿將幼帝曹芳托孤給司馬懿和曹爽，但是因為司馬懿與曹爽爭權，乘曹爽陪曹芳離洛陽掃墓時，起兵政變並控制京都，自此曹魏軍權、政權就落入司馬氏手中。蘇軾認為司馬懿是「有能辦其事者」，但因為有「僥倖之心」，所以「以一時之功，而易萬世之患」，〔註58〕這是缺乏「節操」，也是違反道義的。〔註59〕

若是以「朝代」的「典型化」現象來看，在三蘇的史論中，「三代」、「西漢」和「唐」的整體評價比較高，常用以作為正面的事例，而「秦」、「三國」、「晉」和「隋」的整體評價較差，通常作為反面的事例為多。上述這些朝代中有比較多的人物，受到三蘇共同關注，可說「同質性」較高，而在「東漢」、「南北朝」和「五代十國」這幾個時期中，三蘇各別提及的人物均不同，可說是「同質性」不高的朝代。

# 第二節　三蘇史論的論證方式

## 一、歷代演變

「歷代演變」是三蘇都會採用的「古今論證」方式，其書寫形式是針對某一個主題，依照由古至今的朝代順序，陳述說明其演變狀況，藉以推導出所要論述的主旨。例如蘇洵《衡論・遠慮》：

> 顧三代聖人之機，不若後世之詐，故後世不得見耳。有機也，是以有腹心之臣。禹有益，湯有伊尹，武王有太公望。是三臣者，聞天下之所不聞，知群臣之所不知。禹與湯、武倡其機於上，而三臣共和之於下，以成萬世之功。下而至於桓、文，有管仲、狐偃為之謀主，闔廬有伍員，勾踐有范蠡、大夫種。高祖之起也，大將任韓信、黥布、彭越，裨將任曹參、樊噲、滕公、灌嬰，游說諸侯任酈生、陸賈、樅公，至於奇機密謀，群臣所不與者，惟留侯、鄭侯二人。唐太宗之臣多奇才，而委之深、任之密者，亦不過曰房、杜。〔註60〕

他是為了要論證「所謂腹心之臣者，不可一日無也」，於是便由三代的禹、湯、

---

〔註58〕蘇軾：〈霍光論〉，《蘇軾文集卷四》，頁109。
〔註59〕蘇轍：《歷代論・晉宣帝》，《蘇轍集・欒城後集卷九》，頁981～982。
〔註60〕蘇洵：《衡論・遠慮》，《嘉祐集卷四》，頁27～28。

武王開始列舉，這些「聖人」需要腹心之臣。春秋時有名的齊桓公、晉文公，戰國時的吳王闔廬、越王句踐，都有腹心之臣。漢高祖和唐太宗是最有成就的君主，他們也需要腹心之臣。看完了歷代有名的例子之後，讀者很容易就被說服而相信：君主都需要腹心之臣。

以陳述「歷代演變」的方式進行論證，是蘇軾史論最大的特色。他有多篇史論採用了這樣的方式，例如在〈論養士〉論選擇人才的方法：

> 三代以上，出於學；戰國至秦，出於客；漢以後，出於郡縣吏；魏晉以來，出於九品中正；隋、唐至今，出於科舉。雖不盡然，取其多者論之。〔註61〕

在這樣的概述之後，可以令讀者心中產生一個「對照表」，一方面讓人了解歷代為了要安頓人才，總是盡量採用各種可能的方式；另一方面可以讓人知道「養士」所具有的歷史定位，以體認「養士」之不得不然。

蘇軾還在〈正統論·辯論三〉〔註62〕論歷代君主得位之法，藉以反駁章望之所提出的「霸統」說；在〈私試策問·漢之變故有六〉，〔註63〕論漢代六次變故的原因分別是：「異姓」、「同姓諸侯」、「匈奴」、「外戚」、「宦官」、「權臣」，引發了「治亂存亡之勢」應該如何掌握的疑問；在〈策略二〉，〔註64〕提出「行人」（外交官）的歷史，藉以勸諫朝廷仿效類似的制度；在〈梁統議法〉〔註65〕中，論漢代法律的寬嚴狀況，以表達對於嚴刑峻法的不滿；還有一篇直接題名為〈歷代世變〉的史評：

> 秦以暴虐，焚詩書而亡。漢興鑒其弊，必尚寬德，崇經術之士，故儒者多。雖未知聖人，然學宗經師，有識義理者眾。故王莽之亂，多守節之士。世祖繼起，不得不廢經術，褒尚名節之士。故東漢之士，多名節，知名節而不能節之以禮，遂至於苦節。苦節之士，有視死如歸者。苦節既極，故晉、魏之士，變而為曠蕩，尚浮虛而亡禮法，禮法既亡，與夷狄同。故五胡亂華，夷狄之亂已甚，必有英雄出而平之。故隋、唐混一天下。隋不可謂一天下，第能驅除耳。唐有天下，如貞觀、開元間，雖號治平，然亦有夷狄之風。三綱不

---

〔註61〕 蘇軾：〈論養士〉，《蘇軾文集卷五》，頁140。
〔註62〕 蘇軾：〈正統論·辯論三〉，《蘇軾文集卷四》，頁123～125。
〔註63〕 蘇軾：〈私試策問·漢之變故有六〉，《蘇軾文集卷七》，頁200～201。
〔註64〕 蘇軾：〈策略二〉，《蘇軾文集卷八》，頁228～230。
〔註65〕 蘇軾：〈梁統議法〉，《蘇軾文集卷六十五》，頁2014～2015。

正，無父子、君臣、夫婦，其原始於太宗也。故其後世子孫，皆不可使。玄宗縱使肅宗，便叛。肅宗縱使永王璘，便反。君不君，臣不臣，故藩鎮不賓，權臣跋扈，陵夷有五代之亂。〔註66〕

這篇史評指出，每個朝代都會把前一個朝代的問題當作借鑑，盡量避免重蹈覆轍，但是卻無法避免「矯枉過正」的狀況，使得歷史的演變總是在兩極之間循環。這樣論述的目的是要強調「禮法」的重要，它是維繫國家、朝廷正常合理運作的主要力量。

蘇轍也使用「歷代演變」的論證方式，不過在頻率上比蘇軾少。蘇轍在《古史‧孟子孫卿列傳第十一》以歷代演變的方式論述「不嗜殺人者能一之」的觀念：

予觀戰國之後，更始皇、項籍，殺人愈多，而天下愈亂。及漢高帝，雖以兵取天下，而心不在殺人，然後乃定，子孫享國二百餘年。王莽之亂，盜賊蜂起，光武復以不嗜殺人收之。及桓、靈之禍，曹公、孫、劉皆有蓋世之略，而以喜怒殺人，故天下卒於三分。司馬父子力能一之，而殺心益熾，故既一復散，裂為五胡，離為南北。隋文帝又能合之矣，而好殺不已，至子而敗。及唐太宗，始復不嗜殺人，天下乃定。其後五代之君，出於盜賊乞養，屠戮生靈，如恐不及。數十年之間，天下五禪，皆不能有天下之半。及宋受命，藝祖皇帝雖以神武誅鋤僭偽，而不嗜殺人之心，神民信之，未及十年，而削平之功比於漢、唐。〔註67〕

蘇轍由這樣的論述，得到的結論是：「蓋自孟子以來，能一天下者四君，皆以不嗜殺人致之。」這「四君」就是漢高祖、漢光武帝、唐太宗和宋太祖。蘇轍還有在〈唐論〉〔註68〕中，以歷代演變的方式論證「內、外之勢必須均衡」的觀點，以及在《歷代論‧王衍》，〔註69〕論述由魏武帝以來「虛無放蕩之論」的演變趨勢，最終是到王衍時「集大成」，可看出歷史上的因果關係。

這種論證方式，除了可以讓讀者瞭解到歷史演變的趨勢之外，又具有很強的感染力，使讀者在閱讀後產生強烈的「滄海桑田」之感。也就是說，「歷

〔註66〕蘇軾：〈歷代世變〉，《蘇軾文集卷六十五》，頁2040。

〔註67〕蘇轍：《古史卷三十四‧孟子孫卿列傳第十一》，《三蘇全書》第4冊，頁234～235。

〔註68〕蘇轍：〈唐論〉，《蘇轍集‧欒城應詔集卷三》，頁1258～1260。

〔註69〕蘇轍：《歷代論‧王衍》，《蘇轍集‧欒城後集卷九》，頁985～986。

代演變」式的「古今論證」方式可以經由情緒的感染，促進理智上對於論點的接受。

## 二、對比論證

　　三蘇在安排「古」、「今」材料時，常針對所要論述的主題（今），選用對於這個主題來說是「歷史」（古）的材料來作「對比」。而這些歷史材料在三蘇史論中的作用，通常都是對比出所論主角的「不足」，也就是所謂的「古優今劣」。三蘇史論「對比論證」的運用，以「歷史材料」的性質來區分，可以看到兩種現象，一種是用「具體事例」論證，另一種是用「抽象原則」論證。

### （一）用具體事例論證

　　使用具體事例，呈現「古優今劣」的論證，是蘇轍史論的最大特色。依所舉用的歷史事例的數量來區分，還可分為兩種狀況，即只以「一件」歷史事例來對比或舉「多件」歷史事例對比。

### 1、以一件歷史事例對比

　　蘇轍在〈三國論〉中，主要論述「劉備」，是以「劉邦」的事蹟來作對比：

> 昔高祖之所以自用其才者，其道有三焉耳：先據勢勝之地，以示天下之形；廣收信、越出奇之將，以自輔其所不逮；有果銳剛猛之氣而不用，以深折項籍猖狂之勢。此三事者，三國之君，其才皆無有能行之者。獨一劉備近之而未至，其中猶有翹然自喜之心，欲為椎魯而不能純，欲為果銳而不能達，二者交戰於中，而未有所定。是故所為而不成，所欲而不遂。棄天下而入巴蜀，則非地也；用諸葛孔明治國之才，而當紛紜征伐之沖，則非將也；不忍忿忿之心，犯其所短，而自將以攻人，則是其氣不足尚也。〔註70〕

蘇轍以「劉邦據勢盛之地」對比於「劉備棄天下入巴蜀」；以「劉邦得韓信、彭越之將」對比於「劉備有諸葛亮這樣的人才卻不能善加利用」；以「劉邦忍住怒氣來抑制項籍」對比於「劉備不能忍怒氣而自將以攻人」。古、今兩人的情況對比得絲絲入扣，也令讀者加深了對於本文主旨的印象。

　　還有蘇轍的〈周公論〉，〔註71〕主要評論「周公」，是以「伊尹」作為對

---

〔註70〕蘇轍：〈三國論〉，《蘇轍集・欒城應詔集卷二》，頁1252～1253。

〔註71〕蘇轍：〈周公論〉，《蘇轍集・欒城應詔集卷三》，頁1262～1263。

比：伊尹之攝，是「有所不得已而然爾」，所以天下對他沒有懷疑。而周公之攝，「其勢未至於不得已也」，所以周公才會遭致批評。

蘇轍《歷代論・唐太宗》，〔註72〕以不迷信、知大道的楚昭王，對比唐太宗的「不知道」。《歷代論・漢光武上》，〔註73〕以漢高祖（古）懂得用人，能用張良謀事、讓韓信帶兵、以蕭何治國，對照東漢光武帝（今）「專以一身任天下」。

蘇轍〈燕趙論〉〔註74〕以三代時因為立學校教民行鄉射飲酒之禮，所以人民知義，對比於後世風俗衰敗，是因為沒有給予人民適當的教化，所以燕趙地區的人民不明父子君臣之義，只是表現出勁勇椎鈍的性格，與在上位者作對。以呈現主旨：強調要以「義」教化人民。

蘇轍〈北狄論〉，〔註75〕論要有對外抵抗的「勇氣」時，以漢武帝如何攻打匈奴（養兵休士，集其勇氣）對比於宋朝（今）沒有勇氣；六國抵抗秦，雖然弱，但是還是有勇氣（廉頗在長平之戰後，還召集剩餘的兵士繼續抗秦；秦圍趙邯鄲時，魯仲連仍義不帝秦）對比於今（宋）沒有勇氣抗敵，只是以「歲幣」政策苟且偷安。

### 2、以多件歷史事例對比

蘇轍《歷代論・孫仲謀》，〔註76〕要論孫權托國給諸葛恪之不當，是以兩個正面的例子來對比，其一是漢武帝托國於霍光，其二是蜀先主（劉備）托國於諸葛亮，兩者都是託付給適當的人。

蘇轍《歷代論・晉宣帝》，〔註77〕是從受託付者的角度來論述的，他要論司馬懿的「為義不終」，沒有信守托孤的承諾，就以漢武帝時的霍光和三國時的孔明，兩個正面的例子來對比。

蘇轍《歷代論・羊祜》，〔註78〕是以戰國時范文子不願攻楚，希望「釋楚以為外懼」的事例和范蠡懂得觀察君主的「先見之明」，來對照羊祜之「巧於策吳，拙於謀晉」。主旨是認為：羊祜應當要認清晉武帝「苟安而無遠慮」的

〔註72〕蘇轍：《歷代論・唐太宗》，《蘇轍集・欒城後集卷十》，頁 997～998。

〔註73〕蘇轍：《歷代論・漢光武上》，《蘇轍集・欒城後集卷八》，頁 971～972。

〔註74〕蘇轍：〈燕趙論〉，《蘇轍集・欒城應詔集卷五》，頁 1276～1277。

〔註75〕蘇轍：〈北狄論〉，《蘇轍集・欒城應詔集卷五》，頁 1278～1280。

〔註76〕蘇轍：《歷代論・孫仲謀》，《蘇轍集・欒城後集卷九》，頁 980。

〔註77〕蘇轍：《歷代論・晉宣帝》，《蘇轍集・欒城後集卷九》，頁 981～982。

〔註78〕蘇轍：《歷代論・羊祜》，《蘇轍集・欒城後集卷九》，頁 983～985。

性格，若吳國尙在，晉武帝還會有一點警惕，晉之君臣也會「厲精不懈」。但是羊祜滅了吳國，晉隨之也亂亡了。

## （二）用抽象原則論證

用抽象原則論證，就是沒有列出具體的歷史事例，只用「古之……」來概述歷史上的理想狀態，以對比出「今之……」狀況的不足。這種論證方式，三蘇均習於使用，例如蘇洵在《衡論・養才》中這麼說：

> 古之養奇傑也，任之以權，尊之以爵，厚之以祿，重之以恩，責之以措置天下之務，而易其平居自縱之心，而聲色耳目之欲又已極於外，故不待於恣而後爲樂。今則不然，奇傑無尺寸之柄，位一命之爵，食斗升之祿者過半，彼又安得不越法逾禮而自快邪？〔註79〕

他是用古今對照的方式，呈現出對待「奇傑」的不同態度，而且明顯看出「古優今劣」的判斷。但他並沒有舉出歷史事例來具體說明，只是概述古代的理想狀態。

蘇洵在《衡論・申法》中「舉天下皆知之，而未嘗怪者」時也是這麼寫：

> 先王欲杜天下之欺也，爲之度，以一天下之長短，爲之量，以齊天下之多寡，爲之權衡，以信天下之輕重。故度、量、權衡，法必資之官，資之官而後天下同。今也，庶民之家刻木比竹、繩絲縋石以爲之，富商豪賈內以大，出以小，齊人適楚，不知其孰爲斗，孰爲斛，持東家之尺而校之西鄰，則若十指然。此舉天下皆知之而未嘗怪者一也。〔註80〕

蘇洵在這篇文章中一共舉了五項「天下皆知而未嘗怪」的事情，都是運用「先王……今也……」的寫法，進行「古優今劣」的對比。

蘇軾〈策略五〉，主旨在於勸諫君主要「深結天下之心」，是以這樣的論證寫法：

> 昔之有天下者，日夜淬勵其百官，撫摩其人民，爲之朝聘會同燕享，以交諸侯之歡。歲時月朔，致民讀法，飲酒蜡臘，以遂萬民之情。有大事，自庶人以上，皆得至於外朝，以盡其詞。猶以爲未也，而五載一巡守，朝諸侯於方岳之下，親見其耆老賢士大夫，以周知天下之風俗。凡此者，非以爲苟勞而已，將以馴致服習天下之心，使不至於扞

---

〔註79〕 蘇洵：《衡論・養才》，《嘉祐集卷五》，頁40。
〔註80〕 蘇洵：《衡論・申法》，《嘉祐集卷五》，頁41～42。

> 格而難操也。及至後世，壞先王之法，安於逸樂，而惡聞其過。是以
> 養尊而自高，務爲深嚴，使天下拱手，以貌相承而心不服。其腐儒老
> 生，又出而爲之說曰：天子不可以妄有言也，史且書之，後世且以爲
> 譏。使其君臣相視而不相知，如此，則偶人而已矣。天下之心既已去，
> 而悵悵焉抱其空器，不知英雄豪傑已議其後。〔註81〕

他認爲古代的君主對待百官和人民是非常關注的：定時會見百官，與之討論
政事，能夠掌握官員的情況；每年按照節令，教化人民，能夠照顧百姓的需
求。下對上的溝通管道極爲暢通，而上對下也會主動徵詢意見。對比於後世，
君主不願意聽見自己的過失，所以拒絕臣下進言。漸漸形成君、臣之間的隔
閡，彼此都越來越不了解對方，以致臣子雖然外在表現得恭順，內心卻不是
真的順服。透過這種「古優今劣」的對比寫法，就已經呈現出希望當今君主
如何做的建議，無需再加贅言。

蘇軾的〈策別課百官二〉，主要議論「冗官」之弊，是如此論述：

> 古之用人者，取之至寬，而用之至狹。取之至寬，故賢者不隔；用
> 之至狹，故不肖者無所容。……今之議者，不過曰多其資考，而責
> 之以舉官之數。且彼有勉強而已，資考既足，而舉官之數亦以及格，
> 則將執文墨以取必於我，雖千百爲輩，莫敢不盡與。臣竊以爲今之
> 患，正在於任法太過。……方今之便，莫若使吏六考以上，皆得以
> 名聞于吏部，吏部以其資考之遠近，舉官之眾寡，而次第其名，然
> 後使一二大臣雜治之，參之以其才器之優劣而定其等，歲終而奏之，
> 以詔天子廢置。……而向之謂用人之大弊者，將不勞而自去。〔註82〕

先概述古代用人方式的優點，再論及現今用人方法的缺點，最後針對當今的
用人之法提出自己的具體建議。在此仍需明確提出建議，是因爲先前所概述
的是古代用人的「優點」（效果），而不是用人的「方法」（做法）。

蘇轍的《進策》，也常使用這樣的論證方式，他在〈臣事策上・第五道〉
中說：

> 夫古者兵出於農，其欲動之尤難。然當周之季，諸侯之強，天下之
> 民日起而操兵。齊、晉、秦、楚，以其兵車徜徉天下，萬里而後反，
> 而天下之民不敢言病。至於後世，平居無事，竭天下以養士卒，一

〔註81〕蘇軾：〈策略五〉，《蘇軾文集卷八》，頁238。
〔註82〕蘇軾：〈策別課百官二〉，《蘇軾文集卷八》，頁244～245。

旦有急，當得其力，乃反傲睨邀賞，不肯即去。夫其平時衣食其上，
有難而起，起而鬥死，有事而役，役而盡力，此其勢宜若愈於三代
之農夫矣。而當今之病，方病其不然，此豈非其養之之過歟？〔註83〕

這篇文章的目的是議論「冗兵」之弊，這一段論述是運用了「古今對比」和
「反問」的方式，達到引發讀者注意力的效果。

蘇轍在〈臣事策下·第一道〉也是要論「冗官」之弊的，他把重點放在
說明冗官之弊所導致的心理變化：

昔者漢之官吏，自縣令而為刺史，自刺史而為郡守，自郡守而為九
卿，自九卿而為三公，自下而上，至於人臣之極者，亦有四而已。
然當此之時，吏久於官而不知厭。方今朝廷郡縣之職，列級分等，
不可勝數，從其下而為之，三歲而一遷，至於終身，可以無倦矣。
而人亦各自知其分之所止。而清高顯榮者，雖至老死而不可輊人，
是以在位者，懈而不可自奮。〔註84〕

簡單地說，當官職得來容易時，官員將越來越懈怠，不求進取，也沒有奮鬥
的必要。這種對比的寫法，可使讀者擺脫「當局者迷」的障蔽，將視野拓寬
拉廣，獲得創造性思考的可能。

在「古優今劣」的論證方式中，用具體事例進行論證的寫法，具有比較
強烈的對比效果，可說是一針見血，有助於激發讀者之價值判斷，進一步達
到資鑑勸懲之目的。而在以抽象原則進行論證的寫法中，三蘇會歸納整理或
引用（明引、暗引）典籍中的文字，來描述古代的理想狀態。但是因為沒有
舉出實際的例子，難免會讓人覺得那實際上是作者心目中的理想，只不過假
託於「古」，來議論「今」事，以取得權威性的論證效果而已。幸好這樣的「託
古」，並不至於太過隨意，以作者的角度來說，這些概括性的論述是出自實際
歷史事蹟的閱讀，雖然並未舉出實例，但三蘇確實是在實例的基礎上進行概
括的；以讀者的角度來說，讀者是在一定的理解前提之下閱讀文章的，其理
解前提的建立，也與實際歷史事蹟的閱讀有關。假如作者的託古太過隨意而
不合理，讀者也能夠判斷得出來，不會一味地被牽著鼻子走。

用抽象原則論證的「古優今劣」對比論證法，在三蘇主題性的史論和進
策體裁的史論（其實以進策體裁來寫的史論，往往也是圍繞著一個主題來論

〔註83〕蘇轍：〈臣事策上·第五道〉，《蘇轍集·欒城應詔集卷七》，頁1302。
〔註84〕蘇轍：〈臣事策下·第一道〉，《蘇轍集·欒城應詔集卷八》，頁1305～1306。

述的，在內容上也是屬於主題性史論）時，使用得最爲頻繁。這是因爲主題性史論所要論述的主旨，通常就是抽象的原則。採用「古優今劣的抽象原則對比」之論證方式，可使論述的涵蓋層面更廣，不至於過於「個案化」，而令人有局限之感。

## 三、類比論證

所謂「類比論證」，就是針對所欲論述的主題，舉出與之同性質的歷史事例來作爲印證。藉由「古與今同」的現象，加強論證的力量。這種論證方式，也是蘇轍史論的特色，可分「以一件歷史事例類比」和「以多件歷史事例類比」兩種來討論。

### （一）以一件歷史事例類比

蘇轍《歷代論・李固》，〔註85〕評論東漢晚期時的名臣李固，因爲過於堅持自己推舉賢才的主張，「固守前議，遲遲不去」，所以「陷於大戮」。在春秋陳靈公時的泄冶，也有類似遭遇。泄冶在陳靈公與其大夫孔寧、儀行父宣淫於朝時「強諫以死」，因此《春秋》中記載此事時，特別表達「無益於事而害其身，君子不爲也。」蘇轍因此主張：爲臣者應該知所去就，不需白白犧牲。

蘇轍〈七代論〉，〔註86〕是論南北朝的時勢。他認爲南朝、北朝之所以呈現「南不能渡河以有北之民，而北不能過江以侵南之地」的狀態，並不是眞的無隙可乘，而是因爲兩方都沒有把握住時機，「唯不能因天下之勢而遂成之也，則夫天下之勢亦隨去之而已矣」。蘇轍論南朝的宋武帝和北朝的姚泓「相持之勢」，是以三國時孫權（南）、曹操（北）的情況來作爲類比。因爲讀者對於三國的事蹟比較熟悉，就可以藉此了解南北朝時的狀況。

蘇轍《歷代論・宋文帝》，〔註87〕認爲宋文帝殺功臣，以至於後來國家有危難，這種狀況和春秋時晉惠公殺里克的情況是相似的。因此主張：人應該從歷史中學得教訓，避免重蹈覆轍。

### （二）以多件歷史事例類比

蘇轍在《歷代論・郭崇韜》中，以「楚靈王」和「齊湣王」爲例，來類

---

〔註85〕蘇轍：《歷代論・李固》，《蘇轍集・欒城後集卷八》，頁 975～976。
〔註86〕蘇轍：〈七代論〉，《蘇轍集・欒城應詔集卷二》，頁 1254～1255。
〔註87〕蘇轍：《歷代論・宋文帝》，《蘇轍集・欒城後集卷十》，頁 993～994。

比郭崇韜的狀況：

> 楚靈王殘民以逞，舉思亂之民以伐吳。吳不可動，而棄疾攻之，若
> 升虛邑，靈王遂死於外。齊湣王貪而好勝，知桀宋之可攻，而忘齊
> 國之既病，燕師乘之，遂以失國。自古冒釁以攻人，其禍如此矣。
> 〔註88〕

楚靈王和齊湣王兩者都是不顧國內惡劣的情勢，還向外征伐，所以導致
敗亡。同樣的，郭崇韜不能看清在後唐莊宗的治理下，國內情勢已經是「宦
官、伶人交亂其政，府庫之積罄於耳目之奉，民怨兵怒，國有土崩之勢」，還
向後唐莊宗提議要伐蜀，結果當然是自取滅亡。藉著這些事例，可以加深讀
者對於「國內有禍亂時，不應向外征伐」之主旨的體認。

蘇轍《歷代論・馮道》〔註89〕一文，是站在馮道的立場，為馮道的「事
君之道」而辯護。馮道因為「以宰相事四姓九君」，被歷代議論者批評為「反
君事仇，無士君子之操，大義既虧，雖有善不錄」的人。但是蘇轍認為馮道
「立於暴君驕將之間」，還能堅持以道義事君，是比動輒離開朝廷隱居的人來
得不容易的。而且管仲和晏嬰也都有類似的狀況，管仲不為公子糾殉死，而
且還繼續輔佐齊桓公，因為他知道自己可以對國家有所貢獻，不需白白犧牲；
晏嬰在崔杼弒齊莊公立齊景公之後，一方面盡到臣子哀悼君主之禮，一方面
仍繼續輔佐齊景公，「從容風議，有補於齊」。這兩件歷史事蹟足以證明馮道
的抉擇：只要對國家有利，不需白白犧牲生命。

類比的論證方式提出了古往與今世，或部分與全體兩者之間的共同點，
使得歷史思維具體化、形象化，也幫助讀者藉著舊概念而過渡到新概念。這
種類比的論證方式，在戰國時代非常流行，是當時知識分子論述問題常見的
一種思考方式，尤其以孟子最為擅長。蘇轍的史論特別具有類比論證的特色，
應該與他對於孟子的學習有關。蘇轍曾自我表述：

> 今轍山林之匹夫，其才術技藝無以大過於中人，而何敢自附於孟子？
> 然其所以泛觀天下之異說，三代以來興亡治亂之際，而皎然其有以
> 折之者，蓋其學出於孟子而不可誣也。〔註90〕

由其史論的論證特色來看，孟子對於蘇轍的影響，不僅是在思想方面而已，

---

〔註88〕蘇轍：《歷代論・郭崇韜》，《蘇轍集・欒城後集卷十一》，頁1009。
〔註89〕蘇轍：《歷代論・馮道》，《蘇轍集・欒城後集卷十一》，頁1010～1011。
〔註90〕蘇轍：〈上兩制諸公書〉，《蘇轍集・欒城集卷二十二》，頁388～389。

而且已經內化到文字書寫和觀念表述的層面了。

## 四、類比、對比合用

「類比」與「對比」論證合用，就是針對所要論述的主題，同時舉出與之相同和與之相異的歷史事例，可說是一種化單調為繁富的書寫方式。這也是蘇轍史論的特色之一，在論證上，可以兼顧類比和對比的效果；在內容上，可使文章內涵更為豐富，增加可讀性和思考性。

蘇轍在《古史・管晏列傳第二》〔註91〕的論贊中，為晏嬰感到惋惜，因為以他「勇於義，篤於禮」的為人，卻沒有遇到好國君。蘇轍先舉管仲的事蹟作為對比，認為晏嬰的為人比管仲好，但是際遇比管仲差，假如晏嬰也可以得君如管仲之於桓公，「其所成就，當與鄭子產比耳」。接著又以唐代的姚崇、宋璟來與管仲、晏嬰類比，姚崇是「好權利，事武后，立於群枉之中，未嘗有一言犯之；及事明皇帝，時亦有所縱馳，太廟棟毀，巡遊東都，以為無害。」而宋璟是「介絜特立，於武后世，排斥權幸，身危者數矣；其於明皇帝，亦未嘗有取容之言。」因此認為姚崇與管仲類似，宋璟與晏嬰類似。

蘇轍《古史・范蠡大夫種列傳第十四》〔註92〕的論贊中，主要是要讚美范蠡懂得擇君，「知勾踐可與共患難，則為之滅吳，以致其功；知其不可與同安樂，則棄之游江湖，如去仇讎」，因此君、臣都得以保全，「免於惡名」。其論證方式，是以四個「不懂得擇君而導致失敗」的例子來作為范蠡的對比。這四個例子又可分為兩類：「田豐事袁紹」、「陳宮事呂布」這兩件例子是一類，因為他們的狀況都是君主不接納臣子的建言，「紹、布不用其言，而君臣皆亡」。而「陸遜事孫權」、「高熲事隋文帝」這兩個例子是另一類，這兩人本來為君主所用，而且「致君於王霸」，但是當其君「忮心一起」，二臣不知盡快離開，結果是「不得其死」。在這四個作為「對比」的例子中，又以情況的異同互相「類比」，將複雜的現實情況說明得更為完整，可以增強論證的周延性。

蘇轍〈隋論〉，〔註93〕論隋滅亡的原因在於「常有猜防不安之心」，因此「制為嚴法峻令以杜天下之變」，結果因為過於暴虐，而引起百姓反抗。以「秦」作為「類比論證」的例子，因為秦也是「見其取天下若此其難也，而以為不

〔註91〕蘇轍：《古史卷二十五・管晏列傳第二》，《三蘇全書》第4冊，頁155～156。
〔註92〕蘇轍：《古史卷三十七・范蠡大夫種列傳第十四》，《三蘇全書》第4冊，頁253。
〔註93〕蘇轍：〈隋論〉，《蘇轍集・欒城應詔集卷二》，頁1256～1257。

急持之，則後世且復割裂以為敵國。是以銷名城，殺豪傑，鑄鋒鏑，以絕天下之望。」以致「陳勝、項籍因民之不服，長呼起兵，而山澤皆應。」以「周」作為「對比論證」的例子，因為「古之聖人，修德以來天下，天下之所為去就者，莫不在我，故其視失天下甚輕。夫惟視失天下甚輕，是故其心舒緩，而其為政也寬。」這樣的政治自然受到百姓歡迎，不必強求。因而得出「聖人之為是寬緩不速之行者，乃其所以深取天下者」的結論。

蘇轍《歷代論・狄仁傑》，〔註94〕認為勸諫可以「以緩得之」，肯定狄仁傑對於唐武后欲以武三思為太子時的處理方法。在論證上，舉了兩個「對比」的例子：西漢王陵在呂后欲王諸呂，據理以爭，「言雖直」，但卻不被採用；唐武后廢廬陵王，立豫王時，「徐敬業為之起兵於外，裴炎爭之於內，皆不旋踵為戮」，這是因為太過急躁。再舉一個「類比」的例子：陳平處理呂后封王諸呂時，是先暫時同意，但在背後安排讓周勃掌握兵權，等到時機一到，「周勃得入北軍，左袒一呼，而呂氏以亡。」這樣的方式是「待其已衰而徐正之」，故「身與國俱全」。透過這樣周詳的論證，蘇轍所要論述的「以緩得之」的主張，就可以深入人心了。

## 五、假設性論證

觀察歷史的視角，除了可以將「當代」當作時間基點，將歷史設定為過去之外，還可以採取「古代」為時間基點的「即時性視點」。當史論的作者以身處歷史進程中的歷史當事人看歷史的視角，將自身投射到另一個現在時，就可以發現每一件發生的歷史事件，都帶有千萬個其他的可能性。只是在歷史自身多樣的可能性中，由於複雜的主客觀因素，最終只實現了其中的一種可能，但這已經說明了歷史事件發展的開放性。史論的「假設性論證」，就是在這樣的前提下成立的。

「假設」屬於想像力的範圍，但是「歷史性的假設」卻不能毫無根據地想像，它必須建立在已然的歷史事實和我們關於一般歷史法則的認識基礎上。因此史論作者所做的「假設」在絕大多數情況下只能限於某個事件或事件的局部；而且即使對事件或事件的局部，也不可能完全撇開已知道的歷史事實前提進行「假設」，而只能以已知的事實為前提做有限度的假設。

---

〔註94〕蘇轍：《歷代論・狄仁傑》，《蘇轍集・欒城後集卷十》，頁999〜1000。

例如，三蘇針對戰國時「六國」的論述，都使用了「假設性論證」。蘇洵在《權書·六國》中說：

> 向使三國各愛其地，齊人勿附于秦，刺客不行，良將猶在，則勝負之數，存亡之理，當與秦相較，或未易量。嗚呼！以賂秦之地封天下之謀臣，以事秦之心禮天下之奇才，並力西向，則吾恐秦人食之不得下嚥也。〔註95〕

蘇洵對於「六國不被秦所滅」的假設是：韓、趙、魏能把握住「守其土，義不賂秦」的初衷，任用天下之謀臣、奇才，盡力地抵禦秦的侵略。而齊國應該要支持其他的五國，否則唇亡齒寒，「五國既喪，齊亦不免矣」。假如六國團結起來，一起抵抗秦國，秦國就不會那麼容易得逞。

蘇軾的〈論秦〉是這麼假設：

> 秦初遣李信以二十萬人取楚，不克，乃使王翦以六十萬攻之，蓋空國而戰也。使齊有中主具臣，知亡之無日，而掃境以伐秦。以久安之齊，而入厭兵空虛之秦，覆秦如反掌也。〔註96〕

蘇軾認為：齊國在秦國傾全國之力攻打楚國時，如果可以乘虛而入，就能夠輕易地滅掉秦國。齊國之所以是六國之中最後被滅亡的，是因為秦國採取「遠交近攻」的策略，當秦攻打韓、趙、魏時，「齊人不悟而與秦合，故秦得以其間取三晉」。接著，秦又出兵伐楚、燕，齊也不出兵支援。等到兩國都被滅亡了，「齊乃發兵守西界，不通秦使」，已經是太晚了。在這樣的事實前提下，蘇軾認為齊國可以扭轉情勢的最後關鍵點，就是在秦國伐楚之時乘虛而入。

而蘇轍在〈六國論〉中說：

> 夫韓、魏不能獨當秦，而天下之諸侯藉之以蔽其西，故莫如厚韓親魏以擯秦。秦人不敢逾韓、魏以窺齊、楚、燕、趙之國，而齊、楚、燕、趙之國因得以自安於其間矣。以四無事之國，佐當寇之韓、魏，使韓、魏無東顧之憂，而為天下出身以當秦兵。以二國委秦，而四國休息於內，以陰助其急。若此，可以應夫無窮，彼秦者將何為哉？〔註97〕

蘇轍明白地指出，在客觀的地理位置限定下，韓、魏兩國必然是秦與其他四國之間的中介。但是兩國的力量不足以抗秦，所以其他四國要「厚韓親魏以

---

〔註95〕蘇洵：《權書·六國》，《嘉祐集卷三》，頁22。
〔註96〕蘇軾：〈論秦〉，《蘇軾文集卷五》，頁142。
〔註97〕蘇轍：〈六國論〉，《蘇轍集·欒城應詔集卷一》，頁1248。

擯秦」，這樣才能使秦國不敢「越韓過魏而攻人之國都」。三蘇的假設，表面上看來似乎不一樣，但他們假設的基本前提是相同的，不可能忽視「地理位置」這個決定性的因素，而天馬行空地去假設其可能性。當然，以「現今」的視角來看，六國的滅亡已經是不可改變的「事實」，不論再怎麼假設，都不可能改變這個既定的事實。但是，「假設性論證」的作用可以幫助於我們更全面地了解歷史，對歷史人物和歷史事件提出新的詮釋，更可以帶領我們重回歷史的「現場」，重新構思歷史發展的其他可能性，等到類似的情境再度發生時，就有新的「謀畫」可供參考了。

在三蘇的史論中，還可以找到相當多「假設性論證」的例子，例如蘇洵在《權書・子貢》中，認爲子貢用來「亂齊、滅吳、存魯」的計謀，太過迂迴。因此，蘇洵爲子貢的謀畫，是認爲子貢應該直接去找齊國其他的大夫（高、國、鮑、晏四家），讓他們來抵制田常：

> 爲賜計者，莫若抵高、國、鮑、晏吊之，彼必愕而問焉，則對曰：田常遣子之兵伐魯，吾竊哀子之將亡也。彼必詰其故，則對曰：齊之有田氏，猶人之養虎也。子之於齊，猶肘股之於身也。田氏之欲肉齊久矣，然未敢逞志者，懼肘股之捍也。今子出伐魯，肘股去矣，田氏孰懼哉？吾見身將磔裂，而肘股隨之，所以吊也。彼必懼而咨計於我。因教之曰：子悉甲趨魯，壓境而止，吾請爲子潛約魯侯，以待田氏之變，帥其兵從子入討之。爲齊人計之，彼懼田氏之禍，其勢不得不聽。歸以約魯侯，魯侯懼齊伐，其勢亦不得不聽。因使練兵搜乘以俟齊釁，誅亂臣而定新主，齊必德魯，數世之利也。……惜乎賜之不出於此也。〔註98〕

蘇洵不但爲子貢謀畫了計策，而且連遊說問答之際的言談都已經設想好了，難怪蘇洵會被人評論爲具有「縱橫」之風。

蘇軾在〈論周東遷〉中，是反對爲了避寇而遷都的。蘇軾認爲周武王克商後，遷九鼎於洛邑，是爲了「重王室」，並非「有意於遷」；盤庚遷殷、齊遷臨淄、晉遷於絳和新田，「皆其盛時，非有所畏也」。而歷史經驗上，卻有大量因避寇而遷都，最後滅亡或是衰弱不可復振的事實，蘇軾因此認定周平王的東遷是「周之失計」。既然遷都不是因應現實的好方法，蘇軾就爲周平王「謀畫」，他說：

---

〔註98〕蘇洵：《權書・子貢》，《嘉祐集卷三》，頁20～21。

> 嗟夫！平王之初，周雖不如楚之強，顧不愈於東晉之微乎？使平王
> 有一王導，定不遷之計，收豐鎬之遺民，而修文、武、成、康之政，
> 以形勢臨東諸侯，齊、晉雖強，未敢貳也，而秦何自霸哉！〔註99〕

假如周平王身邊有像王導那樣有遠見的大臣，明白「祖宗基業不可輕移」的
道理，堅持不遷都，並且以「修德政」的方式，使百姓自然歸服，就不必害
怕諸侯國的反叛了。

聯繫到宋朝的現實狀況來說，從五代開始，除後唐建都洛陽之外，其他
四朝皆都於開封。但是開封的地理位置，除了北邊還有黃河，基本上是易攻
難守。宋太祖開寶九年（976），就曾打算遷都洛陽，群臣力諫不便，太祖表
示將來還要再遷都長安，理由是「欲據山河之勝而去冗兵。」趙光義勸諫說：
「在德不在險。」太祖默然良久，終於還是放棄了遷都的打算，但說：「不出
百年，天下民力殫矣！」〔註100〕確實，從軍事地理學上看，定都開封的先天
不足是顯而易見的。它勢必會使得重兵拱衛京畿，造成守內虛外的結果。但
是從經濟地理角度看，定都開封已成為不可逆轉的趨勢。這是因為晚唐以來
國家財政主要仰賴江南經濟，而江南漕糧能夠順抵開封，卻難到洛陽。因此，
太祖最終放棄遷都洛陽、再遷長安的計畫，自有其不得已的苦衷。然而，開
封在軍事地理上的弱勢，到了宋真宗時產生了危機。景德元年（1004）遼軍
大規模攻宋，直趨開封，威逼宋廷。當時參知政事王欽若主張放棄開封，遷
都金陵（今江蘇南京）；簽署樞密院事陳堯叟主張遷都益州（今四川成都）。
只有宰相寇準力請真宗親自領兵，前往澶州抗遼。真宗的親征，果然使北宋
將士軍心大振，繼續抵抗遼軍。宋、遼雙方最後是以談判的方式，訂下澶淵
之盟，也中止了宋遼之間近百年的戰爭狀態。倘若沒有寇準的堅持，而宋真
宗選擇為了避寇而遷都，遼軍將會趁勢南下，也許北宋的滅亡就提早一個世
紀發生了。

蘇軾在〈漢高帝論〉中，是為勸諫漢高祖換太子的事做假設：

> 蓋讀其書至此，未嘗不太息，以為高帝最易曉者，苟有以當其心，
> 彼無所不從；盍亦告之以呂后太子從帝起於布衣以至於定天下，天
> 下望以為君，雖不肖，而大臣心欲之，如百歲後，誰肯北面事戚姬

---

〔註99〕蘇軾：〈論周東遷〉，《蘇軾文集卷五》，頁152。

〔註100〕《續資治通鑑長編・卷十七・開寶九年四月》（臺北：世界書局，1961年11
月）。

子乎？所謂愛之者，只以禍之。〔註101〕

這個假設的前提是認爲漢高祖只不過「知天下之利害與兵之勝負而已，安知所謂仁義者哉？」所以勸諫者應該要掌握其心理，以「利害」來勸說他。若一味強調漢高祖本來所不在意的「廢嫡立庶」之說，只是更激起漢高祖的不滿，造成反效果。

蘇轍在《古史・秦始皇本紀第七》所假設的是：

> 誠能因勢以立法，務德以扶勢，未有不安且治者也。使秦既一天下，
> 與民休息，寬縣賦，省刑罰，黜奢淫，崇儉約，選任忠良，放遠法
> 吏，而以郡縣治之，雖與三代比隆可也。〔註102〕

這是因爲有人認爲秦朝滅亡的原因是「廢封建，行郡縣」，但是蘇轍認爲「行郡縣」是時勢所趨，秦朝順應時勢推動變革，並沒有錯。秦朝是滅亡在施政暴虐，所以蘇轍假設：秦朝統一天下之後，如果能在施政上講求德政，再配合法制上的變革，就會造就出比美三代的盛世。

針對梁武帝因爲過於推崇佛教，最後導致亡國的歷史事件，蘇轍在《歷代論・梁武帝》中想要強調的觀念是：「好之篤者，則欲施之於世，疾之深者，則欲絕之於世，二者皆非也。老、佛之道，與吾道同，而欲絕之；老、佛之教，與吾教異，而欲行之；皆失之矣。」因此蘇轍的假設，採取的是「中庸之道」：

> 誠以形器治天下，導之以禮樂，齊之以政刑。道行於其間而民不知，
> 萬物並育而不相害，道並行而不相悖，泯然不見其際而天下化，不
> 亦周、孔之遺意也哉！〔註103〕

蘇轍的構想是以儒家思想作爲人倫道德方面的基礎，以老、佛思想提升道的境界，希望同時兼顧「實踐」和「理想」兩個層面。

有鑒於牛李黨爭對於唐朝的危害，蘇轍在《歷代論・牛李》中假設：

> 蓋僧孺以德量高，而德裕以才氣勝。德與才不同，雖古人鮮能兼之
> 者，使二人各任其所長，而不爲黨，則唐末之賢相也。〔註104〕

---

〔註101〕蘇軾：〈漢高帝論〉，《蘇軾文集卷三》，頁81。
〔註102〕蘇轍：《古史卷七・秦始皇本紀第七》，《三蘇全書》第3冊，頁446。
〔註103〕蘇轍：《歷代論・梁武帝》，《蘇轍集・欒城後集卷十》，頁996。
〔註104〕蘇轍：《歷代論・牛李》，《蘇轍集・欒城後集卷十一》，頁1007。蘇轍對於牛僧孺和李德裕的評價，應該是根據《舊唐書》的記載。《舊唐書・列傳第一百二十二・牛僧孺》：「僧孺識量弘遠，心居事外，不以細故介懷。」見《新校

牛僧孺和李德裕都是賢臣，但是「士大夫黨附牛、李，好惡不本於義，而從人以喜慍」，流於意氣之爭，實在是很可惜的。假如兩人能各任其所長，互補對方的不足，共同輔佐君主，將是唐末的賢相。

由以上的例子，我們可以看出「假設性論證」在形式上的特徵，是文句中帶有「令」、「如」、「若」、「使」、「苟」……等字。在內容上的特徵，則是於一定的歷史事實前提之下，進行各種可能性的想像。

蘇洵常被人評論有「縱橫」的特質，茅坤在《唐宋八大家文鈔》評蘇洵的《權書‧六國》時就說：「一篇議論由《戰國策》縱橫之說來，卻能與《戰國策》相伯仲。」〔註105〕蘇洵自己也曾經說：「蘇秦、張儀，吾取其術，不取其心，以爲諫法。」〔註106〕蘇軾則被指出「以無爲有」、「以曲作直」的寫作特徵，羅大經在《鶴林玉露》就這麼評論：

> 《莊子》之文，以無爲有；《戰國策》之文，以曲作直。東坡生平熟此二書，故其爲文，橫說豎說，惟意所到，俊辯痛快，無復滯礙。
>
> 其論刑賞也，曰……其論從眾也，曰……凡此類，皆以曲作直者也。
> 〔註107〕

戰國時代的文人、遊說之士，爲了說服君主，無不鋪陳其說，排比其辭。不僅縱橫家要逞口舌之能，以謀取卿相之位，莊子也染有縱橫的氣息，而恣意善辯。所謂「縱橫家」的特徵，在於「好爲策謀」或「善爲策謀」，從思辨論證的角度來看，其實也就是「假設性論證」的運用。縱橫家要提出某個策謀時，必須先分析現有的情勢狀況，然後在那樣的前提下，「假設」一個可以解決問題的因應策略。爲了使自己的立論站得住腳，往往還要從多種角度自我辯駁和說解，以求假設的成立。「以無爲有」是一種想像力的發揮，正如之前所論，「歷史性的假設」也是一種想像，是論述一個相對於歷史事實（有）來說，沒有能夠實踐的某種可能性（無）。只不過與《莊子》隨心所欲，超脫物我限制的想像比較起來，歷史性假設所受的限制是比較多的。

---

本舊唐書附索引》，第 5 冊，頁 4472。《舊唐書‧列傳第一百二十四‧李德裕》：「德裕以器業自負，特達不羣。」見《新校本舊唐書附索引》，第 5 冊，頁 4528。

〔註105〕茅坤：《唐宋八大家文鈔》卷一一四，收錄於《三蘇全書》第 6 冊，頁 141。

〔註106〕蘇洵：〈諫論上〉，《嘉祐集卷八》，頁 77。

〔註107〕羅大經：《鶴林玉露》乙編卷三，收錄於《三蘇全書》第 14 冊，頁 111 和頁 213。

　　從以上所舉的例子，可以看出三蘇的史論都具有「假設性論證」的特色，而這樣的特色，可說是淵源於《戰國策》（縱橫家）和《莊子》。但是，爲什麼蘇轍的史論就很少被評論爲有縱橫之風呢？這是因爲蘇轍所提出的可能性，通常都不是「技術層面」的假設，而是以「道德層面」爲主，表現出儒、道、釋會通的思想。而且他還認爲「戰國之爲縱橫者，皆傾危反覆之士」，〔註 108〕多次在《古史》論贊中提出批評。因此《戰國策》的文章風格對於蘇轍的影響，是偏重於深層的「論證方法」，僅從文章表面是不容易看出來的。

　　三蘇繼承了中國古代儒家的歷史思維模式，他們以「假設性論證」的方式書寫史論，在想像中改造過去，寄託理想。除了可以拓展讀者的思維空間和豐富思維能力，也藉此激發當代的人們去自我創造出相對於「歷史事實」的理想境界。

# 第三節　小　結

　　本章所討論的，是三蘇史論在材料的選取（取材）和古今材料的安排（論證方法）這兩方面所具有的特色。

　　三蘇史論在取材方面的特色，是具有「全面性」、「系統性」和「嚴謹性」。由各個朝代的歷史人物和事蹟都會成爲三蘇史論的材料，可看出他們的取材具有全面性，也表示他們的歷史閱讀面極廣。另外，隨著個人的興趣，三蘇各自都有整組的史論作品，如蘇洵的《權書》、蘇軾近百篇的史評和蘇轍《歷代論》，這表示他們的史論取材具有「系統性」。而且他們所選用的歷史材料，都是取自歷代典籍，包括《尚書》、《春秋》、《左傳》、《論語》、《史記》、《戰國策》以及歷代的正史等。如對史料有懷疑，他們也會加以考證，由此可以看出取材的「嚴謹性」。在取材方面的這些特色，可以加強三蘇史論的說服力。

　　三蘇史論的取材，還具有「典型化」的特徵。有些人物、事蹟的出現頻率較高，而且同時被三蘇所選用。其典型化的現象，可分爲「正面人物」、「爭議性人物」和「反面人物」三種。正面人物，例如：伊尹、子產、魯仲連、漢高祖、趙充國、荀彧、陸贄等，受到三蘇一致的稱讚，是三蘇史論中受稱揚的主角，或是當作正面的論據，來對比評論其他人物的表現。爭議性人物，例如：伯夷、叔齊、周公、管仲、蘇秦、范蠡、漢景帝、漢武帝、諸葛亮、

---

〔註 108〕蘇轍：《古史卷四十一・張儀列傳第十八》，《三蘇全書》第 4 冊，頁 298。

唐太宗等,所謂「爭議」,是因為這些人物本有一定的歷史評價,但是三蘇卻能夠提出不同的看法,由此可以看出他們對於「人物觀察」具有獨到的眼光。反面人物,例如:宋襄公、商鞅、李斯、秦始皇、王莽、曹操、司馬懿等,受到三蘇一致的批判,並且成為反面的論據,成為評論其他人物時的例證。整體來說,由這些人物、事蹟的評價,可以看出三蘇對於道德的執著。而對於這些人物的評價認定,一方面是來自前代典籍已經賦予的形象,使他們心中將這些人物的認知「典型化」,需要選用時,自然浮現;另一方面是來自三蘇的詮釋和創造,更透過三蘇史論的傳播,加強了歷史人物特質典型化的傾向。當然,三蘇也會隨著文章的需求或是各人的興趣,選用不同的歷史人物作為文章的主角或是論據,其中也能夠看出三蘇將人物典型化的趨向。

三蘇的古今論證方式具有多種變化:歷代演變式的論證方式,可以經由情緒的感染,促進理智上對於論點的接受。古優今劣的對比論證方式,有助於激發讀者之價值判斷,能產生權威性的論證效果。古與今同的類比論證方式,使得歷史思維具體化、形象化,可以幫助讀者藉著舊概念過渡到新概念。對比與類比合用的論證方式,可以讓文章化單調為繁富,兼顧類比和對比的效果,增加可讀性和思考性。假設性論證則是變換了觀察歷史的視角,在歷史多樣的可能性中,進行合理的想像。在想像中改造過去,寄託理想,也使得三蘇史論具有獨特的風貌。

整體來說,三蘇史論具有「雄辯」的特色,是因為善用了這些論證方式,使得文章結構嚴謹,合乎邏輯,提高說服力;以個人特色來說,三蘇在寫作史論時,使用對比論證和類比論證最多的是蘇轍,而使用歷代演變式論證和假設性論證較多的,是蘇洵和蘇軾,蘇軾的表現又比蘇洵來得鮮明。由此可以看出不同論證方式的選用,對於三蘇文章風格的影響。對比和類比的論證方式會讓文章結構呈現出平穩細密的特色,因此,我們會感受到蘇轍的史論具有綿密穩重的風格。而歷代演變式論證,是以「氣勢」取勝;假設性論證是以「想像」取勝,這兩種論證方式會使文章具有更強的感染力和啟發性。因此,我們會感受到蘇洵的史論具有雄渾豪邁的風格,而蘇軾的史論則是呈現了恣肆明快的風格。

# 第七章　三蘇史論之文學美感

　　能夠被視爲文學作品的史論，不但要能講說道理使人明白、信服，具有「思辨論證」方面的意義，也要能良好地傳達作者心中豐富的感受，並引導讀者緣情入理，具有「文學美感」方面的意義。三蘇對於史論的書寫，就具有這兩方面的追求，他們不只是把史論當作一種「應用性」的文體而已，更是自覺地使史論「文學化」，因此，他們的史論作品能夠成爲北宋古文運動中重要的文學創作成果，在文學史上佔有一席之地。

　　每一篇具有強大感染力和說服力的議論散文，在以極具思辨性的語言征服讀者的同時，常常又以極爲形象、凝鍊和充滿情感的文學化語言來撥動讀者的心弦。本章將討論三蘇史論因爲運用了怎樣的表現形式，所以形成了「生動之美」、「凝鍊之美」和「氣勢之美」。另外，透過三蘇的自述以及他人的評論，我們可以發現三蘇對於前代議論性散文之文學技巧的取法，偏重於《孟子》、《莊子》、《荀子》、《左傳》、《戰國策》和賈誼政論等六家。因此在分析三蘇史論「生動美」、「凝鍊美」和「氣勢美」之形成的同時，也由這六家作品中舉出相應的例子，藉以說明三蘇史論文學美感的淵源。

## 第一節　「生動」美的形成

　　蘇洵、蘇軾、蘇轍的史論，因爲運用了「譬喻法」、「對話法」和「設問法」等表現手法，使得他們的史論具有「生動」的美感。

### 一、譬喻法

　　「譬喻」在說理性散文中的特殊性，是表現在：論說者先有「義理」在胸，

當「義理」本身不足以闡明自己的時候,論說者便自然要藉助其它的(已知)事類來予以說明。而「已知事類」和「未明義理」之間有「同」,正是依據這個「同」,「未明義理」方能得以曉諭。較之單純的抽象說理,譬喻可謂「入人也深」、「動人也速」,可以使被譬喻的主體得到形象化,達到「生動」的美感效果。

例如《孟子》的散文之所以形象生動,就是得益於譬喻修辭手法的大量使用。孟子善於根據論辯的不同物件、不同內容而設喻,不拘一格,信手拈來,將抽象的道理形象化。《孟子》裡還常用一些完整的故事或寓言來譬喻,使道理不言自明,妙趣橫生。例如「苗之喻」:

> 王知夫苗乎?七八月之間旱,則苗槁矣。天油然作雲,沛然下雨,則苗勃然興之矣。其如是,孰能禦之?今夫天下之人牧,未有不嗜殺人者也。如有不嗜殺人者,則天下之民皆引領而望之矣。誠如是也,民歸之,由水之就下,沛然誰能禦之?〔註1〕

「苗之喻」把所喻主旨(仁者無敵)的三層含義及其結構關係對應得非常精確:「旱」喻「王者之不作」,「旱」愈久,則民翹首以待王者的心情愈迫切;「雨」喻「王者之作」,「雨」愈豐沛,則民之歸心愈發不可抗拒;「旱」與「雨」相反相成,正如「王者之不作」與「王者之作」(施行仁政)是促進「王天下」的兩個必要條件。

《莊子》寓言之所以形象生動,發人深省,也是得力於「譬喻」的廣泛使用。例如〈天運〉〔註2〕中寫「孔子西游於衛」將遇到的困境時,連用「古今非水陸」、「周公非舟車」、「桔槔俯仰」、「柑梨桔柚可口」「猨狙衣周公之服」、「西施病心而矉其里」六個比喻,生動地說明了禮儀法度須「應時而變」的道理。又如用「運斤成風」〔註3〕的故事,比喻自己和惠子這對辯友就如匠人與郢人一樣不可分離,喻知音難遇之感。以「輪扁斫輪」〔註4〕喻讀書之法;以「痀僂承蜩」〔註5〕喻專心致志之道。莊子還善於用譬喻諷刺統治者,並且融合了譬喻、誇張和揶揄的手法,如〈則陽〉〔註6〕中就把諸侯間不義的掠奪

---

〔註1〕 《孟子・梁惠王上》,《四書章句集注・孟子集注卷一》(臺北:學海出版社,民80年3月),頁206～207。
〔註2〕 《莊子・天運》,《莊子集解》(臺北:東大圖書股份有限公司,2004年10月五版一刷),頁129～130。
〔註3〕 《莊子・徐无鬼》,《莊子集解》,頁225。
〔註4〕 《莊子・天道》,《莊子集解》,頁124。
〔註5〕 《莊子・達生》,《莊子集解》,頁164～165。
〔註6〕 《莊子・則陽》,《莊子集解》,頁238～239。

戰爭，誇張比喻爲猶如在蝸牛的左右角上，進行無謂的廝殺，妄興戰禍一樣。
這些婉曲的譬喻，尖刻的諷刺，眞是玄機妙語，發人深省。

　　《荀子》中也運用譬喻，使被描述的人物具有生動的形象。例如在〈非
相〉中，荀子勸人民不要相信相面的人，認爲相察形貌不可靠。接著列舉大
量事實，談到許多有作爲的人，形貌並不怎樣，如：「且徐偃王之狀，目可瞻
馬；仲尼之狀，面如蒙倛；周公之狀，身如斷菑；皋陶之狀，色如削瓜；……
禹跳，湯偏，堯舜參牟子。」〔註7〕意即徐偃王的形貌，眼睛只可以向遠處望
（不能低頭）；仲尼的形貌，臉像個鬼面具；周公的形象，身軀像棵乾死的樹；
皋陶的形貌，臉色像削了皮的瓜；……禹是跳著走路，湯是半身偏枯，帝堯
和帝舜的眼睛都有三個瞳仁。荀子指出他們形貌雖不理想，但他們修煉自己
的意志，都大有作爲。

　　「形象議論」是三蘇史論寫作方法上一個重要的特色。使用譬喻同時又
不失所喻事理之精微玄妙，並能保持所喻事理之原有結構關係的準確對應，
並非易事。三蘇在史論中運用「譬喻」來議論，整體來說是能近取譬，以事
明理，以古鑑今，化隱爲顯，做到概括力和形象性統一，故而能給人以明達
曉暢、談笑風生之感。以三蘇常使用的「喻依」內容來分類，有以下四種：

　　1、以「人的心理和事理」爲喻依。例如蘇洵在〈諫論下〉，認爲君主若
想要臣下進諫，必須「立賞以勸之」或是「制刑以威之」。針對這個道理，蘇
洵以三人跳躍深淵的例子來作譬喻：

　　　今有三人焉，一人勇，一人勇怯半，一人怯。有與之臨乎淵谷者，
　　　且告之曰：能跳而越，此謂之勇，不然爲怯。彼勇者恥怯，必跳而
　　　越焉，其勇怯半者與怯者則不能也。又告之曰：跳而越者予千金，
　　　不然則否。彼怯半者奔利，必跳而越焉，其怯者猶未能也。須臾，
　　　顧見猛虎暴然向逼，則怯者不待告，跳而越之如康莊矣……君之難
　　　犯，猶淵谷之難越也。所謂性忠義、不悅賞、不畏罪者，勇者也，
　　　故無不諫焉。悅賞者，勇怯半者也，故賞而後諫焉。畏罪者，怯者
　　　也，故刑而後諫焉。先王知勇者不可常得，故以賞爲千金，以刑爲
　　　猛虎，使其前有所趨，後有所避，其勢不得不極言規失，此三代所
　　　以興也。〔註8〕

〔註7〕《荀子・非相》，《荀子集解》（臺北：世界書局，1978年10月），頁47。
〔註8〕蘇洵：〈諫論下〉，《嘉祐集卷八》，頁78。

在這個譬喻中，「淵谷」是比喻「君主的不可侵犯性」，而三種不同性格的人，會有三種不同的反應：本性勇敢的人，只需要「激發」他，他就會願意跳躍淵谷（進諫）；有一點勇敢，但是卻又害怕困難的人，可以用「利」來促進他的意願；本性膽怯的人，無從「激發」其勇敢進諫，但若是情勢十分緊急，他也會奮不顧身了。因此，對於這種人就有「制刑以威之」，使他們不得不進諫的必要。

蘇洵在《幾策・審敵》中用了這樣的譬喻：

> 天下之勢，如坐弊船之中，駸駸乎將入於深淵，不及其尚淺也舍之，
> 而求所以自生之道，而以濡足為解者，是固夫覆溺之道也。〔註9〕

我們可以想像，坐在一艘有破洞的船中，即將掉進深淵，當然要在還沒掉下去之前趕緊棄船。不可能因為怕把腳弄濕，就遲遲不肯下船以至於溺斃。蘇洵用這個事理所譬喻的道理是：「勿賂則變疾而禍小，賂之則變遲而禍大。」宋朝給遼、夏的「歲幣」就像是那艘「弊船」，不肯放棄這樣的政策，只會讓國家的處境慢慢惡化（入於深淵），所以應該要「勿賂」（棄船），才有保住性命的希望。

蘇洵在《權書・攻守》中，還有一個精采的譬喻：

> 今夫盜之於人，抉門斬關而入者有焉，他戶之不扃鍵而入者有焉，
> 乘壞垣、坎牆趾而入者有焉。抉門斬關而主人不知察，幾希矣。他
> 戶之不扃鍵而主人不知察，大半矣。乘壞垣、坎牆趾而主人不知察，
> 皆是矣。為主人者，宜無曰門之固，而他戶牆隙之不恤焉。夫正道
> 之兵，抉門之盜也，奇道之兵，他戶之盜也，伏道之兵，乘垣之盜
> 也。〔註10〕

蘇洵以「盜賊要進入別人家中的三種方法」來譬喻「帶兵出擊的三種方法」。「正道之兵」就好像盜賊從正門直接入侵，等於是眾人皆知；「奇道之兵」像是盜賊從隔壁人家潛入，較不易令人察覺；「伏道之兵」則好像是盜賊從已經頹圮的牆垣或挖穿牆腳進入，人們幾乎是不會有所警覺的。帶兵出擊，當然是要採用「伏道之兵」，在敵人毫無察覺的狀況之下，取得勝利。

蘇洵在《衡論・申法》中的譬喻，也相當貼切：

> 古之法若方書，論其大概，而增損劑量則以屬醫者，使之視人之疾，

---

〔註 9〕蘇洵：《幾策・審敵》，《嘉祐集卷一》，頁8。
〔註10〕蘇洵：《權書・攻守》，《嘉祐集卷二》，頁15。

　　而參以己意。今之法若靷履，既爲其大者，又爲其次者，又爲其小
　　者，以求合天下之足。〔註11〕

這是爲了說明「古之法簡，今之法繁」而設的譬喻。古代的法律像是「醫藥
之書」，雖然規定了什麼病要服什麼藥，但在用藥「輕重」的問題上，醫生可
以依據病患的實際狀況加以斟酌調整，因此只需要規定一個大略的參考值即
可。而當代（宋）的法律卻像是「賣鞋子」一樣，必須要做出各種尺寸的鞋
子來符合天下人的需要，當然就比古代的法律繁複、周全許多了。

　　2、以「人體的狀態和養生」爲喻依。蘇洵曾在《幾策・審勢》〔註12〕中，
以「對一個人用藥之前，必須先觀察其身體狀況，才能對症下藥」，來譬喻「要
對國家提出建言之前，必須先審度國家的狀況，才能有適當的建議」。對於身
體，要「審其陰陽」；對於國家，當然就是要「審其強弱」了。其實以整體來
說，三蘇中最常用「人體的狀態和養生」爲喻依的是蘇軾。蘇軾曾在〈論秦〉
和〈王翦用兵〉兩篇文章中使用過相同的譬喻，就是以「拔牙」來比喻「取
國」，相當傳神：

　　善用兵者，破敵國當如小兒毀齒，以漸搖撼，而後取之。雖小痛，
　　而能堪也。若不以漸，一拔而得齒，則取齒適足以殺兒。王翦以六
　　十萬人取荊，使一拔取齒之道也，秦亦憊矣。二世而敗，坐此也夫！
　　〔註13〕

蘇軾又常把「國家」當作「人的身體」；把「武力」當作是「藥石」；把「儒
家之道」看作是「五穀」，具有「養生」之用。「藥石」和「五穀」各有其用，
因此蘇軾在〈儒者可與守成論〉，論「攻、守不可一道」時這麼譬喻：

　　夫武夫謀臣，譬之藥石，可以伐病，而不可以養生；儒者譬之五穀，
　　可以養生，而不可以伐病。〔註14〕

「藥石」也必須用在適當的時候，蘇軾〈論管仲〉中就這樣譬喻：

　　吾以謂爲天下如養生，憂國備亂如服藥。養生者，不過慎起居飲食、
　　節聲色而已。節慎在未病之前，而服藥在已病之後。今吾憂寒疾而
　　先服烏喙，憂熱疾而先服甘遂，則病未作而藥已殺人矣。彼八人者，

---

〔註11〕　蘇洵：《衡論・申法》，《嘉祐集卷五》，頁41。
〔註12〕　蘇洵：《幾策・審勢》，《嘉祐集卷一》，頁1～2。
〔註13〕　蘇軾：〈王翦用兵〉，《蘇軾文集卷六十五》，頁2005。
〔註14〕　蘇軾：〈儒者可與守成論〉，《蘇軾文集卷二》，頁40。

皆未病而服藥者也。〔註15〕

「未病而服藥」是會喪失生命的，但若是已經生病了，卻還怕藥苦而不肯吃藥，怕痛而不敢打針，最終將死於疾病。這個道理，蘇軾運用在〈休兵久矣而國益困〉文中，說明中國面對「夷狄之患」時應有的決心：

> 中國之有夷狄之患，猶人之有手足之疾也。不忍藥石之苦，針砭之傷，一旦流而入於骨髓，則愚恐其苦之不止於藥石，而傷之不止於針砭也。〔註16〕

蘇軾在〈大臣論上〉中，把「小人」比喻爲「癭」（長在脖子上的囊狀瘤）：

> 國之有小人，猶人之有癭，人之癭，必生於頸而附於咽，是以不可去。有賤丈夫者，不勝其忿而決去之，夫是以去疾而得死。漢之亡，唐之滅，由此之故也。〔註17〕

這個譬喻非常精確地描繪出「小人」的特質，以及形象化地傳達出那種「除之難盡，與之俱亡」的困境。

3、以「動物、植物的特性」爲喻依。蘇洵和蘇轍對於這一類「喻依」的使用，有類似的傾向，他們都把「動物的習性」與「人之常情」類比，目的也都在於勸說君主：「用人要懂得方法」。蘇洵在《衡論·御將》中是這樣的譬喻：

> 夫養驥驥者，豐其芻粒，潔其羈絡，居之新閒，浴之清泉，而後責之千里。彼驥驥者，其志常在千里也，夫豈以一飽而廢其志哉。至於養鷹則不然，獲一雉，飼以一雀，獲一兔，飼以一鼠。彼知不盡力於擊搏，則其勢無所得食，故然後爲我用。才大者，驥驥也，不先賞之，是養驥驥者饑之而責其千里，不可得也。才小者，鷹也，先賞之，是養鷹者飽之而求其擊搏，亦不可得也。〔註18〕

這個譬喻的重點在於解釋「先賞」和「後賞」之說，「人君當觀其才之大小，而爲之制御之術」。以「養驥驥」和「養鷹」的不同，就可看出「先賞」與「後賞」的時機應該如何拿捏了。

蘇轍〈君術策·第一道〉也運用了動物習性的譬喻：

> 古之聖人，惟其知天下之情，而以術制之也，萬物皆可得而役其生，

〔註15〕蘇軾：〈論管仲〉，《蘇軾文集卷五》，頁148。

〔註16〕蘇軾：〈休兵久矣而國益困〉，《蘇軾文集卷七》，頁223。

〔註17〕蘇軾：〈大臣論上〉，《蘇軾文集卷四》，頁125。

〔註18〕蘇洵：《衡論·御將》，《嘉祐集卷四》，頁30。

> 皆可得而制其死。牛服於箱，馬服於轅，鷹隼服於韝。牛不可以有
> 所觸，馬不可以有所踶，鷹隼不可以背而高翔。此三者，惟其喜怒
> 好惡之情發於外而見於人也，是以因其所忌而授之以其術，至於終
> 身制於人而不去。且治天下何異於治馬也？馬之性剛狠而難制，急
> 之則弊而不勝，緩之則惰而不趨。王良、造父爲之先後而制其遲速，
> 驅之有方而掣之有時，則終日遂遂而不知止，此術之至也。〔註19〕

不論是怎樣頑劣、桀驁不馴的動物，只要用對方法，沒有不能「驅之有方而
掣之有時」的。由此可知，聖人（君主）若能知「天下之情」，而「以術制之」，
掌控人才又有何難！

　　蘇軾曾以「植物的特性」來比喻君子和小人，他在〈續歐陽子朋黨論〉
中說：

> 君子如嘉禾也，封殖之甚難，而去之甚易；小人如惡草也，不種而生，
> 去之復蕃。……譬斷蛇不死，刺虎不斃，其傷人則愈多矣。〔註20〕

蘇軾〈朋黨論〉所強調的重點是：君子若與小人直接鬥爭，小人必勝。因爲
小人有「惡草」的特質，難以用強力根除。而君子卻像「嘉禾」，難以培養，
而容易剷除。因此蘇軾建議君子對待小人，應該「誘之以富貴之道」，〔註21〕
慢慢解除其防備之心，就可避免小人的反噬。

　　4、以「自然的物象和物理」爲喻依。蘇軾和蘇轍都曾經用過「水」的譬
喻，他們將「天下之勢」比喻爲「水勢」，將「治天下」比喻爲「治水」。蘇
軾在〈策略四〉中說：

> 夫治天下譬如治水。方其奔衝潰決，騰涌漂蕩而不可禁止也，雖欲
> 盡人力之所至，以求殺其尺寸之勢而不可得，及其既衰且退也，駸
> 駸乎若不足以終日。故夫善治水者，不惟有難殺之憂，而又有易衰
> 之患，導之有方，決之有漸，疏其故而納其新，使不至於壅閼腐敗
> 而無用。〔註22〕

　　蘇轍在〈君術策・第五道〉中說：

> 故夫天子者，觀天下之勢而制其所向，以定其所歸者也。夫天下之

---

〔註19〕蘇轍：〈君術策・第一道〉，《蘇轍集・欒城應詔集卷六》，頁1284。
〔註20〕蘇軾：〈續歐陽子朋黨論〉，《蘇軾文集卷四》，頁128～129。
〔註21〕同上註，頁129。
〔註22〕蘇軾：〈策略四〉，《蘇軾文集卷八》，頁235。

人，弛而縱之，拱手而視其所爲，則其勢無所不至。其狀如長江大
河，日夜渾渾，趨於下而不能止，抵曲則激，激而無所洩，則咆勃
潰亂，蕩然而四出，壞堤防、包陵谷，汙漫而無所制。故善治水者，
因其所入而導之，則其勢不至於激怒坌湧而不可收。既激矣，又能
徐徐而洩之，則其勢不至於破決蕩溢而不可止。然天下之人常狃其
安流無事之不足畏也，而不爲去其所激；觀其激作相戾，潰亂未發
之際，而以爲不至於大懼，不能徐洩其怒，是以遂至橫流於中原而
不可卒治。〔註23〕

對於「水勢洶湧」的描述，蘇轍比蘇軾更爲形象化，比較生動。至於藉由「治
水」所表達出的意見，兩人是相似的，都是認爲對於「天下之勢」必須善加
疏導，要把握住治理的時機。

蘇轍在《古史・孟子孫卿列傳第十一》中論「性」與「習」的差異時，
曾經用「火」作爲譬喻：

性之有習，習之有善、惡，譬如火之能熟與其能焚也。孟子之所謂
善，則火之能熟者也，是火之得其性者也。孫卿之所謂惡，則火之
能焚者也，是火之失其性者也。〔註24〕

火的「能熟」和「能焚」，是「火」與外物接觸之後的兩種狀態。火可以使食
物「熟」或是使東西被「燒掉」，在於「火的熱度」是否被控制得宜。「火的
熱度」才是火的「本質」，不能把「能熟」和「能焚」當作是火的本質。同樣
的，人與外物接觸之後會有所反應，如果將本性控制得當、表現得宜，就是
「善」（得其性）；假如控制不當，就表現出「惡」（失其性）。

討論譬喻的各種意義和審美價值時，必須把讀者的接受過程考慮在內，
才能使其意義和價值完全顯現出來。從接受的角度來講，譬喻的接受者是在
他本人與譬喻的審美關係中接受譬喻的。譬喻通過喻體，激發接受者的審美
情感，喚醒他的審美經驗，並將此引渡到對於本體的認識上。與此同時，譬
喻的接受者總是在接受譬喻的過程中，被引發出豐富的審美聯想和想像。三
蘇在以「說理」爲主的史論中，運用了「譬喻」的方法，激發史論讀者的審
美想像，使文章更爲生動，也使讀者在良好的審美情緒下，更能接受作者的
說理。

---

〔註23〕蘇轍：〈君術策・第五道〉，《蘇轍集・欒城應詔集卷六》，頁1291。
〔註24〕蘇轍：《古史卷三十四・孟子孫卿列傳第十一》，《三蘇全書》第4冊，頁238。

## 二、對話法

　　「對話」法是通過描寫兩個人或幾個人的交談，來刻畫人物、發展情節和表現主題。它的作用在於表現人物的性格特徵、揭示人物的內心活動、反映人物之間複雜而微妙的關係、摹擬人物的神態、語態等，還可以用來交代事件線索，發展故事情節。

　　在戰國時代散文從語錄體、對話體向專題論文發展的過程中，《孟子》基本上屬於語錄體散文，但已有了顯著的變化，如〈許行〉章、〈齊桓晉文〉章等，已經屬於對話式的論辯文。《孟子》的語言接近口語，語氣極為逼真，如答公孫丑說：「子誠齊人也！知管仲、晏子而已矣！」〔註25〕校人欺騙子產後，自鳴得意地說：「孰謂子產智，予既烹而食之，曰：『得其所哉！得其所哉！』」〔註26〕大都接近口語，十分生動有趣。

　　《戰國策》是以「記言」為主的作品，因此具有「對話」的特色。《戰國策》的作者通過人物語言的描寫，來展示其性格。有些篇章甚至幾乎通篇都是某個人物的遊說之辭，如蘇秦、張儀、陳軫、公孫衍等人的大量說辭。他們善於揣摩人主心意，或以物質利益來迎合國君，或以對政治、軍事形勢的獨到分析來幫助君主作決策。從這些說辭中，我們可以窺見他們的性格特點。如《齊策四・齊宣王見顏斶》中的一段描寫：「齊宣王見顏斶，曰：『斶前！』斶亦曰：『王前！』」〔註27〕光是一段簡短的對話，就可以看出鮮明的人物性格：齊宣王恃尊驕橫，顏斶傲視權貴。從《戰國策》中的對話，還可以看出戰國的策士能夠以三言兩語就逼得對方無言以對，低頭認輸，具有不可抵抗的氣勢。《趙策四・客見趙王》中，客抓住趙王買馬必待相馬之工者，而治國卻不待治國之工者的謬誤連續發問：

　　　　「臣聞王之使人買馬也，有之乎？」王曰：「有之。」

　　　　「何故至今不遣？」王曰：「未得相馬之工也。」

　　　　對曰：「王何不遣建信君乎？」王曰：「建信君有國事，又不知相馬。」

　　　　曰：「王何不遣紀姬乎？」王曰：「紀姬婦人也，不知相馬。」

　　　　對曰：「買馬而善，何補於國？」王曰：「無補于國。」

　　　　「買馬而惡，何危於國？」王曰：「無危於國。」

---

〔註25〕《孟子・公孫丑上》，《四書章句集注・孟子集注卷三》，頁227。
〔註26〕《孟子・萬章上》，《四書章句集注・孟子集注卷九》，頁304。
〔註27〕《戰國策卷第十一・齊策四》，頁4。

對曰:「然則買馬善而若惡,皆無危補於國。然而王之買馬也,必將
待工,今治天下,舉措非也,國家為虛戾而社稷不血食,然而王不
待工,而與建信君,何也?」〔註28〕

這樣的論辯,環環相扣,步步緊逼,猶如千軍萬馬,鋪天蓋地而來。氣勢縱
橫,詞鋒逼人。趙王只好「未之應也」,理屈詞窮,低頭不語了。

　　三蘇將「對話法」運用在史論中,主要是作為「敘述史實」之用。以「對
話」的方式來敘述史實,本身就帶有極大的虛構想像成分,這是因為史論的作
者不可能真的出現在歷史現場,「聆聽」到歷史當事人的「對話」。這種方式是
源自中國史書「記言」的敘事傳統,可以使史論的敘述部分達到生動的效果。

　　先作一個比較:同樣是敘述唐高宗立武后時李勣的反應,蘇軾的寫法是
用直述語氣:「高宗立武后,勣以陛下家事無問外人。」〔註29〕而蘇轍是用「對
話」的形式來寫:

及廢皇后,立武昭儀,召勣與長孫無忌、褚遂良計之,勣稱疾不至。
帝曰:「皇后無子,罪莫大於絕嗣,將廢之。」遂良等不可。他日勣
見,帝曰:「將立昭儀,而顧命大臣皆以為不可,今止矣。」曰:「此
陛下家事,不須問外人。」由此廢立之議遂定。〔註30〕

單就這兩段本身來比較,蘇軾的「直述」方式具有「凝鍊」的效果,簡潔扼
要地直陳李勣回應之不當,以帶出「李勣為唐腹心之病」的主旨。而蘇轍的
「對話」方式卻能提供更多史實的線索,包括唐高宗欲廢后的目的,以及在
眾臣反對下本來要放棄,卻因李勣一句話而扭轉了看法的重要轉折。

　　再將這兩段話放回原本的文章情境中去看,兩人所選擇的敘述方式,是
根據整篇文章的需要和整體特色而來的。蘇軾的〈李靖李勣為唐腹心之病〉
屬於「史評」,這篇文章的篇幅較短,主要目的是在呈現自己對某一段歷史的
主張,所以在敘述史實時就以簡練明快的方式處理。蘇轍的《歷代論·唐太
宗》一文,則是一篇結構完整的論說文,他必須提供足夠的「論據」,來使自
己的論證得到良好的支持。因此,運用「對話」方式的敘事手法,成為蘇轍
《歷代論》這一組文章的最大特色之一。

　　再以幾個例子來說明,蘇轍《歷代論·漢武帝》:

---

〔註28〕《戰國策卷第二十一·趙策四》,頁8。
〔註29〕蘇軾:〈李靖李勣為唐腹心之病〉,《蘇軾文集卷六十五》,頁2034。
〔註30〕蘇轍:〈歷代論·唐太宗〉,《蘇轍集·欒城後集卷十》,頁998。

漢武帝即位三年，年未二十，閩、越舉兵圍東甌。東甌告急，帝問
太尉田蚡。蚡曰：「越人相攻，其常事耳，又數反覆，不足煩中國往
救。」帝使嚴助難蚡曰：「特患力不能救，德不能覆。誠能，何故棄
之？小國以窮困來告急，天子不救，尚何所訴？」帝詘蚡議，而使
助持節發會稽兵救之。自是征南越，伐朝鮮，討西南夷，兵革之禍
加於四夷矣。後二年，匈奴請和親，大行王恢請擊之，御史大夫韓
安國請許其和，帝從安國議矣。明年，馬邑豪轟壹因恢言：「匈奴初
和親，親信邊，可誘以利致之，伏兵襲擊，必破之道也。」帝命公
卿議之，安國、恢往反議甚苦。帝從恢議，使轟壹賣馬邑城以誘單
于。單于覺之而去，兵出無功。自是匈奴犯邊，終武帝無寧歲，天
下幾至大亂。〔註31〕

《歷代論‧漢武帝》的開頭先是概述作者的主張：「天下利害，不難知也。士
大夫心平而氣定，高不為名所眩，下不為利所怵者，類能知之。」接著第二
段便敘述漢武帝如何「志求功名，不究利害之實」，以及身邊的大臣如何「迫
於利口，不能自伸」。用對話的方式，很生動地呈現出漢武帝雖然令臣下互相
辯論，最後仍是以己意擇之的過程。

又如蘇轍《歷代論‧狄仁傑》：

及后欲以三思為太子，訪之大臣，仁傑乃曰：「臣觀天人未厭唐德。
頃匈奴犯邊，陛下使三思募士，逾月不及千人。及使廬陵王，不旬
浹得五萬人。今欲立嗣，非廬陵不可。」后怒罷議。久之，復召問
曰：「朕數夢雙陸不勝，何也？」對曰：「雙陸不勝，無子也。意者
天以此儆陛下耶？文皇帝身蹈鋒刃，百戰以有天下，傳之子孫。先
帝寢疾，詔陛下監國。陛下掩神器而取之，十餘年矣，又欲以三思
為後。且母子與姑侄孰親？陛下立廬陵王，則千秋萬歲，血食於太
廟。三思立廟，無祔姑之禮。」后感悟，即日遣徐彥伯迎廬陵於房
州而立之。〔註32〕

這篇文章的主角是狄仁傑，蘇轍特別要論述和稱讚的，就是狄仁傑「以緩得
之」，勸說武后不立武三思的表現，因此在文中特別詳盡地記載了武后和狄仁
傑的對話。這段對話生動地呈現出武后的心理變化歷程和狄仁傑勸說的技

---

〔註31〕蘇轍：《歷代論‧漢武帝》，《蘇轍集‧欒城後集卷八》，頁968～969。
〔註32〕蘇轍：《歷代論‧狄仁傑》，《蘇轍集‧欒城後集卷十》，頁999。

巧，也達到了支持論證的效果。

蘇洵和蘇軾的史論也有類似的特色，例如蘇洵的《幾策‧審敵》〔註33〕和蘇軾的〈論武王〉，〔註34〕在此就不列出原文說明了。此外，蘇軾的「史評」寫法多變，除了簡練明快的直述方式之外，其〈宋殺王彧〉一文也是運用「對話」方式來敘述史實的：

> 哀哉！景文之死也。詔言：「朕不謂卿有罪，然吾不能獨死，請子先之。」詔至，景文正與客棋，竟，斂子納盒中，徐謂客曰：「有詔，見賜以死。」酒至，未飲，門生焦度在側，取酒抵地，曰：「丈夫安能坐受死！州中文武，可以一奮。」景文曰：「知卿至心，若見念者，爲我百口計。」乃謂客曰：「此酒不可相勸。」乃仰飲之。蘇子曰：死生亦大矣，而景文安之，豈貪權竊國者乎？〔註35〕

王彧接到賜死詔書之後的反應，是蘇軾藉以評論「王彧非貪權竊國者」的依據，因此蘇軾詳細地寫出王彧和他週遭的人，在得知賜死一事時所說的話。我們可以看到君主詔令的無理、門生焦度的憤慨、王彧對於週遭各人的勸慰和赴死的從容，對於蘇軾所下的評論，自然就容易接受了。

三蘇以「對話」方式敘述史實時，對於次要的人物、起因、結果等，通常都是略寫，用間接敘述；對於主要的人物及其倫理性格，才是用「言辭」直接表現。間接敘述宜明白簡當，直接引語宜突出性格和重點，一略一詳，一敘述一言辭，詳略得宜。三蘇善用「對話」，憑藉語言材料，生動逼真地再現描寫對象的形貌狀態，形成具體鮮明的畫面，給讀者造成一種空間感，使讀者產生了身臨其境，如見如聞，可感可觸的深切感受。透過言辭所構成的衝突，敘述著事件的發展或敘述著事件發展的重要環節，在記言敘事的同時，也將人物性格生動地呈現於讀者眼前，這可以使得史論發揮「動之以情」的效果。

## 三、設問法

運用「設問」是一種可以讓文章朝向多樣化、形象化、生動化方向發展的表現手法。像《荀子》便曾運用了「提出問題、回答問題」的對話形式，

---

〔註33〕蘇洵：《幾策‧審敵》，《嘉祐集卷一》，頁5～9。
〔註34〕蘇軾：〈論武王〉，《蘇軾文集卷五》，頁137～138。
〔註35〕蘇軾：〈宋殺王彧〉，《蘇軾文集卷六十五》，頁2030。

來引發讀者的思索。例如〈仲尼〉:「若是而不亡,乃霸,何也?曰:於乎!夫齊桓公有天下之大節焉,夫孰能亡之?……」〔註36〕也就是先提問:齊桓公並沒有滅亡,而且成爲霸王,這是怎麼回事呢?再自己回答:唉呀!那齊桓公有執掌天下最高明的策略啊!誰能滅亡掉他呢?……用「設問」的方式,可以促使世人針對提問來思考問題,而問題的答案,正是作者所要闡述的重點,也是世人所關心、想弄明白的問題。

賈誼在〈治安策〉一文中,爲了論證削藩的必要性,先後列舉漢初眾多異姓和同姓諸侯王,連連向文帝發問:「令此六七公者皆亡恙,當是時而陛下即天子位,能自安乎?臣有以知陛下之不能也。」〔註37〕類似自問自答的句式在文中反復出現,給人造成一種緊迫感,似乎朝廷和諸侯王的矛盾一觸即發,天下大亂的局面就要出現。賈誼在論述其他問題時,同樣採用這種步步緊逼的手法,造成高度緊張的氣氛。

因此,「設問法」運用在史論中,通常是「無疑而問」,目的在於引人注意、啓發思考。要讓史論在說理時不要過於嚴肅或是過於平鋪直敘。依三蘇史論中所運用的設問「形式」來分類,有兩種方式比較常見:提問和反詰。

1、提問,提出新穎別致、富有啓發、引人入勝的問題,再由作者一一回答。可使語氣因懸宕、曲折而增強,並且引導讀者的思考。蘇洵常用的「提問」,是以「或曰」和「曰」的形式,自問自答,如《權書‧六國》:

> 或曰:六國互喪,率賂秦耶?曰:不賂者以賂者喪。蓋失強援,不
> 能獨完。故曰:弊在賂秦也。〔註38〕

又如蘇洵在《權書‧項籍》〔註39〕中,先提出自己的主張:「方籍之渡河,沛公始整兵向關,籍於此時若急引軍趨秦,及其鋒而用之,可以據咸陽,制天下。」然後,藉著「或曰」,提出第一個問題:「雖然,籍必能入秦乎?」蘇洵自己解答完畢後,再提出第二個問題:「秦可入矣,如救趙何?」給自己製造回答的機會。

蘇軾〈論魯隱公〉〔註40〕一文,也是一篇運用「提問」來引導全文進行的史論。它是從論魯隱公,引發討論「攝主」的觀念。蘇軾有技巧地設計了

---

〔註36〕《荀子‧仲尼》,《荀子集解》,頁67。
〔註37〕《漢書‧賈誼傳第十八》,《新校本漢書并附編二種》,第3冊,頁2233。
〔註38〕蘇洵:《權書‧六國》,《嘉祐集卷三》,頁21。
〔註39〕蘇洵:《權書‧項籍》,《嘉祐集卷三》,頁22~24。
〔註40〕蘇軾:〈論魯隱公〉,《蘇軾文集卷五》,頁143~144。

下列問題：「隱公之攝，禮歟？」「何自聞之？」「何謂攝主？」「可使（母后）攝位而臨天下乎？」「百官總己以聽於冢宰三年，安用攝主？」「使子而生女，則上卿豈繼世者乎？」在每個問題之後，蘇軾都會提出相應的看法，誘導讀者進入作者所安排好的層層解釋，「依序」解決了「攝主」這個主張，在實際執行之後所可能遇到的質疑。

2、反詰，可加強立論、駁論的力度。文中要加強重點時，作者往往運用反詰，將感情逐層推進，引起讀者的注意和思考。例如蘇洵《衡論・遠慮》：

> 《傳》曰：「百官總己以聽於冢宰。」彼冢宰者，非腹心之臣，天子安能舉天下之事委之，三年而不置疑於其間邪？又曰：「五載一巡狩。」彼無腹心之臣，五載一出，捐千里之畿而誰與守邪？今夫一家之中，必有宗老，一介之士，必有密友，以開心胸，以濟緩急。奈何天子而無腹心之臣乎？〔註41〕

這篇文章是在強調「君主要有腹心之臣」，這段文字中連續用了三個「反詰」：如果君主沒有腹心之臣，怎麼能夠把天下事都交給某個人，「三年不置疑」？怎麼能放心每五年就離開都城到各地去巡狩？連一般百姓都會有談心、商議要事的密友，身為天子怎麼可以沒有腹心之臣？這樣的寫法，很生動地呈現出「君主要有腹心之臣」的迫切性。

蘇軾在〈宋襄公論〉中強烈地批判宋襄公的行為：

> 所謂以不忍人之心，行不忍人之政，三代之所共也。而宋襄公執鄫子用於次睢之社。君子殺一牛猶不忍，而宋公戕一國君若犬豕然，此而忍為之，天下孰有不忍者耶？泓之役，身敗國衄，乃欲以不重傷、不禽二毛欺諸侯。人能紾其兄之臂以取食，而能忍饑於壺飱者，天下知其不情也。襄公能忍於鄫子，而不忍於重傷、二毛，此豈可謂其情也哉？桓文之師，存亡繼絕，猶不齒於仲尼之門，況用人於夷鬼以求霸，而謂王者之師可乎？使鄫子有罪而討之，雖聲於諸侯而戮於社，天下不以為過。若以喜怒興師，則秦穆公獲晉侯，且猶釋之，而況敢用諸淫昏之鬼乎？〔註42〕

文中有四段反詰，連續追問，表現出激烈的情感。讀這段文字，可以讓我們深切感受到蘇軾對於宋襄公行為的不以為然。

---

〔註41〕蘇洵：《衡論・遠慮》，《嘉祐集卷四》，頁28。
〔註42〕蘇軾：〈宋襄公論〉，《蘇軾文集卷三》，頁78。

　　至於蘇轍的史論，雖然也有設問的運用，但比較不像蘇洵和蘇軾那樣具有藝術設計的意味，不容易找到有意識地以「提問」方式引導全文走向的寫法，或者是大段地以反詰語氣，營造激烈情感的篇章。蘇轍史論中的設問法，比較平實，就像是一般敘述說明的語氣一樣。

# 第二節　「凝鍊」美的形成

　　蘇洵、蘇軾、蘇轍的史論，因為運用了「概括法」、「警策法」和「引用法」等表現手法，使得他們的史論具有「凝鍊」的美感。

## 一、概括法

　　史論是以「歷史事實」為論述依據的一種論說文，因此在進行議論前，有敘述史實的需求，這使得史論散文中一部份是以「敘述」的方式進行的。「敘述」所產生的感染力和說服力的強弱，主要取決於兩個因素：第一是所選史實的準確性和新穎性。新穎可以強化讀者的注意力，而注意力的被啟動，本身就構成了一種說服力。第二是敘述語言的凝鍊程度。史論的「敘述」有別於記敘文中的敘述，記敘文的敘述必須對情節作出「說明」，並且維持情節的完整性；而史論的敘述，主要功能是「論述」，敘述的詳略程度只要滿足「論述」即可。因此，衡量史論中的「論述」是否「凝鍊」和「概括」，是這部份語言質量的一個重要標準。

　　以《左傳》為例，《左傳》的內容相當豐富，文辭卻十分簡鍊，具有「詳略得當」和「行文練達」兩個特點。《左傳》的「詳略得當」表現在以下幾個方面：（一）在年代分配上，是詳近略遠；（二）在國家敘述上，偏重敘述在春秋時期迭起爭霸以及對當時歷史起重要作用的國家，如：晉、楚、魯、齊、鄭、衛、宋等，良好地表現了歷史的主線；（三）在歷史事件敘述上，側重特殊問題或有影響性的大事件，並且注意每一個事件中的特點，在表述其特殊性上下功夫；（四）在對歷史人物的敘述上，一般人物簡略帶過，特殊人物大書特書，並且對於能表現其性格特徵、政治傾向、智慧勇武、歷史作用的活動，更是盡可能寫得淋漓盡致。

　　而《左傳》的「行文練達」，是表現在以下幾個方面：（一）擅長以簡潔凝鍊的文字，形象準確地描述複雜紛繁的歷史事實，說明重要的問題。例如，

宣公二年講晉靈公的殘暴，只說：「晉靈公不君，厚斂以雕牆，從臺上彈人而觀其避丸也。宰夫胹熊蹯不熟，殺之，置諸畚，使婦人載以過朝。」〔註43〕短短四十字，就將一個橫徵暴斂、奢侈無度、殘虐百姓、草菅人命的暴君形象躍然紙上。（二）在史實敘述中，《左傳》特別善於用簡潔的語言描述緊張的戰鬥場面。例如宣公十二年的邲之戰，在楚軍的追擊下，潰敗的晉軍慌忙敗退過河，舟少人多，軍士爭搶，書中只用「中軍、下軍爭舟，舟中之指可掬」〔註44〕一句，把無數士兵爭攀船舷，而船上的晉軍竟然用刀猛砍攀舷手指的緊張爭搶場面，不動聲色地講了出來。（三）《左傳》擅長用諺語、歌謠、口語、俗語，來代替空洞的評論和無味的敘述，使文筆簡潔、準確、鮮明。例如子產在鄭國大刀闊斧地推行改革，《左傳》在襄公三十年引用了兩首民謠，第一首是子產從政一年時，人們唱道：「取我衣冠而褚之，取我田疇而伍之。孰殺子產，吾其與之！」到了第三年，則唱道：「我有子弟，子產誨之。我有田疇，子產殖之。子產而死，誰其嗣之？」從不理解到擁護，從要結夥殺他到深情地讚頌他，子產的施政效果和人們的反應，從這兩首民謠就可以體會出來了。〔註45〕

　　歷史事實紛紜複雜，一部史書無論以多大篇幅，也難以完全反映客觀的歷史，因此史文的繁簡就成了史書文字表述中的一個重要問題。劉知幾說：「夫國史之美者，以敘事為工，而敘事之工者，以簡要為主。……文約而事豐，此述作之尤美者。」〔註46〕將簡而要，文約而事豐，作為史文繁簡的最高標準。與《左傳》所說的「微而顯，志而晦，婉而成章」，〔註47〕是大體一致的。

　　三蘇運用了「概括」法，來進行史論中的歷史敘述，使得其史論具有「凝煉」的美感效果。使用「概括」法時要高屋建瓴，周全精當。高屋建瓴，就是要站得高，看得遠，從更廣闊的範圍內概括出事件的典型意義。周全精當，就是要從具體事實出發進行概括，不能失之片面或喪失分寸。

　　以實際的例子來看，蘇洵的〈管仲論〉：

〔註43〕《左傳・宣公二年》，《左傳會箋》，頁716。
〔註44〕《左傳・宣公十二年》，《左傳會箋》，頁781。
〔註45〕以上關於《左傳》「詳略得當」和「行文練達」兩個特點的說明，是參考汪受寬：〈《左傳》在歷史文學上的兩大特色〉，北京：《史學史研究》1996年第1期，頁32～37。
〔註46〕劉知幾：《史通・敘事》，浦起龍釋：《史通通釋》，頁168。
〔註47〕《左傳・成公十四年》，《左傳會箋》，頁924。

> 管仲相桓公，霸諸侯，攘戎狄，終其身齊國富強，諸侯不叛。管仲
> 死，豎刁、易牙、開方用，桓公薨於亂，五公子爭立，其禍蔓延，
> 訖簡公，齊無寧歲。〔註48〕

全部十二句，僅用五十三字（不包含標點符號）。沒有多餘之狀詞與虛寫，一句一事，「概括」了管仲一生的功過。而且蘇洵為求氣勢緊湊，一氣呵成，刻意選用三字句和五字句串連成文。讓〈管仲論〉自一開頭，就有急促跳動的感覺，如同戰鼓頻催，暗喻情勢的危急。

蘇洵在《權書‧攻守》文中舉了許多歷史事件來論證自己的主張，在敘述用「奇道」之兵時的例證如下：

> 劉濞反，攻大梁，田祿伯請以五萬人別循江淮，收淮南、長沙、以
> 與濞會武關。岑彭攻公孫述，自江州溯都江，破侯丹兵，徑拔武陽，
> 繞出延岑軍後，疾以精騎赴廣都，距成都不數十里。李愬攻蔡，蔡
> 悉精卒以抗李光顏而不備愬，愬自文成破張柴，疾馳二百里，夜半
> 到蔡，黎明擒元濟。此用奇道也。〔註49〕

每一件事都只用了二、三十個字就概括介紹完畢，但是事情的來龍去脈已經說明得很清楚了，足以令人明白「用奇道」的好處。

蘇軾在〈論始皇漢宣李斯〉中，也概括敘述了從「始皇之初」到「二世之立」的一段歷史：

> 秦始皇時，趙高有罪，蒙毅按之當死，始皇赦而用之。長子扶蘇好直
> 諫，上怒，使監蒙恬兵於上郡。始皇東遊會稽，並海走琅邪，少子胡
> 亥、李斯、蒙毅、趙高從。道病，使蒙毅還禱山川。未及還，上崩。
> 李斯、趙高矯詔立胡亥，殺扶蘇、蒙恬、蒙毅，卒以亡秦。〔註50〕

這段概述，為整篇文章鋪展出了一個背景畫面，然後蘇軾就在這個基礎上，繼續論述「始皇致亂之道，在用趙高」。

蘇轍在《古史‧燕召公世家第四》有一段這樣的概述：

> 燕，召公之後，然國於蠻貊之間，禮樂微矣。春秋之際，未嘗出與
> 諸侯會盟。至於戰國，亦以耕戰自守，安樂無事，未嘗被兵。文公
> 二十八年，蘇秦入燕，始以縱橫之事說之，自是兵交中國，無復寧

---

〔註48〕蘇洵：〈管仲論〉，《嘉祐集卷八》，頁79。
〔註49〕蘇洵：《權書‧攻守》，《嘉祐集卷二》，頁15。
〔註50〕蘇軾：〈論始皇漢宣李斯〉，《蘇軾文集卷五》，頁159。

歲。六世而亡。吳自大伯至壽夢十七世，不通諸侯。自巫臣入吳，
教吳乘車、戰射，與晉、楚力爭，七世而亡。燕、吳雖南北絕遠，
而興亡之跡，大略相似。〔註51〕

這段「論贊」的主角是「燕」，不過蘇轍還提出「吳」來進行類比論證，因此
需要說明「燕」、「吳」兩國「興亡之跡，大略相似」的背景。蘇轍還有在《古
史‧田敬仲世家第十六》論贊中，對於六國國內動盪不安情況的敘述：

然（齊）威、宣方以其力攻伐諸侯，諸侯不親。湣王取宋、破燕，
求逞其欲，不暇及遠。……楚考烈王死，李園專國，負芻與王猶爭
立，僅能自定，而秦兵至；趙王遷信讒以誅李牧；魏景湣王用秦間
以廢信陵；韓王安制於韓玘，燕丹私怨始皇，欲以刺客斃秦。〔註52〕

由這兩段文字來看，蘇轍的敘述都具有「概括」的特色和「凝鍊」的效果。

蘇轍在《歷代論‧祖逖》有一段對於南北朝時「南兵不出，出亦無功」
的歷史敘述，也是用了「概括」法：

東晉渡江，以江淮為境，中原雖屢有變，而南兵不出，出亦無功，
皆夷狄自相屠滅而已。石勒之死也，庾亮為北伐之計；石虎之老也，
庾翼為徙鎮之役，皆無成而死。及苻堅之敗，謝安父子乘戰勝之威，
有席捲之意，終以兵將奔潰，無尺寸之得。其後宋文自謂富強，以
兵挑元魏；梁武志於併吞，失信於高氏；陳宣乘高氏之衰，攘取淮
南，皆繼之以敗亡，何者？東南地薄兵脆，將非命世之雄，其勢固
如此也。〔註53〕

《歷代論‧祖逖》一文的主旨在於稱讚祖逖在「敵強將弱」時，「能知自守」，
因此敘述「南兵不出，出亦無功」的歷史，是凸顯「敵強將弱」的重要依據。
蘇轍的「概括」敘述，很精確地說明了祖逖所處的時代背景，也使讀者更能
了解祖逖的行為和抉擇。

「概括法」對於史論的書寫效果來說，是可以讓史論在歷史敘述的部分
顯得「凝鍊」，焦點集中而不蕪雜。而且能夠運用提煉濃縮的文字，來表達豐
富的歷史內容，也開闊了史論的論述空間，在論證主旨時，提供了良好的論
據支持。

---

〔註51〕蘇轍：《古史卷十一‧燕召公世家第四》，《三蘇全書》第 3 冊，頁 504。
〔註52〕蘇轍：《古史卷二十三‧田敬仲世家第十六》，《三蘇全書》第 4 冊，頁 145。
〔註53〕蘇轍：《歷代論‧祖逖》，《蘇轍集‧欒城後集卷十》，頁 989。

## 二、警策法

陸機文賦說:「立片言以居要,乃一篇之警策。」警有戒敕之義,策是鞭子,一輛馬車,少了警策,就無法驅馳;一篇文章,少了警策,便顯不出精神。警策法,就是在文章中恰當地安排警句。「警句」是用精鍊的語言,表達深刻的思想情感的句子或句群。像《荀子》中就常運用「警句」,如〈勸學〉:「不積跬步,無以致千里,不積小流,無以成江海」。「鍥而舍之,朽木不折,鍥而不捨,金石可鏤。」哲理性強,給人啓迪。

三蘇的史論中運用了「警策法」,使其史論呈現語簡言奇,含義豐富,發人深思的特點。例如蘇洵〈管仲論〉中的「警句」是:

> 夫功之成,非成於成之日,蓋必有所由起;禍之作,不作於作之日,
> 亦必有所由兆。〔註54〕

一件事情的成功,必然有其源頭,同樣的,若是失敗,也會有其起源和預兆。蘇洵認爲使齊國強盛的源頭,不是管仲,而是鮑叔牙;但是齊國滅亡的起源,卻是因爲管仲沒有舉薦人才來制衡小人,才會讓齊桓公明知是小人,還繼續任用。

蘇洵《幾策・審敵》中的「警句」是:

> 愚以爲天下之大計,不如勿賂。勿賂則變疾而禍小,賂之則變遲而
> 禍大。〔註55〕

蘇洵一貫的立場,是反對宋朝對遼、西夏的「歲幣」政策。所以他透過史論,不斷地提出勸諫。他的想法可以用「勿賂則變疾而禍小,賂之則變遲而禍大」來概括,十分醒目。

蘇軾史論中的「警句」,幾乎都可以傳達出全文主旨的核心思想,例如〈士變論〉文中論及范文子在晉、楚鄢陵之戰時不欲戰,其主旨在於:

> 有天下者,得之艱難,則失之不易;得之既易,則失之亦然。〔註56〕

〈論項羽范增〉是爲范增設想離開項羽的時機,而項羽之所以會聽信陳平的離間,就是因爲:

> 物必先腐也,而後蟲生之;人必先疑也,而後讒入之。〔註57〕

〔註54〕蘇洵:〈管仲論〉,《嘉祐集卷八》,頁79～80。
〔註55〕蘇洵:《幾策・審敵》,《嘉祐集卷一》,頁8。
〔註56〕蘇軾:〈士變論〉,《蘇軾文集卷三》,頁90。
〔註57〕蘇軾:〈論項羽范增〉,《蘇軾文集卷五》,頁163。

〈賈誼論〉是論述「賈生志大而量小，才有餘而識不足」，所以蘇軾的主張是：

> 夫君子之所取者遠，則必有所待；所就者大，則必有所忍。〔註58〕

而〈道有升降政由俗革〉文中的「警句」，還運用了多樣的修辭手法：

> 夫道何常之有？應物而已矣。物隆則與之偕升，物污則與之偕降。
> 夫政何常之有？因俗而已矣。俗善則養之以寬，俗頑則齊之以猛。
> 〔註59〕

這段話中有設問（具有反詰的語氣和提問的作用）、映襯、對偶和類比推理，而且也精確地表達出全文的主旨。

蘇轍史論中的「警句」可以舉例如下，〈老聃論下〉：

> 天下之道，惟其辯之而無窮，攻之而無間。辯之而有窮，攻之而有間，則是不足以為道。〔註60〕

《古史・楚世家第十》：

> 夫國於天地，有與立矣，一日為惡，禍未即報也。本弱者速斃，根深者徐拔。〔註61〕

《歷代論・漢光武上》：

> 人主之德，在於知人，其病在於多才。知人而善用之，若己有焉，雖至於堯舜可也。多才而自用，雖有賢者，無所復施，則亦僅自立耳。〔註62〕

一篇文章中如果有了這樣的警句，不僅能起統率全文的作用，使文章主旨凸顯出來，中心明確，而且能給人以無窮的回味和啟示，使人歷久不忘，以為鑑戒。三蘇寫作史論時，常在篇中精心設置一、二異軍突起、語簡言奇、精鍊切要、辭義深妙的警句，因此使得全篇增色生輝，光采熠熠。從作者來說，獨闢蹊徑，用人們想說而說不出來的話，講出道理，新奇凝鍊，展現出作者思想的深遠與藝術才華的精湛。從讀者角度來看，警句的出現，可以使得讀者讀完文章之後，對於某些句子過目不忘。這些句子滿足了讀者平中見奇，淺中見深的美感，也為讀者所樂於沉吟、品味和移用。

〔註58〕蘇軾：〈賈誼論〉，《蘇軾文集卷四》，頁105。
〔註59〕蘇軾：〈道有升降政由俗革〉，《蘇軾文集卷六》，頁173。
〔註60〕蘇轍：〈老聃論下〉，《蘇轍集・欒城應詔集卷三》，頁1265。
〔註61〕蘇轍：《古史卷十七・楚世家第十》，《三蘇全書》第4冊，頁46。
〔註62〕蘇轍：《歷代論・漢光武上》，《蘇轍集・欒城後集卷八》，頁971。

## 三、引用法

「引用」法就是在文章中援引前人事跡或摘取典籍語句,來加強語言表達的說明力,所謂「明理引乎成辭,徵義舉乎人事」〔註63〕就是這個用意。作者藉助經凝鍊壓縮的故實,以引發讀者的聯想與擴大想像空間,往往可以節省許多需要直接表達的文字,使古事古語和當前事實形成對應和交流,借他人而申發己意,讀者在品閱中,作品意蘊愈顯深厚味長。〔註64〕例如《荀子》一書中議論,常引《詩經》、《周易》、《尚書》等詩、文,並將道理闡述開來。荀子引經據典,旁徵博引,再加上恰到好處的解說,就能精鍊地表達出自己的論點,具有較強的說服力。

史論本來就是以歷史事實為依據的議論文字,所以在此討論的不是三蘇史論「援引前人事跡」的情況,而是討論他們如何「引用典籍語句」,以及達到了怎樣的美感效果。依照三蘇史論中「引用典籍語句」所具有的作用來分類,大約可分為兩種:一是當作「論據」;二是當作「結論」。

1、當作論據。例如蘇洵《權書・強弱》:

> 范蠡曰:「凡陣之道,設右以為牝,益左以為牡。」春秋時楚伐隋,季
> 梁曰:「楚人上左,君必左,無與王遇。且攻其右,右無良焉,必敗。
> 偏敗,眾乃攜。」蓋一陣之間,必有牡牝左右,要當以吾強攻其弱耳。
> 唐太宗曰:「吾自興兵,習觀行陣形勢,每戰,視敵強其左,吾亦強吾
> 左;弱其右,吾亦弱吾右。使弱常遇強,強常遇弱。敵犯吾弱,追奔
> 不過數十百步,吾擊敵弱,常突出自背反攻之,以是必勝。」〔註65〕

這一段文字的特色是「藉引用來議論」。文中有三段引用,前兩段先提出了軍隊布陣的理論,再引用唐太宗的話,指出「實際應用」時的狀況,那正是蘇洵在這篇文章所要論述的觀點。

蘇軾〈以佚道使民以生道殺民〉:

> 《詩》曰:「晝爾于茅,宵爾索綯,亟其乘屋,其始播百穀。」可謂
> 勞矣。然民豈不思之,曰:「上之人果誰為也哉!」若夫田獵之娛,
> 宴好之奉,上之人所自為為之者,君不蓋不以勞民也。古者水衡少

〔註63〕劉勰:《文心雕龍・事類》,頁614。
〔註64〕參考馮永敏:《散文鑑賞藝術探微・第六章 散文辭采的鑑賞藝術》(臺北:文史哲出版社,1998年2月),頁247~249。
〔註65〕蘇洵:《權書・強弱》,《嘉祐集卷二》,頁14。

府，天子之私藏。大司農錢，不以給共養勞費，共養勞費一出少府，爲是也。孟子曰：「以佚道使民，勞而不怨，以生道殺民，雖死不怨殺者。」以佚道使民，可也，以生道殺民，君子蓋難言之。《易》曰：「古之聰明睿智神武而不殺。」季康子曰：「如殺無道，以就有道，何如？」孔子曰：「子爲政，焉用殺？」夫殺無道就有道，先王之所不免也，孔子諱之。然則殺者，君子之所難言也。〔註66〕

開頭是以《詩》曰當作論據，引出一小段議論，把思路引導到「以佚道使民」之上。再引用孟子的話，轉折到「以生道殺民」的思考。最後用了三段引用，呈現出有「殺無道就有道」的事實，卻不能明說的困境。

又如蘇軾的〈周公論〉，〔註67〕全文幾乎都是「引用」所組成的。這是因爲要解釋「論周公者多異說，何也？」的問題，所以蘇軾直接引用各家說法來當作論據，包括「今儒者曰」、「《書》曰」、「孔子曰」、「《詩》曰」、「《史記》曰」、「陳賈問於孟子曰」、「孟子曰」。這種方式，可以使敘述的篇幅得到相當程度的精簡。

蘇轍《古史・葉公列傳第十五》：

然葉公終不能用孔子，使聖人之效不見於當世，豈仁雖能守而未暇由禮歟？傳曰：「葉公好龍，室屋雕文無非龍者。天龍下之，懼而還走，喪其魂魄。」此言，蓋謂孔子，非謂龍也。〔註68〕

蘇轍以「葉公好龍」的典故當作論據，先讓讀者心中產生一個生動的印象，然後再提出「龍」其實是指「孔子」。「葉公好龍」的典故是說：葉公表面上喜愛龍，但是當龍真的顯現給他看時，他卻被嚇得魂飛魄散。蘇轍如此運用，是要表達：葉公表面上願意任用人才，但是當真正的人才孔子出現時，他卻一點也不能接受。蘇轍僅用一個引用和一句短短的結論，就可以表達需要花費這麼多說明文字的含義，的確是相當「凝鍊」。

2、當作結論。例如蘇洵〈諫論下〉：

夫君之大，天也；其尊，神也；其威，雷霆也。人之不能抗天、觸神、忤雷霆，亦明矣。聖人知其然，故立賞以勸之，《傳》曰「興王賞諫臣」是也。猶懼其選愞阿諛，使一日不得聞其過，故制刑以威

〔註66〕蘇軾：〈以佚道使民以生道殺民〉，《蘇軾文集卷六》，頁175～176。
〔註67〕蘇軾：〈周公論〉，《蘇軾文集卷三》，頁85～86。
〔註68〕蘇轍：《古史卷三十八・葉公列傳第十五》，《三蘇全書》第4冊，頁257。

之，《書》曰「臣下不正，其刑墨」是也。〔註69〕

這兩段引用，都不到十個字，但已經兼具「舉例」、「提出權威性」和「作結論」等三種作用，可見「凝鍊」的效果。

蘇軾〈大臣論下〉：

> 古之爲兵者，圍師勿遏，窮寇勿迫，誠恐其知死而致力，則雖有眾，
> 無所用之。故曰：「同舟而遇風，則吳越可使相救如左右手。」〔註70〕

這段引用，化用了「吳越同舟」的典故，很簡鍊地爲整段陳述做了總結。同樣的效果可以在蘇轍《古史·呂不韋列傳第三十二》中看到，也是以引用當作結論，結束得非常精鍊：

> 戰國惟秦、楚、燕爲故國，取之非逆，而守之則暴矣。若三晉及齊，
> 皆以篡奪得之，所以取、守者，皆非義也。天方厭喪亂，欲假手於
> 秦，而秦亦淫虐，無以受之。於是不韋乘釁納妾於子楚，以亂其後，
> 六國未亡，而嬴氏已先亡矣。及至二世，屠戮諸公子殆盡，而後授
> 首於劉、項。老子曰：「天網恢恢，疏而不失。」不觀其微，孰知其
> 故哉！〔註71〕

由此我們可以發現，三蘇史論中的「引用」可以提供一種簡潔而形象化的文字，由於引用了典籍語句，可以節省許多說明，因而使文字更簡潔。而所引用語句的本身，又是鮮明生動的事實，爲一種具有形象的文字。這種方法，可以使得三蘇的史論產生「凝鍊」和「生動」的雙重美感效果。

# 第三節　「氣勢」美的形成

史論散文所具有的「評論」特徵，必然要求作者表現出明確的觀點和立場。在表現方式上，除了直接揭示作者的觀點之外，還可以隱含在語言中。語言是內容的載體，也是情感的載體，在史論中，作者試圖闡釋自己的主張使人接受時，除了要以「哲理」說服讀者的理智，更要用「情感」感動讀者的內心。也可以這樣說：「感情」是一種說理，甚至是更強烈的一種說理。

情感是從生活中產生的，史論作者在寫作之前的情感積蓄過程，就是對於

---

〔註69〕蘇洵：〈諫論下〉，《嘉祐集卷八》，頁77。
〔註70〕蘇軾：〈大臣論下〉，《蘇軾文集卷四》，頁126。
〔註71〕蘇轍：《古史卷五十五·呂不韋列傳第三十二》，《三蘇全書》第4冊，頁401。

歷史記載和實際生活的體驗、分析和研究。唯有經過作者情感因素的長期積蓄和在心靈深處的激蕩，爲文才能行雲流水，左右逢源。在書寫時，因爲情感的推動，促使作者深入分析事實，挖掘道理，充分證明論點。當作者對某一問題充滿了感情時，就會呈現非常明朗的態度，在其文章的論證過程中或褒或貶，或愛或憎。愛之，傾其所愛，廣羅事實，多方論證，使其觀點得以儘可能完美地確立；惡之，則以其憤怒之情，廣泛論證，努力駁斥，讓錯誤的觀念確實被釐清，方肯罷手。三蘇的史論，也因此常被評論家認爲具有「雄辯」的特質。

充沛的感情是需要依靠豐富的辭彙和生動的語言來表現的，三蘇史論的「雄辯」特質，除了上述的內在因素外，還可以由他們在文章中所運用的外在藝術形式觀察出來。通讀三蘇的史論之後，可以發現他們是利用了「排比法」、「誇張法」和「層遞法」等表現形式，來營造文章氣勢的。

## 一、排比法

排比，用於敘事，可使語意暢達；用於抒情，可使節奏和諧；用於說理，則氣勢磅礴。一般說來，散文是以散句爲主，但全用散句，就難免單調散漫。若在散句中雜以「整句」，也就是用結構相同或相似，形式整齊或對稱，語勢貫通的句子，主要包括排比、對偶等句，可以增強文章的氣勢。

以《孟子》爲例，李澤厚曾說：「孟子以相當整齊的排比句法爲形式，極力增強它的邏輯推理中的情感色彩和情感力量，從而使其說理具有一種不可阻擋的氣勢。」〔註72〕可見「排比」法的運用，使得《孟子》散文氣勢充沛，感情強烈，筆帶鋒芒，富於形象性和鼓動性，具有縱橫家、雄辯家的氣概。如在〈公孫丑上〉，孟子論述人有四端：「無惻隱之心，非人也；無羞惡之心，非人也；無辭讓之心，非人也；無是非之心，非人也。惻隱之心，仁之端也；羞惡之心，義之端也；辭讓之心，禮之端也；是非之心，智之端也。」〔註73〕就運用了排比，使得氣勢斐然。又如〈梁惠王上〉〔註74〕孟子向齊宣王闡明保民而王的道理時，首先用三句排比，前面兩句作喻，有效地說明齊宣王是有「恩」不「推」的道理：「爲肥甘不足於口與？輕煖不足於體與？抑爲采色不足視於目與？聲音不足聽於耳與？便嬖不足使令於前與？王之諸臣皆足以供之，而王豈爲是哉？」

〔註72〕李澤厚：《美的歷程》（板橋：蒲公英出版社，1986 年 8 月），頁 60。
〔註73〕《孟子·公孫丑上》，《四書章句集注·孟子集注卷三》，頁 237～238。
〔註74〕《孟子·梁惠王上》，《四書章句集注·孟子集注卷一》，頁 210。

鋪陳揚厲，運用籓除法，巧妙地得出齊宣王的「大欲」是武力征服天下的結論。
然後再用五句排比，極力鋪陳王道樂土的美好境界，充滿了理想色彩，具有很
強的感染力。最後以「五畝之宅，樹之以桑」等四層排比，描繪了一幅人民豐
衣足食、安居樂業的生活情景，極具形象性。

　　《莊子》的語言具有汪洋恣肆，生動活潑的特色，富有無窮的韻味，也
是得力於「排比法」的運用。如「庖丁解牛」中以「手之所觸，肩之所倚，
足之所履，膝之所踦，砉然響然，奏刀騞然，莫不中音，合於桑林之舞，乃
中經首之會」〔註75〕的排比描寫，把庖丁的聚精會神與動作的熟練生動細緻
地描寫出來。〈齊物論〉中描述「大木百圍之竅穴」：

> 似鼻，似口，似耳，似枅，似圈，似臼，似洼者，似污者；激者，
> 謞者，叱者，吸者，叫者，譹者，宎者，咬者，前者唱于而隨者唱
> 喁。泠風則小和，飄風則大和，厲風濟則眾竅為虛。〔註76〕

通過一連串比喻句的鋪排，寫出大木竅穴的形態及風入其中的不同聲響，惟
妙惟肖。排比句的使用有助於對事物的細緻描繪，也使文章如山瀑傾瀉，汪
洋恣肆，流暢自然。

　　「排比」更是《荀子》的一大特色，從結構上看，短語排比、句子排比
俯拾皆是；以修辭效果看，也具有整齊勻稱的句式美、抑揚頓挫的節奏美和
磅礡壯闊的氣勢美。例如：

> 治氣養心之術：血氣剛強，則柔之以調和；知慮漸深，則一之以易
> 良；勇膽猛戾，則輔之以道順；齊給便利，則節之以動止；狹隘褊
> 小，則廓之以廣大；卑濕重遲貪利，則抗之以高志；庸眾駑散，則
> 刧之以師友；怠慢僄棄，則炤之以禍災；愚款端愨，則合之以禮樂，
> 通之以思索。〔註77〕

荀子在這段詳論儒者修養方法的精彩文字裡，連續用了九個具有假設關係的
複句構成排比，把具有不同的性格，不同缺陷的九種人分類提出，並就如何
引導他們理氣、養心、正身以達到人格完美的境界提出了切實可行的疏導方
法。又如〈王霸〉：

> 無國而不有治法，無國而不有亂法；無國而不有賢士，無國而不有

---

〔註75〕《莊子·養生主》，《莊子集解》，頁26～27。
〔註76〕《莊子·齊物論》，《莊子集解》，頁9。
〔註77〕《荀子·修身》，《荀子集解》，頁15～16。

> 罷士；無國而不有願民，無國而不有悍民；無國而不有美俗，無國
> 而不有惡俗。〔註78〕

荀子在這段精彩文字裏，連續用了四組互為對照的句子構成排比，指出在任
何一個國家中總會同時存在好和不好兩個方面，正反兩方面形成強烈的對
比，對偶的整齊句式更是渲染了這種效果。進而提出「上偏而國安，下偏而
國危」，並闡明如何加強國家政權。這兩段文字都是文氣暢達，如大江奔騰，
一瀉千里，足見作者的辯才無礙。

　　賈誼對於以排比來增加文章氣勢的表現方式，也運用得相當純熟。他在
〈治安策〉說：「臣竊惟事勢，可為痛哭者一，可為流涕者二，可為長太息者
六。」〔註79〕然後他把這九件令人傷心的軍國大事逐一羅列，詳加陳述，文
字量很大，整個上疏所包含的資訊既豐富又密集，形成一條水量充沛的語言
符號長河。賈誼指斥時弊，對各種病症採取逐項鋪陳的手法。他在從正面陳
述自己治國方略時同樣如此，《新書》卷四記載了賈誼所提出用來對付匈奴的
「三表五餌之術」，共八條。「三表」是論述性文字，比較簡要。「五餌之術」
多是敘述和描寫性文字，逐條陳述對匈奴進行引誘的辦法，設五種誘餌使其
就範。一餌壞其目，二餌壞其口，三餌壞其耳，四餌壞其腹，五餌壞其心。
五餌之術陳述得非常詳盡，每一項都占頗大篇幅，讀起來令人目不暇給。

　　因此三蘇都採用了「排比」的表現形式，強化史論的論證效果，使得說
理透闢周詳，增強邏輯推理中感情色彩和情感力量，一氣呵成，具有一股不
可阻擋的氣勢。如蘇洵〈項籍論〉評論項籍、曹操、劉備三人不能取得天下
的一段文字：

> 吾嘗論項籍有取天下之才，而無取天下之慮；曹操有取天下之慮，
> 而無取天下之量；玄德有取天下之量，而無取天下之才。故三人者，
> 終其身無成焉。且夫不有所棄，不可以得天下之勢；不有所忍，不
> 可以盡天下之利。是故地有所不取，城有所不攻，勝有所不就，敗
> 有所不避。其來不喜，其去不怒，肆天下之所為而餘制其後，乃克
> 有濟。〔註80〕

蘇洵以排比的方式，將三人並列齊觀，使得文章在一開頭對於三位英雄成敗

〔註78〕《荀子・王霸》，《荀子集解》，頁143。
〔註79〕《漢書・賈誼傳第十八》，《新校本漢書并附編二種》，第3冊，頁2230。
〔註80〕蘇洵：《權書・項籍》，《嘉祐集卷三》，頁22～23。

得失的論述，就呈現出談笑天下、包吞寰宇的英雄氣概。為了表現這股氣勢，蘇洵還利用「頂真」和「回文」的技巧，讓文氣更為貫通。

蘇洵〈諫論上〉：

> 理而諭之，主雖昏必悟；勢而禁之，主雖驕必懼；利而誘之，主雖怠必奮；激而怒之，主雖懦必立；隱而諷之，主雖暴必容。悟則明，懼則恭，奮則勤，立則勇，容則寬，致君之道盡於此矣。〔註81〕

蘇洵這篇文章的目的，是在論述向君主進諫之「術」（方法）。要說服讀者接受，當然必須強調方法是有效的。這段文字的目的，在於強調文章前段所提出的五種勸諫方法所能發揮的效果。由「理而喻之」到「主雖暴必容」是一組排比，由「悟則明」到「容則寬」是第二組排比。兩組或兩組以上的排比連用，前後出現，可以進一步加強氣勢，強化語義，使語篇的言語形式更加工整，銜接更為有序。

蘇軾〈國學秋試策問·勤而或治或亂斷而或興或衰信而或安或危〉：

> 昔之為人君者，患不能勤。然而或勤以治，亦或以亂。文王之日昃，漢宣之屬精，始皇之程書，隋文之傳餐，其為勤一也。
>
> 昔之為人君者，患不能斷。然而或斷以興，亦或以衰。晉武之平吳，憲宗之征蔡，符堅之南伐，宋文之北侵，其為斷一也。
>
> 昔之為人君者，患不能信其臣。然而或信以安，亦或以危。秦穆之於孟明，漢昭之於霍光，燕噲之於子之，德宗之於盧杞，其為信一也。〔註82〕

這一段「排比」文字，幾乎就已經是蘇軾這篇策問的主體了。在每一句話中都包含了說明和四個歷史實例，再加上「對比」的使用，使讀者對於這篇策問產生了深刻的印象。

蘇軾〈策略一〉：

> 水旱盜賊，人民流離，是安之而已也。亂臣割據，四分五裂，是伐之而已也。權臣專制，擅作威福，是誅之而已也。四夷交侵，邊鄙不寧，是攘之而已也。〔註83〕

---

〔註81〕蘇洵：〈諫論上〉，《嘉祐集卷八》，頁77。
〔註82〕蘇軾：《國學秋試策問·勤而或治或亂斷而或興或衰信而或安或危》，《蘇軾文集卷七》，頁208。
〔註83〕蘇軾：〈策略一〉，《蘇軾文集卷八》，頁226。

蘇軾這篇文章要論述的重點是：「天下治亂有常勢」。既然有「常勢」，所以只要掌握住其「勢」，然後「應之有術」，不管發生何種狀況，都不必恐慌。這段排比所列出的四種狀況，幾乎已經涵蓋了國家會遇到的所有問題，而蘇軾用這樣的寫法，讀起來確實可以讓人產生「這些問題沒什麼大不了」的感覺。

蘇軾的〈孫武論上〉一文用了相當多的「排比」，舉其中兩段來說：

> 是故惟天下之至廉爲能貪，惟天下之至靜爲能勇，惟天下之至信爲能詐。

> 若夫聖人則不然。居天下於貪，而自居於廉，故天下之貪者，皆可得而用。居天下於勇，而自居於靜，故天下之勇者，皆可得而役。

> 居天下於詐，而自居於信，故天下之詐者，皆可得而使。〔註84〕

這兩段排比，在內容上有所對應，主要是論述三種品格：「廉」、「靜」、「信」。除了運用「排比」增強氣勢外，蘇軾還運用了老子「正言若反」的語言特點，也使得思想表達上產生波瀾，增加讀者反覆思索的機會。

蘇轍〈新論上〉：

> 爲治之地既立，然後從其所有而施之。植之以禾而生禾，播之以菽而生菽，藝之以松柏梧檟，叢莽樸樕，無不盛茂而如意。是故施之以仁義，動之以禮樂，安而受之而爲王；齊之以刑法，作之以信義，安而受之而爲霸；督之以勤儉，屬之以勇力，安而受之而爲強國。〔註85〕

這一段文字的作用，在於說明「爲治之地既立」之後的情況，運用了排比，可以營造出說理明確和論理周密的效果。

蘇轍〈君術策‧第一道〉：

> 高祖發於豐沛之間，行而收之。黥布、彭越之倫，皆撫而納諸其中。所以制之者甚備也：玉帛子女、牛羊犬馬，以極其豪侈之心；輕財好施，敦厚長者，以服其趑趄之懷；倨肆傲岸，輕侮凌辱，以折其強狠之氣。〔註86〕

因爲要表達「所以制之者甚備」，所以運用了排比，盡量完整地舉出了各種招攬人才之心的方式。

　　「排比」往往是作者表達最用力、論證最充分、用情最強最深、表義最

---

〔註84〕蘇軾：〈孫武論上〉，《蘇軾文集卷三》，頁92。

〔註85〕蘇轍：〈新論上〉，《蘇轍集‧欒城集卷十九》，頁347～348。

〔註86〕蘇轍：〈君術策‧第一道〉，《蘇轍集‧欒城應詔集卷六》，頁1284～1285。

突出的部分，也是容易吸引讀者的閱讀停留和特別注意，使讀者感受特別鮮明、特別容易被打動之處。排比具有壯闊、均衡、參差之美，在統一中有變化，變化中有統一。也易於使讀者產生相近聯想，給人以連續刺激，可以使文氣貫通，語勢加強。在三蘇當中，蘇洵、蘇軾對於「排比」的使用都相當普遍而樂用，而蘇轍對於排比的運用最少，也比較沒有以整段排比形成文章主體的表現。其實蘇轍史論中對於排比的運用，往往是把「內容」的需要，當作主要考量，而且他所運用的三句一組的句式，讀起來較為緩和。蘇轍的文風被評論為「冲和澹泊，遒逸疏宕」，〔註87〕上述的表現應該是原因之一。

## 二、誇張法

　　誇張，是有意識地「言過其實」，對客觀的人或事物進行擴大、縮小或超前的描述，以凸出事物的本質和特徵，可以有力地表現出作者對人或事物的鮮明態度，也可以引起讀者的共鳴，來造成鮮明印象和獨特意境。

　　《莊子》一書就是善用了「誇張」手法，而營造出氣勢之美，也塑造出生動的形象。例如寫大鵬是：「背若泰山，翼若垂天之雲，搏扶搖羊角而上者九萬里，絕雲氣，負青天，然後圖南，且適南冥也。」〔註88〕寫巨魚是：「牽巨鉤錎沒而下，鶩揚而奮鬐，白波若山，海水震蕩，聲侔鬼神，憚赫千里。」〔註89〕都形神俱現，氣勢不凡。而莊子寓言的誇張，有的是喻體形象的怪誕，如《人間世》中畸人支離疏「頤隱於臍，肩高於頂。會撮指天，五管在上，兩髀為脅」，〔註90〕外貌奇醜，也正因此，役則不與，賜則受之，得以終其天年，說明了「無用於物而各得其用」的道理。有的是數量上的誇張，如鵬鳥之大，其飛之高。有的是整個故事情節的誇張，如「任公子釣魚」，整個故事被誇大了，但內質卻與現實密切相關，雖是虛擬變形，卻不使人覺得唐突。還有對事物本質特點的誇張，如「儒以詩禮發塚」，表面上盜墓，還要誦詩，這一行為非常荒誕可笑，但誇張的是人物虛偽的本質，所以發人深省。

　　戰國時代那些善用詐術、以三寸不爛之舌來謀取高官厚祿的縱橫遊說之士，為了在最大程度上引起君主的注意，往往在說辭中熟練地運用誇張和鋪

---

〔註87〕茅坤：《唐宋八大家文鈔》卷一四五〈潁濱文鈔引〉，收錄於《三蘇全書》第18冊，頁542。

〔註88〕《莊子·逍遙遊》，《莊子集解》，頁3。

〔註89〕《莊子·外物》，《莊子集解》，頁249。

〔註90〕《莊子·人間世》，《莊子集解》，頁42。

陳手法。他們藉此凸顯觀點，宣洩情感，增強說理的力量和折服對方的氣勢。為了加強遊說的效果，在《戰國策》中常見「誇大數量」的誇張鋪陳方式，策士們在涉及某些事實時，會盡力擴大其「數量」的描寫。如《東周策・秦興師臨周》寫策士顏率先阻止秦向周求鼎，後又阻止齊求鼎。在止齊時向齊王說：「昔周之伐殷，得九鼎。凡一鼎而九萬人挽之，九九八十一萬人。士卒、師徒、器械、被具，所以備者稱此。」〔註91〕「一個鼎」需要「九萬人」來拉動，顏率之說當然是故意誇大了鼎的重量。又如《齊策一・蘇秦爲趙合縱說齊宣王》，蘇秦說：

> 齊南有太山，東有琅邪，西有清河，北有渤海，此所謂四塞之國也。
> 齊地方二千里，帶甲數十萬，粟如丘山。齊車之良，五家之兵，疾
> 如錐矢，戰如雷電，解如風雨。……〔註92〕

在這段話裡，蘇秦誇大了齊國地形的便利優越，國家的強盛繁榮。語言渾然一體，極富氣勢，讀後令人精神爲之一振。再如在《韓策一・張儀爲秦連橫說韓王》中，張儀爲了說明秦與山東力量相比之懸殊，連用了三個比喻：「夫秦卒與山東之卒也，猶孟賁之與怯夫也；以重力相壓，猶烏獲之與嬰兒也，夫戰孟賁、烏獲之士，以攻不服之弱國，無以異於墮千鈞之重，集於鳥卵之上，必無幸矣。」〔註93〕張儀故意選用對比懸殊的三組事物，使得兩國國力的差距表現得非常誇張。

誇張手法的運用凸出了事物的形象特點和本質特徵，啓發人們豐富的想像力，意蘊深邃，也使文章更具批判力和說服力。例如，在蘇洵備受爭議的〈辨奸論〉中，有一段誇張描寫人物的文字，雖未指名道姓，但常被視爲是在批評王安石：

> 今有人口誦孔、老之言，身履夷、齊之行，收召好名之士、不得志
> 之人，相與造作言語，私立名字，以爲顏淵、孟軻復出，而陰賊險
> 狠，與人異趣，是王衍、盧杞合而爲一人也，其禍豈可勝言哉！夫
> 面垢不忘洗，衣垢不忘浣，此人之至情也。今也不然，衣臣虜之衣，
> 食犬彘之食，囚首喪面而談《詩》、《書》，此豈其情也哉？凡事之不

---

〔註91〕《戰國策卷第一・東周策》（中華書局據士禮居黃氏覆剡川姚氏本校刊，臺灣中華書局，1990年9月臺五版），頁2。

〔註92〕《戰國策卷第八・齊策一》，頁8～9。

〔註93〕《戰國策卷第二十六・韓策一》，頁3。

　　近人情者，鮮不爲大奸慝，豎刁、易牙、開方是也。〔註94〕

以豎刁自宮、易牙殺子、開方背親，當作「不近人情」者，讀者應該不會反
對。但若「食犬彘之食、囚首喪面而談詩書，此豈其情也哉？」是在隱喻王
安石，以其「不修邊幅」，來比附「不近人情」，又與豎刁等三者類比，實在
就是言之過甚了。當然蘇洵的誇張之筆，以文章的效果來說，確實可以呈現
出他對於「不近人情」之人的強烈不滿，因爲誇張的筆法正好是表達強烈感
情的一種重要途徑。但以史論所要求的客觀論述來說，此文卻也因誇張得過
於偏頗，而成爲後人爭議的焦點。

　　不過，蘇洵《衡論‧田制》中有一段運用了誇張手法，來說明「井田制
是否可再度實行」的文字，就具有良好的論述效果：

　　今雖使富民皆奉其田而歸諸公，乞爲井田，其勢亦不可得。何則？
　　井田之制，九夫爲井，井間有溝，四井爲邑，四邑爲丘，四丘爲甸，
　　甸方八里，旁加一里爲一成，成間有洫，其地百井而方十里，四甸
　　爲縣，四縣爲都，四都方八十里，旁加十里爲一同，同間有澮，其
　　地萬井而方百里，百里之間爲澮者一，爲洫者百，爲溝者萬。既爲
　　井田，又必兼修溝洫。溝洫之制，夫間有遂，遂上有徑；十夫有溝，
　　溝上有畛；百夫有洫，洫上有塗；千夫有澮，澮上有道；萬夫有川，
　　川上有路。萬夫之地，蓋三十二里有半，而其間爲川爲路者一，爲
　　澮爲道者九，爲洫爲塗者百，爲溝爲畛者千，爲遂爲徑者萬。此二
　　者非塞溪壑、平澗谷、夷丘陵、破墳墓、壞廬舍、徙城郭、易疆壟，
　　不可爲也。縱使能盡得平原廣野而遂規畫於其中，亦當驅天下之人，
　　竭天下之糧，窮數百年專力於此，不治他事，而後可以望天下之地
　　盡爲井田，盡爲溝洫。已而又爲民作屋廬於其中，以安其居而後可。
　　吁！亦已迂矣。井田成，而民之死，其骨已朽矣。〔註95〕

之所以將這段長文照錄，是因爲必須從整段文字，才能看出蘇洵如何透過誇
張鋪陳的敘述，強烈地傳達出：井田制在宋朝之當代是絕不可能再次推行的。

　　誇張手法也是蘇軾寫作史論時常用的方式，在〈御試重巽以申命論〉中
有一段對於「風」的描述：

　　天地之化育，有可以指而言者，有不可以求而得者。今夫日，皆知

〔註94〕蘇洵：〈辨奸論〉，《三蘇全書》第 6 冊，頁 234。
〔註95〕蘇洵：《衡論‧田制》，《嘉祐集卷五》，頁 48～49。

> 其所以爲煖；雨，皆知其所以爲潤；雷霆，皆知其所以爲震；雪霜，
> 皆知其所以爲殺。至於風，悠然布於天地之間，來不知其所自，去
> 不知其所入，嘘而炎，吹而泠，大而鼓乎大山喬嶽之上，細而入乎
> 竅空部屋之下，發達萬物，而天下不以爲德，摧拔草木，而天下不
> 以爲怒，故曰天地之化育，有不可求而得者。此聖人之所法：以令
> 天下之術也。〔註96〕

這段話的誇飾，是著重於描述風的「神妙作用」，極力誇張其「不可知」的特
性，是以讓君主對於具有如此神奇效用的「令天下之術」產生嚮往之情。

蘇軾〈論隱公里克李斯鄭小同王允之〉：

> 亂臣賊子，猶蝮蛇也。其所螫草木猶足以殺人，況其所噬齧者歟！
>
> 〔註97〕

這段話是誇張地描述了亂臣賊子的「狠毒」，連間接接觸或只是身處其旁，都
會遭受禍害，更不用說是直接接觸了。

蘇軾〈論商鞅〉：

> 二子（商鞅、桑弘羊）之名，在天下如蛆蠅糞穢也，言之則污口舌，
> 書之則污簡牘。二子之術，用於世者，滅國殘民、覆族亡軀者相踵
> 也。而世主獨甘心焉，何哉？樂其言之便己也。〔註98〕

這段話是誇張了「二子之術」之惡劣和禍國殃民的後果。並且與「世主獨甘
心焉」做一個對比，進一步表達出「貪利」會使人的雙眼被矇蔽，只看到了
眼前的便利，卻看不出將來必然滅亡的走向。

蘇轍〈周論〉：

> 昔者生民之初，父子無義，君臣無禮，兄弟不相愛，夫婦不相保，
> 天下紛然而淆亂，忿鬥而相苦。文理不著，而人倫不明，生不相養，
> 死不相葬，天下之人，舉皆戚然有所不寧於其心。然後反而求其所
> 安，屬其父子，而列其君臣，聯其兄弟，而正其夫婦。〔註99〕

爲了凸顯出「昔」與「今」的差異，所以蘇轍誇張了「生民之初」時，什麼
都沒有的狀況，這樣可以強化人們對於「文」的渴望，進而推導出「自生民

---

〔註96〕蘇軾：〈御試重巽以申命論〉，《蘇軾文集卷二》，頁35。
〔註97〕蘇軾：〈論隱公里克李斯鄭小同王允之〉，《蘇軾文集卷五》，頁146。
〔註98〕蘇軾：〈論商鞅〉，《蘇軾文集卷五》，頁156。
〔註99〕蘇轍：〈周論〉，《蘇轍集・欒城應詔集卷一》，頁1246。

以來，天下未嘗一日而不趨於文」的論點。

蘇轍《古史・虞卿魯仲連列傳第三十一》：

> 戰國游談之士，非縱即橫，說行交合，而寵祿附之。故事不厭詭詐，
> 爭走於利。魯仲連辯過秦儀，氣凌髡、衍，而縱橫之利，不入於口。
> 因事放言，切中機會；排難解紛，如決潰堤，不終日而成功。逃避
> 爵賞，脫屣而去。戰國以來，一人而已！〔註100〕

在戰國眾多遊說之士中，魯仲連是唯一受到蘇軾和蘇轍稱讚的人物。為了凸
顯魯仲連在功成之後「逃避爵賞，脫屣而去」的不容易，所以蘇轍先誇飾其
能力：「辯過秦儀，氣凌髡、衍」以及在解決問題時的氣勢：「因事放言，切
中機會；排難解紛，如決潰堤。」這麼有能力的人，在戰國時代沒有「爭走
於利」，居然還「逃避爵賞」，這實在是非常特殊的表現，值得推崇。

## 三、層遞法

「層遞法」是用三個或三個以上的語句，按照文意逐層遞增或遞減排列
的一種修辭技巧。層遞法可以使語言整齊和諧，一環扣一環，文意一步緊一
步，逐步深化讀者的認識，可以加強文章的氣勢和說服力。

賈誼著名的〈過秦論〉裡，在呈現秦國到秦朝的歷史時，就是採用步步
升級的筆法。先是極力渲染秦國蒸蒸日上的發展勢頭，所佔有的土地由雍州
向外擴展，對諸侯的控制由淺入深，從連衡、宰割直到最後相容並包。以層
遞的方式展現出秦國的能量由積蓄到釋放的過程，有勢能，有動能，勢能具
有威懾力，動能則產生巨大的破壞力。在層遞之外，賈誼還配合了對比的運
用，凸顯了秦在「興」、「亡」之間的鮮明對照。這樣一個強盛的大帝國，在
陳涉起義之後，「斬木為兵，揭竿為旗，天下雲集回應，贏糧而景從，山東豪
俊遂並起而亡秦族矣。」〔註101〕秦朝滅亡得如此之快，簡直令人不可思議。
這種對比有時間方面的提示，秦朝興盛經歷七君百餘年，而它的滅亡卻只需
幾個月的時間，差別非常懸殊。這種對比還有力量方面的渲染，秦國強盛時
有雷霆萬鈞之力，摧枯拉朽之功；而它的滅亡卻是土崩瓦解，風吹葉落。

三蘇史論中，對於層遞的運用，也具有特殊的效果。例如，蘇洵《權書・

〔註100〕蘇轍：《古史卷五十四・虞卿魯仲連列傳第三十一》，《三蘇全書》第4冊，頁
　　　　396。
〔註101〕賈誼：〈過秦論上〉，見《史記・秦始皇本紀第六》，《史記會注考證》，頁135。

心術》：

> 凡戰之道，未戰養其財，將戰養其力，既戰養其氣，既勝養其心。
> 謹烽燧，嚴斥堠，使耕者無所顧忌，所以養其財；豐犒而優遊之，
> 所以養其力；小勝益急，小挫益厲，所以養其氣；用人不盡其所欲
> 爲，所以養其心。〔註102〕

這裡是用層遞法，來說明戰爭的四個階段：「未戰」、「將戰」、「既戰」和「既
勝」。等於是提醒讀者（君主或將領），戰爭的「任何一個階段」都必須注意，
都不可掉以輕心，才能夠取得戰爭的勝利。

蘇洵《權書·孫武》：

> 求之而不窮者，天下奇才也。天下之士與之言兵，而曰我不能者幾
> 人？求之於言而不窮者幾人？言不窮矣，求之於用而不窮者幾人？
> 嗚呼！至於用而不窮者，吾未之見也。〔註103〕

任何事往往都是「說的比做的容易」，沒有什麼驗證，只說自己能言兵是最容
易的，這樣的人也最多。若眞的要建立起自己的一套學說，而且可以應付各
家學說的辯駁，這種人就少多了。若還要讓學說接受實際環境的考驗，確實
能因應各種需要，「用而不窮」，蘇洵說，他還沒見過這樣的人。即使像孫武，
是論兵法的大師，但是用他的著作學說與他自己在戰爭時的決策一對應，就
會發現「用而不窮」確實是非常困難的。

蘇軾〈諸葛亮論〉：

> 取之以仁義，守之以仁義者，周也。取之以詐力，守之以詐力者，
> 秦也。以秦之所取取之，以周之所守守之者，漢也。仁義詐力雜用
> 以取天下者，此孔明之所以失也。〔註104〕

以「取、守之道」來說，蘇軾心目中的最高境界是「取、守一道」，而且這「道」
是指「仁義」，歷史上只有「周」做到這個境界。秦雖然是取、守一道，但它
用的是「詐力」，無法讓國家長治久安，所以國祚非常短暫。漢的表現是次於
周的，因爲它取之以詐力而守之以仁義。至於孔明光是在取天下時，就仁義
與詐力雜用，因爲用「道」不純，難怪會失敗。這是經過了各種程度（層遞）
的分析之後，再加以比較所得出的結論。

---

〔註102〕蘇洵：《權書·心術》，《嘉祐集卷二》，頁11。
〔註103〕蘇洵：《權書·孫武》，《嘉祐集卷三》，頁19。
〔註104〕蘇軾：〈諸葛亮論〉，《蘇軾文集卷四》，頁112。

蘇軾〈思治論〉：

> 是故不可以無術。其術非難知而難聽，非難聽而難行，非難行而難
> 收。孔子曰：「好謀而成。」使好謀而不成，不如無謀。〔註105〕

這段話是從「難知」、「難聽」、「難行」到「難收」的層遞，可以強化「術」
之「收」的難度和重要性。另外，蘇軾還兼用了否定語氣的「頂眞」句式，
使得句義更加環環相扣，緊密銜接，疏宕中具有連貫之美，富於音樂性和鼓
動性，也適合用來增強氣勢。

蘇轍《古史・魏世家第十四》：

> 魏文侯非戰國之君也，内師事卜子夏，友田子方、段干木，被服儒
> 者，身無失德。用吳起、西門豹、李悝，盡力耕戰，民賴以富，而
> 敵不敢犯。……雖西漢文帝不能遠過也，一時諸侯無足言者矣。至
> 子武侯，稍已侵暴鄰國。至孫惠王，藉父祖之業，結怨韓、趙，齊
> 乘其弊，殺龐涓，虜太子申。秦人因之，遂取西河地，魏由此衰。
>
> 〔註106〕

這段層遞，屬於「遞減」式，是描述自魏文侯、魏武侯至魏惠王三代以來，
魏國國力每下愈況的情形。這種描述方式，一方面凸顯了魏文侯對於魏國的
貢獻，一方面也表達出對於沒有「後繼之人」可以承繼其成就的遺憾。

層遞法的基本原則之一是要符合邏輯的規則，因此，層遞法的運用必須
建構於作者的分析能力。要在語義表達上具有鮮明的「階梯性」和「層次性」，
能夠表達事物或思維邏輯之間層層遞進的關係，以求把道理說得充分、周密，
增強說服力。

# 第四節　小　結

三蘇的史論具有「生動」、「凝鍊」和「氣勢」三項文學上的美感。「生動」
的美感，是由「譬喻法」、「對話法」和「設問法」的運用而形成的。以「譬
喻」的方式議論，可以使被譬喻的主體形象化，激發讀者的審美想像，使讀
者更容易接受說理。以「對話」的方式敘述史實，可以生動逼眞地再現人物
性格或場景，加深讀者的感受，使讀者更能體會作者議論的用意。以「設問」

---

〔註105〕蘇軾：〈思治論〉，《蘇軾文集卷四》，頁117。
〔註106〕蘇轍：《古史卷二十一・魏世家第十四》，《三蘇全書》第4冊，頁117。

的方式引導思考，可以使語氣因懸宕、曲折而增強，可以生動地呈現議論的迫切性。「譬喻法」和「對話法」都是三蘇共同採用的表現形式，「設問法」則是蘇洵、蘇軾使用較多，蘇轍的「設問」運用，比較不屬於藝術設計的形式。

「凝鍊」的美感是因為「概括法」、「警策法」和「引用法」的運用而形成的。使用「概括法」，可以讓史論中的歷史敘述部分顯得焦點集中而不蕪雜，以提煉濃縮的文字，表達豐富的歷史內容，也開闊了史論的論述空間。使用「警策法」，可以讓史論呈現語簡言奇、含義豐富、發人深思的特點，也使得讀者樂於沉吟、品味和移用。使用「引用法」，可以讓史論的敘述得到相當程度的精簡，若運用於結論，則可以讓文章結尾具有凝鍊的收束力量。這三種方式，都是三蘇史論習用的表現形式。

三蘇的史論還運用了「排比法」、「誇張法」和「層遞法」，來營造文章的「氣勢」。史論中運用「排比」，可以強化論證效果，使說理透闢周詳，增強邏輯推理中的情感力量。運用「誇張」，可以有力地表現出作者的鮮明態度，並引起讀者共鳴，造成鮮明印象和獨特意境。運用「層遞」，使得文意環環相扣，可以逐步深化讀者的認識，加強文章的氣勢和說服力。這三種方式，也都是三蘇史論習用的表現形式。

陳衍《石遺室論文》說：「凡人學問，於何等書用功最深，一旦下筆，不必字摹句仿，自有不覺相似之處，似在神理也。」〔註107〕就散文寫作而言，善讀何書，朝夕吟詠其間，自然容易受其感染，於是篇章結構中，不期然而至的摹仿隨之產生。

《孟子》一書對於三蘇史論的寫作，共同的影響是在於文章的表現形式和風格。善用譬喻和運用對話這兩項表現形式，都是三蘇史論中習用的方式。可見三蘇史論所具有的生動特色和論辯上的雄辯氣勢，應該是受到《孟子》的文章風格影響。蘇軾〈上梅直講書〉就曾經提到：「執事（梅聖俞）愛其文，以為有孟軻之風。」〔註108〕劉熙載《藝概》也說：「東坡文，亦孟子，亦賈長沙。」〔註109〕

---

〔註107〕語出陳柱：《中國散文史・第二篇第三節》所引（臺北：臺灣商務印書館，1965年），頁116。

〔註108〕蘇軾：〈上梅直講書〉，《蘇軾文集卷四十八》，頁1386。

〔註109〕劉熙載：《藝概・文概》（臺北：金楓出版社，1981年7月），頁47。

　　以個別的影響來說，受《孟子》影響最深的是蘇轍。除了在義理思想方面受到潛移默化之外，蘇轍在文學理論上所提出的「養氣說」，明顯是源自《孟子》「浩然之氣」的說法。孟子明確提出了「氣」這一概念，並把「養氣」和「知言」結合起來。「養氣」是指按照人的天賦本心，對仁義道德經久不懈的自我修養。久而久之，這種修養昇華出一種至大至剛、充塞於天地之間的「浩然之氣」。有了浩然正氣，具體運用於在對話和論辯中，形成了孟文剛柔相濟而析義極精的論辯藝術。正如蘇轍所說：「今觀其文章，寬厚宏博，充乎天地之間，稱其氣之小大。」〔註110〕孟子內在精神上的浩然氣概，是孟子散文氣勢充沛的根本原因。

　　蘇轍養氣說受《孟子》啓發，所提出的主張是：「文者，氣之所形，然文不可以學而能，氣可以養而致。」〔註111〕蘇轍所言的「氣」大致包含了兩方面的意思：一是指作家的思想、修養。二是指作品的氣勢、風格。作品的氣勢、風格來自於作者的思想、修養；作者內在的思想、修養表現於語言文字，即形成文學作品；作者的獨特個性氣質顯現於文學作品，即成為作品的風格。因此「文者氣之所形」可理解為：氣形成文，表現為文的風格、氣勢。他對於文氣說最主要的發展，在於提出養氣的途徑：一是加強內心修養，一是增長閱歷。蘇轍曾藉「水」的狀態來描述自我修養的境界：

> 今夫水無求於深，無意於行，得高而淳，得下而流，忘己而因物，不為易勇，不為嶮怯。故其發也，浩然放乎四海。古之君子，平居以養其心，足乎內無待乎外，其中潢漾，與天地相終始。止則物莫之測，行則物莫之御。富貴不能淫，貧賤不能憂。行乎夷狄患難而不屈，臨乎死生得失而不懼，蓋亦未有不浩然者也。〔註112〕

　　蘇轍不僅在理論上如此主張，他也用創作的表現來印證自己的理論，因此蘇轍的作品，常被用「氣」這個字來評價。蘇軾就這麼說：「子由之文，詞理精確，有不及吾，而體氣高妙，吾所未及。」〔註113〕《宋史·蘇轍傳》也說：「轍性沉靜簡潔，為文汪洋澹泊，似其為人，不願人知之，而秀傑之氣終不可掩。」〔註114〕

---

〔註110〕蘇轍：〈上樞密韓太尉書〉，《蘇轍集·欒城集卷二十二》，頁381。

〔註111〕同上註。

〔註112〕蘇轍：〈吳氏浩然堂記〉，《蘇轍集·欒城集卷二十四》，頁409。

〔註113〕蘇軾：〈書子由《超然台賦》後〉，《蘇軾文集卷六十六》，頁2059。

〔註114〕《宋史·列傳第九十八·蘇轍》，《新校本宋史并附編三種》，第13冊，頁10835。

受《莊子》影響最深的是蘇軾。當然，在史論的書寫上，不能夠像莊子那樣恣肆地發揮想像力，但是在蘇軾青年時期參加科舉時所寫的策論中，往往可見靈動飛揚的思維和誇張鋪陳的表現方式。另外，蘇轍在《亡兄子瞻端明墓誌銘》中說蘇軾曾「既而讀《莊子》，喟然歎息：『吾昔有見於中，口未能言；今見《莊子》，得吾心矣！』乃出〈中庸論〉，其言微妙，皆古人所未喻。」〔註115〕由此可見，蘇軾為了詮釋心目中理想的歷史發展狀態時所建構的「中庸論」思想，受到《莊子》很大的啟發。

《莊子》一書所呈現出的藝術精神，對於蘇軾文藝創作思想的影響，更是顯而易見的。蘇軾的主張包括：「道」是藝術創作的最高標準；「空靜」和「物化」是創作構思過程中的方法；「了然於口與手」和「不能不為」是藝術創作時的表現；「意」是創作的中心思想；「辭達」和「傳神」是創作的最高表現。這些主張，有極大部分都是對於莊子藝術精神的共鳴、實踐和印證。〔註116〕

《荀子》對於蘇洵的影響最深，可以從兩方面看出來：一是蘇洵與《荀子》的文章風格相近，二是蘇洵與《荀子》同樣都重視「禮」的作用。

《荀子》建立了一種寫作模式，即：以簡潔的標題統攝議論範圍；每篇論點集中、鮮明；一般都在開頭就提出論點；論證時常採用兩大手法，一是類比推理，一是排列史證，常用正反對照方式；論證之後，大多引經據典以增加說服力。這個模式，同樣可以對應到蘇洵的史論。例如《幾策・審敵》，〔註117〕從標題「審敵」就可看出所欲議論的範圍。開頭提出論點：「中國內也，四夷外也。憂在內者，本也；憂在外者，末也。……古者夷狄憂在外，今者夷狄憂在內。」文章明白地傳達出：若繼續採用歲幣政策，原本只是「外患」，在人民不堪負荷之下，會轉變為「內憂」，以致動搖國本。文中以漢代的七國之亂與宋代的對外政策兩者類比，又舉出歷史上許多事例正反對照，證明貪圖眼前之利者往往沒有好下場，當機立斷者勇於面對問題，就能夠化險為夷。另外還引用了《兵法》，來證明自己所提出的策略是有效的。

蘇洵史論的「詮釋立場」之一，就是「重禮輕法」，〔註118〕這表示蘇洵選擇接受《荀子》重「禮」的傳統。張方平在〈文安先生墓表〉中有一段記載：

---

〔註115〕蘇轍：〈亡兄子瞻端明墓誌銘〉，《蘇轍集・欒城後集卷二十二》，頁1126～1127。
〔註116〕參見陳秉貞：〈莊子藝術精神與蘇軾的書法創作思想〉，臺北：《人文與社會學科教學通訊》第11卷第2期（總第62期），2000年8月，頁171～186。
〔註117〕蘇洵：《幾策・審敵》，《嘉祐集卷一》，頁5～9。
〔註118〕詳見本論文第二章第二節的討論。

（洵）至京師，永叔一見，大稱歎，以爲未始見夫人也，目爲孫卿

子。獻其書於朝，自是名動天下，士爭傳誦其文，時文爲之一變。

〔註119〕

　　表示歐陽修見了蘇洵的文章之後，就看出了蘇洵史論與《荀子》之間的

相似性。茅坤《唐宋八大家文鈔・蘇老泉文鈔引》也說：

蘇文公崛起蜀徼，其學本申韓，而其行文雜出荀卿、孟軻及《戰國

策》諸家。不敢遽謂得古六藝者之遺，然其鐫畫之議，幽悄之思，

博大之識，奇崛之氣，非近代儒生所及。〔註120〕

由以上兩方面的分析，可見其言不虛。

　　《左傳》對於「行人」之言的生動描述，使得蘇軾印象深刻。蘇軾曾經向

君主建議，要仿效古「行人」之官來設置外交工作的專職官員，想必與此有關

聯性。〔註121〕生動凝鍊的語言，絢爛曲折的情節，簡潔傳神的文筆，是《左傳》

流傳千古的原因之一。《左傳》對於蘇軾和蘇轍的影響較爲顯著，因爲這部書是

他們建構歷史知識的重要來源之一，也是「以史證經之褒貶」〔註122〕時的主要

依據。他們史論的敘事部分，兼具了《左傳》行文練達以及以對話生動紀錄語

言的特點，因此形成生動和凝鍊的美感。而《左傳》中以「君子曰」的形式所

呈現出的評論，則是直接影響了三蘇史論的歷史議論。

　　前人多指蘇氏之學出於「縱橫」，如朱熹《朱子語類・論文上》：「老蘇父

子，自史中《戰國策》得之。」〔註123〕章學誠在《文史通義・博約上》中說：

「蘇氏之學，出於縱橫。其所長者，揣摩事務，切實近於有用；而所憑以發

揮者，乃策論也。」〔註124〕這裡的「蘇氏」指的是蘇軾。章炳麟《國故論衡・

論式》〔註125〕稱：「蘇軾父子」立論皆本「縱橫」。

---

〔註119〕張方平：《樂全集・卷三十九・文安先生墓表》（景印文淵閣四庫全書，臺北：
　　　　臺灣商務印書館，1986 年 3 月），第 1104 冊，頁 487。

〔註120〕茅坤：《唐宋八大家文鈔・蘇老泉文鈔引》，收錄於《三蘇全書》第 6 冊，頁
　　　　294。

〔註121〕詳見本論文第五章第三節的討論。

〔註122〕詳見本論文第二章第二節的討論。

〔註123〕朱熹：《朱子語類・卷一三九・論文上》（臺北：正中書局，1973 年 12 月臺
　　　　三版），頁 5312。

〔註124〕章學誠：《文史通義・卷二・博約上》（臺北：廣文書局，1967 年 11 月），頁
　　　　23。

〔註125〕章炳麟：《國故論衡・論式》（臺北：廣文書局，1971 年 4 月再版），頁 122。

　　事實上，三蘇接受《戰國策》（縱橫家）的影響，主要是體現在文章的寫作風格上，劉師培的《論文雜記》就曾從文章風格著眼，稱蘇軾「以粲花之舌，運捭闔之詞，往復卷舒，一如意中所欲出」，以其文爲「縱橫家之文」。〔註126〕而蘇洵的史論行文筆鋒老辣，析理精微，縱橫博辯，常被評論爲具有縱橫之風。但蘇洵始終堅持將儒家仁義當作是根本和最終目的，而把遊說之術以及權謀機智等當作是手段，皆爲推行仁義服務，這就與戰國縱橫家有極大的不同。至於在思想方面，《戰國策》對於三蘇史論的最大影響，應該是啓發了三蘇對於「勢」的重視，使他們建立了具有特色的歷史觀念。〔註127〕

　　賈誼的政論兼具政治家的謀略、思想家的遠見和辭賦家的文采，多爲後世文人政治家關注、仰慕和仿效。蘇洵對於賈誼的仿效是明顯的，他自己曾「自比賈誼」，〔註128〕而張方平〈文安先生墓表〉中也記載張方平對蘇洵的看法是：

　　　　左丘明《國語》、司馬遷善敘事，賈誼之明王道，君兼之矣。〔註129〕

　　蘇軾和蘇轍也從賈誼的政論中受益匪淺，蘇轍曾說：「（蘇軾）少與轍皆師先君，初好賈誼、陸贄書，論古今治亂，不爲空言。」〔註130〕由他們的史論可看出，蘇軾和蘇轍效法了賈誼「以天下爲己任」的精神，因此在寫作史論時都追求「適於實用」。〔註131〕但是在個性上，蘇軾、蘇轍與賈誼是截然不同的。蘇軾批評賈誼是「志大而量小，才有餘而識不足」，〔註132〕而他自己則是豪邁曠達，個性張揚，能夠隨遇而安但不隨波逐流，從多方面實現了自己的人生價值。蘇轍的個性與蘇軾相比是較爲深穩恬靜，藏鋒不露，因而茅坤評之爲「冲和澹泊，遒逸疏宕」，〔註133〕蘇轍自己則說是：「子瞻之文奇，予文但穩耳」。〔註134〕所謂穩，就是立意平允，結構嚴謹，行文紆徐，語言淡雅。

---

〔註126〕劉師培：《論文雜記》（臺北：廣文書局，1970 年 10 月），頁 63。

〔註127〕詳見本論文第三章第二節的討論。

〔註128〕蘇洵：〈上韓樞密書〉，《嘉祐集卷十》，頁 97。

〔註129〕張方平：《樂全集・卷三十九・文安先生墓表》（景印文淵閣四庫全書，臺北：臺灣商務印書館，1986 年 3 月），第 1104 冊，頁 487。

〔註130〕蘇轍：〈亡兄子瞻端明墓誌銘〉，《蘇轍集・欒城後集卷二十二》，頁 1126。

〔註131〕詳見本論文第二章第一節的討論。

〔註132〕蘇軾：〈賈誼論〉，《蘇軾文集卷四》，頁 106。

〔註133〕茅坤：《唐宋八大家文鈔》卷一四五〈潁濱文鈔引〉，收錄於《三蘇全書》第 18 冊，頁 542。

〔註134〕劉熙載：《藝概・文概》（臺北：金楓出版社，1981 年 7 月），頁 48。

不過他早年的《進論》卻具有「氣象崢嶸，采色絢爛」〔註135〕的特色，有些篇章寫得甚至比蘇軾還要激烈和尖銳，與賈誼政論的氣質頗為類似，都呈現了因感情驅動所造成的氣勢。

---

〔註135〕蘇軾〈與二郎姪書〉曾說：「凡文字，少小時須令氣象崢嶸，采色絢爛，漸老漸熟，乃造平淡。其實不是平淡，絢爛之極也。汝只見爺伯而今平淡，一向只學此樣，何不取舊日應舉時文字看，高下抑揚，如龍蛇捉不住。」見趙令時：《侯鯖錄·卷八》（北京：中華書局，唐宋史料筆記叢刊，2002 年 9 月），頁 203。

# 第八章　結　論

　　蘇洵、蘇軾、蘇轍父子三人，由蘇洵開啓「以古爲師」的詮釋立場之後，蘇軾和蘇轍一脈相承，一生中都帶著對於歷史的強烈興趣，並且在北宋現實環境的支持、需求和限制下，寫作了大量的史論。三蘇的「史論」不但是精采的文學作品，更是探討三蘇蜀學之經學、史學、哲學、政治學、經濟學等各方面觀點的重要文本。

　　蘇氏父子三人的史論，在思想方面所呈現出的關係是：「一脈相承」、「各擅勝場」。他們對於「史論」應當「適於實用」的主張，以及實際上的創作表現，是一脈相承的。因此三蘇對於政治（包括財政經濟、軍事國防等方面）的看法，具有很高的同質性。不過，也許是因爲三人的興趣各有所偏，於是很自然地在探討「歷史文本」時，避開雷同，各有專長。蘇洵是偏重在《易》學思想和兵學思想方面的探討；蘇軾在《易》、《書》、《中庸》、《論語》方面，頗有心得；蘇轍則是對《詩》、《春秋》、《孟子》、《老子》、《史記》特別關注。因此筆者認爲應該將三蘇史論視爲一個整體來探討，可作爲三蘇蜀學思想體系的重要參照。

　　三蘇史論在文學表現方面所呈現出的關係則是：「同中有異」、「各有風貌」。雖然蘇氏父子三人所繼承的「文學範式」大致是相同的，但就如蘇轍所說：「文者，氣之所形」，「其氣充乎其中而溢乎其貌，動乎其言而見乎其文。」創作者先天的個性和後天的學習與「文氣」的形成，息息相關，因此三蘇的史論呈現出各自的特殊風貌：蘇洵的雄渾豪邁、蘇軾的恣肆明快、蘇轍的綿密穩重。這些作品，也使史論開展出多采多姿的樣貌。

　　三蘇寫作了「史論」，「史論」也成就了三蘇。總結本論文對於三蘇史論

的研究成果，可以獲得以下四點結論：

## 一、三蘇史論具有「博古宜今」的特色，是源自三蘇獨特的成學背景

三蘇獨特的成學背景，讓他們形成了「以古為師」、「廣博涉獵」、「務出己見」和「適於實用」四項共同的詮釋立場。在「以古為師」和「廣博涉獵」這兩方面，三蘇是自發性地閱讀歷史，並且對於歷史典籍、歷史人物、歷史制度等多方面的理解，因此他們的史論在取材方面具有「博古」的特色，兼具了全面性、系統性和嚴謹性。

「務出己見」和「適於實用」的自我要求，使他們在史論中運用了「具體性思維方式」〔註1〕和「脈絡性思維方式」。〔註2〕具體性思維方式是指從具體歷史情境出發來進行思考活動，也就是「即事以言理」。從具體而特殊的個別事物或經驗之中，抽離或歸納出普遍的抽象命題，而不是以純理論或抽象的推理來論述。三蘇的每一篇史論，都可以看到這種思維方式。「脈絡化思維方式」是將歷史現象置於具體而特殊的時空脈絡中，加以考察的一種思維習慣。又可分為兩種不同的狀況，一種是將歷史上的行為或者史實，放在歷史行為者當時的情境中，加以解讀。三蘇史論「假設性論證」的論證方法，就是這種思維的運用。第二種則是歷史的觀察者或解讀者，站在自己所處的時空環境脈絡，來解讀古人古事及其涵義。三蘇史論「宜今」特色的構成，正是因為這種思維方式的運用。

## 二、三蘇史論呈現出「重史」、「重人情」、「重通變」、「重調和」的特色，是源自三蘇對於「知識傳統」的吸收與創造

### （一）重　史

三蘇由「經」、「史」的傳統中，發展出獨特的「經史互證」觀。相較於理學諸儒「榮經陋史」的傾向，三蘇對於「史」的價值擁有比較正確的認識

---

〔註1〕　參考黃俊傑：〈中國古代儒家歷史思維的方法及其運用〉，楊儒賓‧黃俊傑編《中國古代思維方式探索》（臺北：正中書局，1996年11月臺初版），頁1～2。
〔註2〕　參考黃俊傑編：《歷史知識與歷史思考‧第三講：歷史思維的特質》（臺北：國立臺灣大學出版中心，2003年12月），頁41～45。

和運用。

　　蘇洵認為「經」、「史」都是為了表達「憂小人」之用意而書寫的「文詞」。「作文」的四個要素：「事」、「詞」、「道」、「法」，是經、史都具有的，只是各有長，「經」以「道、法」勝，「史」以「事、詞」勝。各有所長，也就是各有所偏，自然應該要互相補足才是。將「史」視為可以補「經」之不足，這就是提升了「史」的地位。此外，蘇轍曾經論述「史官」的作用，認為史官對於歷史的書寫，可以加強「天道」在「賞善罰惡」上的「歷時性」，這也是對於「歷史」價值的提升。

　　在「經史互證」的觀念之下，三蘇以史論書寫，落實「以史證經之褒貶」和「以經酌史之輕重」兩種詮釋的原則，因此產生了許多精闢的見解。總之，同時注重經與史的作用，使三蘇史論得以避免流於空洞的教條主義，把生動、豐富、具體的歷史演繹成抽象枯燥的哲學理論，也避免了只是呈現繁瑣的歷史現象和事例，看不出歷史必然性和規律性的困境。

## （二）重人情

　　三蘇由「重禮」的傳統，開展出重視「人情」的觀念，成為三蘇史論之人物論的出發點和評判標準。

　　三蘇認為「禮」與「人情」是互生互成的，因為人情的需要，所以聖人建立起禮的法度；又因為「禮」的建立，所以發揮了「安定人情」、「使人情回歸本性」的功效。蘇洵首先把「禮」作為貫穿六經的觀念，建立起「禮」與「機權」的關係，以之詮釋聖人創作六經的目的。重「禮」的觀念於是成為三蘇蜀學的基礎，並且反映在三蘇對於其他經傳的解釋上。更進一步，三蘇把「禮」與「政治」的關係聯繫起來，建議君主把「禮」當作「媒介」，讓君子學習禮之後，由禮上達「體道」；讓小人學習禮之後，獲得具體遵行的準則，慢慢提升自我的境界。因為「禮」是自我修養的準則，也是可長可久的執政原則。反過來說，既「破壞人倫關係」又「違反人情」的「惡法」，就成為三蘇極力批評的對象。

　　三蘇史論「重人情」的特色，表現在他們對於「人性」、「修養」、「人物心理」和「群己關係」的論述。因為通達人情，並且了解歷史的複雜性，使得三蘇在看待歷史人物時保持著寬容的心態，他們務實地承認人會受到自身的習氣、自然環境和人文環境的種種限制，對於無法超越限制而抑鬱以終的歷史人物，寄予同情。但他們又以超越的眼光，發揮史論應有的評論分析功

能，讓這些人物的經驗，成為後世的借鑑。最重要的一點是，三蘇堅持相信人具有「主觀能動性」，他們總是主張人要盡力做自己能做的，相信人的自我選擇和實踐，能夠影響到週遭環境，只要願意去做，就會帶來改變；只要持守原則，不斷追求，就可以達到「中庸」的理想境界。

## （三）重通變

　　三蘇由《周易》、賈誼的著作和兵家的主張中，吸收了「明勢」、「通變」的思想，發展出重視「歷史演變規律」的觀念。相信歷史的「必然性」，應該是三蘇史論之所以存在的基礎，而尋找「歷史演變的規律」，則是三蘇史論的目的。

　　「勢」包括了時勢、形勢、情勢、權勢、趨勢等概念，透過對於歷史的觀察，三蘇以大量史實的印證，承認了「勢」的客觀存在，因此蘇洵認為在試圖解決任何問題之前，必須先「審勢」，才有辦法對症下藥。蘇軾則善於歸納歷史演變規律，而且常常運用「歷代演變」的古今論證方式來書寫史論。而蘇轍的《古史》論贊中，會認為歷史上某些事情的結果並非來自人事的努力，而是「天命」、「時勢」所致，也表現出「重勢」的觀念。

　　不過，三蘇認為「外在客觀情勢」雖然對於事情的發展會有影響，但絕非唯一的條件，他們更強調人可以主動掌握時勢，只要人能夠做到「審其勢而應之以權」（因勢權變），「勢」就可以被改變。甚至是在情勢似乎演變到人力難以扭轉的狀況時，人還是可以有不得不然的相應措施，做到「順勢權變」。蘇洵的權變觀念最為明顯，他不但以權變解說六經，更是大力主張臣子對君主的勸諫，應當以「機智勇辯」的方法，來「濟其忠」。以良善的用意為前提，如果善用方法，可以提高事情的成效，為什麼要堅持不採用呢？這就是權變觀念的實踐。

　　「通變」的觀念，使得三蘇對於制度採取靈活變通的態度。他們明白人類社會並非停滯不前，當時間流轉而情勢隨之改變時，舊制度也可能僵化，不再符合當前需要，這時候當然要改變相關的作法，與時俱進，才能維持社會的生命力。只是他們主張的是「漸變」，因此對於王安石在國家各種制度上的激烈改革主張，一直都是持反對立場。而相較於司馬光在宋哲宗元祐年間，對於新法的一概廢止，蘇軾和蘇轍也是不表贊同的。

## （四）重調和

　　對於歷史人物和歷史制度的考察，讓三蘇明白過於偏頗會產生的問題。

表現得過於極端的人物，其影響力不會長久；過於極端的主張，往往也經不起時間的考驗。因此，極端的「不變」或極端的「變」，都受到三蘇反對。在歷史經驗主義的「變」和道德理想主義的「不變」之間，三蘇所採取的是調和的態度，發展出「懂得變通、不拘泥，但又有所持守」的處世觀念。

　　「調和」的可能性，來自於人的內心。人與其他萬物不同之處，在於人做出任何反應之前，會先經過「心」的思考，不像水或鏡子，是直接反射出物體的形象。因此三蘇認為人應該要「以一為內，以變為外」，以一個超越各種變化現象的準則，作為持守的依據，來因應外在萬物的變動。歷史之所以一再重演，就是因為人們看歷史的眼光不夠深遠，只見到變亂的表面現象，未看透真正的原因。三蘇論「調和」，並不是給予固定、僵化的規定，而是指出重要的趨勢和演變原則，讓人「因勢權變」，近於人情之可行，不過於高傲，也不過於躁進。

　　三蘇所舉出的調和原則，表現在許多方面，例如「義利調和論」，是個人私利和國家公義要如何調和的原則。三蘇主張追求「利義」和「義利」，就是要兼顧合乎全民利益的「義」行，以及在獲取利益時，仍舊保持合於「義」的行為。還有君主調和君、臣「上下之勢」的原則，是應該善用「威」來調和「弱政」，善用「惠」來來調和「強政」。至於中央與地方權力分配的原則，則是「內、外之勢」要調和。總之，三蘇對於「中庸」理想境界的嚮往以及落實在各範疇中的主張，都呈現出不固執、不極端，追求平衡與調和的特色。追求中庸的最終目的，是希望「使道長久」，「萬變而不可窮」。

　　「重調和」的觀念對於三蘇蜀學的學派特色來說，反映出的就是對於儒、道、釋各家思想的「會通」。在本體論方面，是以道、釋的本體論來整合儒學，為儒學提供形而上的本體論依據；在處理社會政治問題時，則是以儒學為本，也參考其他各家的主張，以求達到良好的實踐效果。

　　整體而言，因為三蘇對於知識傳統的吸收和創新，使得三蘇史論呈現出「重史」、「重人情」、「重通變」、「重調和」的各項特色，也使三蘇蜀學在整個宋學大背景上來說，無論是在「疑經」、「重理」，還是在「三教合一」的方法論上，都與宋學的主流「理學」有著明顯的不同。在疑經方面表現為「重變」；在重視對理的闡發時，發展出了「重情」、「重自然」的一面；在「三教合一」的方法論上，不是單向的吸收，而是多維的整合。

## 三、三蘇史論對於個人和國家的意義建構，呈現出歷史意識與現實態度密切結合的特色

### （一）對個人

人們的歷史思維活動，就根本而言，是要建立對自己的了解。藉著這個心靈活動，人可以了解自己的特質及自己在外在世界變化中的位置及方向。歷史思維活動的目的，不只在獲得更多及更真實的史料，也不只為了掌握各個個別事件更豐富的含意，而是人們對方向感的需求，希望知道自己從哪裡來？將往哪裡去？希望知道自己正在怎樣的一個有意義的發展過程中。

三蘇撰寫史論的目的，就是把歷史當作解決現實問題的參考，要尋找自己應有的走向，以及如何走下去的方法，或者是提供別人應該如何面對當前問題的建議。蘇洵在歷經數次科舉落榜之後，是靠著閱讀「古人之文」，尋找到在「出言用意」上自己可以遵循的方向。蘇軾和蘇轍在經歷貶官生涯的挫折時，是閱讀歷史幫助他們安頓自我惶惑不安的心靈，也是藉著經典著述和史論撰寫，使他們求用不得的心志得到紓解。歷史使得三蘇建立起對應於他者的自我維度，成為他們評判人物時的重要標準，成為他們與師友切磋討論的共同喜好之一，也成為他們在拓展生活空間時的重要參照點。

因為對於歷史的深刻觀察，使他們承認有一股推動歷史卻又非人力所能充分理解的力量存在，屬於「天道」、「天命」，也稱為「時勢」。這促使他們思考，何者屬於「天」的範圍？何者屬於「人」的範圍？要到什麼界線，才是人事所不能著力，而必待之天道？也許撰寫經傳注疏，留下精神遺產，應該屬於個人能著力的範圍，至於是否能被君主任用？是否有人接受他們的想法，這部分當屬天道範圍了。因此三蘇認為，一個人在面對「個人」的抉擇時，「時中」的原則在於「不違仁」；面對「國家」的抉擇時，「時中」的原則在於「利國利民」。只要原則正確，就可以在時勢變動中做出正確的抉擇，朝向「中庸」的境界邁進。

### （二）對國家

對於國家的現實問題提出解決方法，是三蘇寫作史論最主要的目的。三蘇在「求用」時期所寫的史論，都是針對仁宗朝的弊病而發，對於「冗官」、「冗兵」、「冗費」，以及「循默無為、隱忍保守」的施政方針多所建言。蘇軾、蘇轍在神宗熙寧年間的任官時期，史論的書寫都是針對新政而發，討論了各

樣制度的演變和施行方式。而他們在哲宗元祐年間的任官時期，因爲增加了擔任地方官或幕僚的經歷，使得所關注和觀察的範圍更加開闊，也因此能夠提出更符合實用的建議。

蘇軾曾經藉著擔任邇英殿侍讀的機會，爲哲宗進行「歷史教育」。他揀選歷史故事作爲教材，以夾敘夾議的方式，講述治亂興衰、邪正得失的緣由，讓少年皇帝樂於接受。三蘇對於君主的基本建議是「修德行」和「用法度」兩大原則，也針對「創建之君」和「守成之君」不同的需求，分別有所論述。

因爲宋代對於士大夫的重視，三蘇對於大臣有著「自尊自重」的建議，強調大臣要以國家爲重，絕不偏私個人；要守名節，又要有氣量；要有遠見，又要不居功。三蘇還特別注意到「吏胥」，指出了吏胥對於國家的重要性，並且以古今對照的方式，分析其利弊得失，呼籲君主要重視吏胥，拓展任用人才的廣度。

在「群己關係論」方面，三蘇除了注意到一般會論述的君臣關係和君民關係外，還因應北宋政治環境的需要，在「臣與臣關係」的論述上，有新的開展。「任用人才」的建議，是在君臣關係的論述中一再出現的。三蘇希望君主能夠「善識人情」，以之尋找人才，並使人才爲己所用。又希望君臣之間，具有親密、信任、同心合力的感情基礎。在君臣關係穩固時，大臣當然要自己所能地輔佐，不可辜負君主所託。但他們也勸告身爲大臣者，要培養「放得下」的智慧和氣度，才能在險惡的政治風暴中全身而退。「善用教化」的建議，是在君民關係的論述中一再出現的。三蘇認爲君主經營與人民的關係，一方面要以身作則，修養自己的德行；另一方面則是要安頓人民的生活，發揮教化的作用。

蘇軾對於「臣與臣關係」的論述，偏重於朋黨論，並且聚焦於君子、小人之辨。這樣的論述，明顯是對應了北宋新舊黨爭的現實。可惜的是，「君子小人之辨」的論述模式，容易使人陷入極端與排他性的陷阱。因爲缺少一個獨立的制衡力量，來打破宋朝大臣們的膠著，北宋新舊黨爭遂落入了「黨同伐異」的惡性循環中。

三蘇史論對於政治制度部分的意見，都是用歷史性的眼光論述政治制度，透過歷時性的比較之後，凸顯出宋朝所面對的問題所在，再引發對於解決方式的思考，將歷史知識轉化爲具有現實性的各項主張，以求「有用於當世」。包括正統論、封建論、賦稅、勞役、商業制度、兵制、國防、外交等各

方面的建議，都是這樣產生的。

## 四、三蘇史論不但繼承了文學傳統，並且為史論的表現力開創出 新的局面

在三蘇之前的史論書寫形式，就已經有《春秋》筆法、史書論贊體和「議論文體」史論等。《春秋》筆法自孔子之後，就很難再仿效，這是因為《春秋》筆法只是一種比較原始和簡陋的形式，它既限制了作史者生動活潑的敘述自由，又無法給作史者提供充分發表議論的評論機會。因此隨著歷史生活的內容日益豐富，歷史編纂的規模日益擴大以及歷史評論的需要日益加強，《春秋》筆法就顯得越來越不合時宜。「論贊」體史論書寫模式的建立，使作史者可以因事立論，於正文敘述之外，單獨地發表評論。雖然比較簡短，但是它可以讓作史者對所記敘的歷史事實進行綜合評價，使史家的歷史觀點、思想傾向和才識見解得到了較集中的表現。因此，史學研究者比較看重史書的論贊，以之研究史家的史識。但因為歷代史書中的論贊呈現出懸殊的批評水平，重複的意見時有可見，陳詞濫調屢見不鮮，所以也日漸式微了。

議論文體的史論起源於戰國，在諸子百家的運用、發展之下，形成了具有特色的散文傳統。三蘇對於這個傳統的繼承是顯而易見的，從他們的史論中，可以看出《孟子》、《莊子》、《荀子》、《左傳》、《戰國策》等文章所運用的散文寫作手法和美感特色。而西漢賈誼的史論，就是從歷史上政治得失、治亂興衰的記述和總結，來找出可作為統治者治國施政參考的經驗和教訓，也成為三蘇史論最直接的範式。三蘇史論對於史論書寫形式的開展，是在於他們把「論史」當作一切論述的基礎，因此無論是在策論、試論、奏議、策問、史評筆記，都可以看到他們的史論。也使得這些書寫形式與史論之間產生了新的交集，開拓了彼此的深度和表現力。

三蘇史論是使用「議論文體」寫作的，而且也把議論文體的特色發展到極致，表現出雄辯的效果和生動、凝鍊和氣勢等美感。「雄辯」的效果，主要是來自「論證方法」的使用。三蘇史論中對於「古」、「今」材料的安排和組織，具有多樣的變化，包括「歷代演變」、「古優今劣」的對比論證、「古與今同」的類比論證、「對比與類比合用」的論證和「假設性論證」，使得文章結構嚴謹，合乎邏輯，提高說服力。「生動」、「凝鍊」和「氣勢」則是來自各種藝術手法的靈活運用，使得史論不但能「說之以理」還能「動之以情」，除了

有更高的表現力，也具有更強的感染力。

　　總而言之，三蘇帶來了「史論」的「文學化」。三蘇的史論是文學家的史論，而非史學家或思想家或政治家的史論。三蘇史論所創造的，是「文學家史論」的高峰。

　　加達默爾認爲，在「詮釋」的意義生成過程中會呈現出「詮釋學循環」，其含義是：詮釋者的意識早已在歷史傳統的影響下，他當時的傳統觸動了他，引起他的研究興趣和方向，且在此興趣和方向下，詮釋其對象的意義。他再根據對象呈現出來的意義，回到自己的「前理解」中，刪除那些錯誤的成見，又再回到對象去。由這個循環所獲得的意義，僅是相應著詮釋者的研究興趣和方向。如果在別的興趣和方向上，對象卻又可以呈現別的意義。詮釋者並未窮盡對象的整體意義，他所理解的僅是對象的某一面相而已。而且，當詮釋者所理解的新意義降臨後，它會繼續流傳下去成爲新的傳統，新的傳統又成爲下一個詮釋的對象。每一次的詮釋學循環，都讓傳統增加新的意義，因此「詮釋學循環」可以無止盡地「向前邁進」。

　　筆者認爲，在「歷史文本」、「三蘇史論」和本論文（《三蘇史論研究》）之間，可說也具有這樣的「詮釋學循環」。如右圖所示，因爲受到中國「以史爲鑑」的史學傳統影響，史家會帶著自己的「前理解」，向他之前的歷史「提問」，留下了各式各樣的「歷史文本」。這些歷史文本，就是三蘇史論的詮釋對象。三蘇在寫作史論前，也是帶著自己的「前理解」，去閱讀「歷史文本」。並因著對於現實的關懷，向歷史提問，獲得了自己的見解，寫成史論。三蘇的這些史論，成爲筆者之《三蘇史論研究》的詮釋對象。筆者同樣是帶著自己的「前理解」，帶著自己的「提問」，去閱讀三蘇史論。又參照了各樣的歷史文本，以對三蘇史論進行理解、詮釋和意義建構。

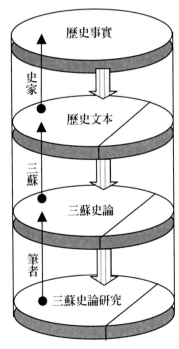

　　每一次的詮釋，都是有所繼承，也有所創新，詮釋的「循環」就這樣繼續地往前推進著。

# 參考書目

## 一、書　籍

### （一）三蘇著作

1. 蘇洵：《嘉祐集》，無錫孫氏小綠天藏影宋鈔本，四部叢刊初編縮本，臺北：臺灣商務印書館，1965 年 5 月。

2. 蘇軾著、郎曄注：《經進東坡文集事略》，烏程張氏南海潘氏合藏宋刊本，四部叢刊初編縮本，臺北：臺灣商務印書館，1965 年 5 月。

3. 蘇軾：《東坡集》，四部備要・集部，中華書局據匋齋校刊本校刊，臺北：臺灣中華書局，1965 年 11 月。

4. 蘇軾：《東坡後集》，四部備要・集部，中華書局據匋齋校刊本校刊，臺北：臺灣中華書局，1965 年 11 月。

5. 蘇軾：《東坡奏議集》，四部備要・集部，中華書局據匋齋校刊本校刊，臺北：臺灣中華書局，1965 年 11 月。

6. 蘇軾：《東坡應詔集》，四部備要・集部，中華書局據匋齋校刊本校刊，臺北：臺灣中華書局，1965 年 11 月。

7. 蘇軾：《東坡續集》，四部備要・集部，中華書局據匋齋校刊本校刊，臺北：臺灣中華書局，1965 年 11 月。

8. 蘇轍：《欒城集》，上海涵芬樓藏明活字本，四部叢刊初編縮本，臺北：臺灣商務印書館，1965 年 5 月；四部備要・集部，中華書局據明刻本校刊，臺北：臺灣中華書局，1965 年 11 月。

9. 蘇轍：《欒城後集》，上海涵芬樓藏明活字本，四部叢刊初編縮本，臺北：臺灣商務印書館，1965 年 5 月；四部備要・集部，中華書局據明刻本校刊，臺北：臺灣中華書局，1965 年 11 月。

10. 蘇轍：《欒城三集》，上海涵芬樓藏明活字本，四部叢刊初編縮本，臺北：臺灣商務印書館，1965 年 5 月；四部備要・集部，中華書局據明刻本校刊，臺北：臺灣中華書局，1965 年 11 月。

11. 蘇轍：《欒城應詔集》，上海涵芬樓藏影宋鈔本，四部叢刊初編縮本，臺北：臺灣商務印書館，1965 年 5 月；四部備要・集部，中華書局據明刻本校刊，臺北：臺灣中華書局，1965 年 11 月。

12. 蘇洵：《蘇洵集》（《嘉祐集》），臺北：河洛圖書出版社，1975 年 10 月臺景印初版。

13. 孔凡禮點校：《蘇軾文集》，北京：中華書局，1986 年 3 月第一版，1990 年 4 月二刷。

14. 陳宏天、高秀芳點校：《蘇轍集》，北京：中華書局，1990 年 8 月第一版，2004 年 5 月三刷。

15. 曾棗莊、舒大剛主編：《三蘇全書》，北京：語文出版社，2001 年 11 月初版一刷。

## （二）古籍文獻

### ◎經　部

1. 《周易正義》，《十三經注疏》，臺北：藝文印書館，1997 年 8 月初版十三刷。

2. 左丘明：《左傳》，《左傳會箋》，臺北：明達出版社，1986 年 10 月。

3. 《春秋公羊傳注疏》，《十三經注疏》，臺北：藝文印書館，1997 年 8 月初版十三刷。

4. 《論語集注》，《四書章句集注》，臺北：學海出版社，1991 年 3 月。

5. 《孟子集注》，《四書章句集注》，臺北：學海出版社，1991 年 3 月。

### ◎史　部

1. 司馬遷：《史記》，《史記會注考證》，臺北：洪氏出版社，1986 年 9 月。

2. 班固：《漢書》，《新校本漢書并附編二種》，臺北：鼎文書局，1983 年。

3. 范曄：《後漢書》，《新校本後漢書并附編十三種》，臺北：鼎文書局，1987 年。

4. 房玄齡等《晉書》，《新校本晉書并附編六種》，臺北：鼎文書局，1982 年 11 月四版。

5. 沈約：《宋書》，《新校本宋書附索引》，臺北：鼎文書局，1990 年 7 月六版。

6. 魏徵等：《隋書》，《新校本隋書附索引》，臺北：鼎文書局，1990 年 7 月六版。

7. 劉昫等：《舊唐書》，《新校本舊唐書附索引》，臺北：鼎文書局，1989 年 12 月五版。

8. 王溥：《唐會要》，王雲五主編：《國學基本叢書四百種》，臺北：臺灣商務印書館，1968 年 12 月臺一版。

9. 脫脫等：《宋史》，《新校本宋史并附編三種》，臺北：鼎文書局，1987 年。

10. 李燾：《續資治通鑑長編》，臺北：世界書局，1961 年 11 月。

11. 楊仲良：《皇宋通鑑長編紀事本末》，《宛委別藏》，臺北：臺灣商務印書館，1981 年 10 月。

12. 劉向編：《戰國策》，士禮居黃氏覆剡川姚氏本，臺北：臺灣中華書局，1990 年 9 月臺五版。

13. 劉知幾：《史通》，浦起龍釋：《史通通釋》，臺北：九思出版有限公司，1978 年 10 月。

14. 章學誠：《文史通義》，臺北：國史研究室，1973 年 4 月。

15. 趙翼：《二十二史劄記》，王雲五主編：《國學基本叢書四百種》，臺北：臺灣商務印書館，1968 年 12 月臺一版。

## ◎子　部

1. 《荀子集解》，臺北：世界書局，1978 年 10 月。

2. 陳啟天：《孫子兵法校釋》，臺北：中華書局，1952 年 7 月臺一版。

3. 《韓非子集解》，板橋：藝文出版社，1974 年。

4. 《墨子》，孫詒讓：《墨子閒詁》，臺北：世界書局，1962 年 4 月。

5. 《莊子集解》，臺北：東大圖書股份有限公司，2004 年 10 月五版一刷。

6. 劉邵：《人物志》，四部叢刊正編・子部，臺北：臺灣商務印書館，1979 年 11 月臺一版。

7. 趙蕤：《長短經》，臺北：中國子學名著集成編印基金會，1978 年 12 月。

8. 朱熹：《朱子語類》，臺北：正中書局，1973 年 12 月臺三版。

9. 黃宗羲：《宋元學案》，臺北：華世出版社，1987 年台一版。

## ◎集　部

1. 柳宗元：《柳河東集》，王雲五主編：《國學基本叢書四百種》，臺北：臺灣商務印書館，1968 年 9 月臺一版。

2. 張方平：《樂全集》，《景印文淵閣四庫全書》第 1104 冊，臺北：臺灣商務印書館，1986 年 3 月。

3. 司馬光：《溫國文正司馬文集》，四部叢刊正編・集部，臺北：臺灣商務印書館，1979 年 11 月臺一版。

4. 歐陽修：《歐陽修全集》，臺北：華正書局，1975 年 4 月。

5. 王安石：《臨川先生文集》，四部叢刊正編‧集部，臺北：臺灣商務印書館，1979 年 11 月臺一版。

6. 秦觀：《淮海集》，四部叢刊正編‧集部，臺北：臺灣商務印書館，1979 年 11 月臺一版。

7. 蕭統編、李善注：《文選》，臺北：華正書局，1995 年 10 月。

8. 劉勰著、范文瀾註：《文心雕龍》，香港：商務印書館，1995 年 3 月第一版十刷。

9. 許顗：《許彥周詩話》，王雲五主編：《叢書集成初編》，上海：上海商務印書館，1939 年 12 月。

10. 邵博：《邵氏聞見後錄》，《唐宋史料筆記叢刊》，北京：中華書局，1997 年。

11. 趙令畤：《侯鯖錄》，《唐宋史料筆記叢刊》，北京：中華書局，2002 年 9 月。

12. 吳納：《文章辨體序說》、徐師曾：《文體明辨序說》，臺北：泰順書局，1973 年 9 月。

13. 嚴可均編：《全上古三代秦漢三國六朝文》，臺北：世界書局，1961 年 3 月。

14. 劉熙載：《藝概》，臺北：金楓出版社，1981 年 7 月。

## （三）三蘇研究類

1. 孔凡禮：《蘇軾年譜》，北京：中華書局，1998 年 2 月。

2. 王水照：《蘇試論稿》，臺北：萬卷樓圖書有限公司，1994 年 12 月。

3. 四川省眉山三蘇博物館、四川師範大學學報編輯部編：《三蘇散論：紀念蘇東坡誕辰九百五十周年》，四川師範大學學報叢刊（第十三輯），1987 年 9 月。

4. 李一冰：《蘇東坡新傳》，臺北：聯經出版社，1985 年 7 月三版。

5. 胡昭曦、劉復生、粟品孝著：《宋代蜀學研究》，成都：巴蜀書社，1997 年 3 月。

6. 唐玲玲、周偉民：《蘇軾思想研究》，臺北：文史哲出版社，1996 年 2 月。

7. 徐月芳：《蘇軾奏議書牘研究》，臺北縣：天工書局，2002 年 5 月。

8. 祝尚書：《宋代巴蜀文學通論》，成都：巴蜀書社，2005 年 6 月。

9. 涂美雲：《朱熹論三蘇之學》，臺北：秀威資訊科技，2005 年 9 月 BOD 一版。

10. 陳正雄：《蘇轍學術思想述評》，臺北：文史哲出版社，2000 年 12 月。

11. 陳雄勳：《三蘇及其散文之研究》，臺北：文史哲出版社，1992 年 11 月。

12. 曾棗莊、舒大剛：《北宋文學家年譜》，臺北：文津出版社，1999 年 6 月。

13. 曾棗莊：《三蘇傳——理想與現實》，臺北：學海出版社，1996 年 6 月。

14. 曾棗莊：《蘇轍評傳》，臺北：五南圖書出版有限公司，1995 年 6 月。

15. 謝佩芬：《蘇軾心靈圖象——以「清」爲主之文學觀研究》，臺北：文津出版社，2005 年 3 月一刷。

## （四）史學類

1. 王曉衛、楊林書：《建軍護邦——歷代兵制》，臺北：萬卷樓圖書有限公司，2001 年 1 月。

2. 安國樓：《宋朝周邊民族政策研究》，臺北：文津出版社，1997 年 8 月。

3. 吳光明：《歷史與思考》，臺北：聯經出版事業公司，1991 年 9 月。

4. 吳慧：《中國商業政策史》，臺北：文津出版社，1995 年 12 月。

5. 宋昌斌：《中國古代戶籍制度史稿》，西安：三秦出版社，1991 年 1 月。

6. 李新霖：《春秋公羊傳要義》，臺北：文津出版社，1989 年 5 月。

7. 杜維運、黃進興同編：《中國史學史論文選集》，臺北：華世出版社，1976 年。

8. 杜維運：《中國史學史》，臺北：三民書局，1993 年 11 月。

9. 杜維運：《清代史學與史家》，臺北：東大圖書有限公司，1984 年 8 月。

10. 沈松勤：《北宋文人與黨爭——中國士大夫群體研究之一》，北京：人民出版社，1998 年 12 月。

11. 周湘斌、趙海琦：《中國宋遼金夏思想史》，史仲文、胡曉林主編：《中國全史》（全一百冊），北京：人民出版社，1994 年 4 月。

12. 姜錫東：《宋代商人和商業資本》，北京：中華書局，2002 年 12 月。

13. 胡昌智：《歷史意識與社會變遷》，臺北：聯經出版公司，1988 年 12 月。

14. 張分田、蕭延中：《中華文化通志・學術典・政治學志》，上海：上海人民出版社，1998 年 10 月。

15. 張守軍：《中國古代的賦稅與勞役》，北京：商務印書館，1998 年 12 月。

16. 張其凡：《宋初政治探析》，廣州：暨南大學出版社，1995 年 10 月。

17. 梁啓超：《中國歷史研究法》，臺北：里仁書局，2000 年 8 月 29 日初版五刷。

18. 陳桐生：《中國史官文化與史記》，臺北：文津出版社，1993 年 11 月。

19. 陳學霖：《宋史論集》，臺北：東大出版社，1993 年 1 月。

20. 陶晉生：《宋遼關係史研究》，臺北：聯經出版事業公司，1984 年 7 月。

21. 章炳麟：《國故論衡》，臺北：廣文書局，1971 年 4 月再版。

22. 章炳麟：《國學略說》，高雄：復文圖書出版社，1984 年 11 月。

23. 喬衛平：《中國宋遼金夏教育史》，史仲文、胡曉林主編：《中國全史》（全一百冊），北京：人民出版社，1994 年 4 月。

24. 黃俊傑編：《歷史知識與歷史思考》，臺北：國立臺灣大學出版中心，2003 年 12 月初版。

25. 楊寬：《戰國史——1997 增訂版》，臺北：臺灣商務印書館，1997 年 10 月初版二刷。

26. 葉坦：《大變法：宋神宗與十一世紀的改革運動》，北京：生活・讀書・新知三聯書店，1996 年 4 月。

27. 廖隆盛：《國策貿易戰爭——北宋與遼夏關係研究》，臺北：萬卷樓圖書股份有限公司，2002 年 10 月。

28. 趙紹銘：《中國宋遼金夏政治史》，史仲文、胡曉林主編：《中國全史》（全一百冊），北京：人民出版社，1994 年 4 月。

29. 趙靖：《中華文化通志・學術典・經濟學志》，上海：上海人民出版社，1998 年 10 月。

30. 劉佛丁、李一翔、張東剛、王玉茹：《中華文化通志・制度文化典・工商制度志》，上海：上海人民出版社，1998 年 10 月。

31. 劉道元：《兩宋田賦制度》，臺北：食貨出版社，1978 年 12 月臺灣再版。

32. 劉慶、毛元佑：《中國宋遼金夏軍事史》，史仲文、胡曉林主編：《中國全史》（全一百冊），北京：人民出版社，1994 年 4 月。

33. 諸葛憶兵：《宋代文史考論》，北京：中華書局，2002 年 11 月。

34. 魯亦冬：《中國宋遼金夏經濟史》，史仲文、胡曉林主編：《中國全史》（全一百冊），北京：人民出版社，1994 年 4 月。

35. 韓震、孟鳴歧：《歷史・理解・意義——歷史詮釋學》，上海：上海譯文出版社，2002 年 3 月。

36. 瞿林東：《中國史學史史綱》，臺北：五南出版社，2002 年 9 月。

37. 龐樸主編、瞿林東撰：《中華文化通志・學術典・史學志》，上海：上海人民出版社，1998 年 10 月。

38. 羅家祥：《北宋黨爭研究》，臺北：文津出版社，1993 年 11 月。

## （五）文學類

1. 吳承學：《中國古代文體形態研究》，廣州：中山大學出版社，2000 年 9 月。

2. 李建盛：《理解事件與文本意義——文學詮釋學》，上海：上海譯文出版社，2002 年 3 月。

3. 沈謙：《修辭方法析論》，臺北：宏翰文化事業有限公司，1992 年 3 月。

4. 茅盾：《茅盾古典文學論文集》，上海：上海古籍出版社，1986 年 12 月。

5. 崔際銀：《唐宋八大家新論》，北京：中國文聯出版社，1999 年 9 月。

6. 張高評：《左傳之文學價值》，臺北：文史哲出版社，1982 年 10 月。

7. 張高評：《左傳之文韜》，高雄：麗文文化事業股份有限公司，1994 年 10 月。

8. 張榮輝：《中國文體通論》，高雄：高職叢書出版社，1977 年 7 月。

9. 許鋼：《詠史詩與中國泛歷史主義》，臺北：水牛圖書出版公司，1997 年 8 月。

10. 陳必祥：《古代散文文體概論》，臺北：文史哲出版社，1997 年 10 月初版三刷。

11. 陳柱：《中國散文史》，臺北：臺灣商務印書館，1965 年。

12. 章正、馬勝利、陳原：《中國宋遼金夏文學史》，史仲文、胡曉林主編：《中國全史》（全一百冊），北京：人民出版社，1994 年 4 月。

13. 曾棗莊、李凱、彭君華編：《宋文紀事》，成都：四川大學出版社，1995 年。

14. 馮永敏：《散文鑑賞藝術探微》，臺北：文史哲出版社，1998 年 2 月。

15. 褚斌杰：《中國古代文體學》，臺北：臺灣學生書局，1995 年 4 月修訂增補版一刷。

16. 劉師培：《論文雜記》，臺北：廣文書局，1970 年 10 月。

17. 蕭慶偉：《北宋新舊黨爭與文學》，北京：人民文學出版社，2001 年 6 月。

## （六）思想類

1. 海德格爾著；王慶節、陳嘉映譯：《存在與時間》，北京：生活·讀書·新知三聯書店，1987 年。

2. 伽達默爾著；夏鎮平、宋建平譯：《哲學解釋學》，上海：上海譯文出版社，1995 年。

3. 伽達默爾著；洪漢鼎譯：《真理與方法》，上海：上海譯文出版社，1999 年。

4. 李澤厚：《美的歷程》，板橋：蒲公英出版社，1986 年 8 月。

5. 張松禮：《人性論》，臺北：幼獅文化，1976 年 10 月。

6. 陳榮華：《葛達瑪詮釋學與中國哲學的詮釋》，臺北：明文書局，1998 年 3 月。

7. 楊慧傑：《天人關係論——中國文化一個基本特徵的探討》，臺北：大林出版社，1981 年 1 月。

8. 楊儒賓、黃俊傑編：《中國古代思維方式探索》，臺北：正中書局，民 85 年 11 月臺初版。

9. 劉耘華：《詮釋學與先秦儒家之意義生成——《論語》、《孟子》、《荀子》對古代傳統的解釋》，上海：上海譯文出版社，2002 年 3 月。

10. 盧瑞容：《中國古代「相對關係」思維探討——「勢」「和」「權」「屈曲」概念溯源分析》，臺北：商鼎文化出版社，2004 年 6 月 15 日。

## 二、單篇論文

### （一）三蘇研究類

1. 方素真：〈從〈辨奸論〉解讀《嘉祐集》與《臨川集》的情志世界——解析蘇老泉論人的感性向度〉，台南：《遠東學報》第十九期，2001 年 9 月，頁 263～271。

2. 王雲飛：〈蘇軾史學思想述論〉，開封：《史學月刊》1996 年第 6 期，頁 45～48。

3. 王慧：〈蘇轍在濟南〉，成都：《文史雜志》2003 年第 6 期，頁 26～29。

4. 王瑩：〈聖人之道始於人情——論蘇軾的儒學思想〉，北京：《中國哲學史》2003 年第 3 期，頁 75～80。

5. 白清：〈論蘇軾早期的散文創作思想〉，西安：《西安外國語學院學報（哲學社會科學版）》第 4 卷，1996 年第 2 期（總第 8 期），頁 58～63。

6. 朱根：〈蘇洵散文與「縱橫」之風〉，滄州：《滄州師範專科學校學報》第 21 卷第 3 期，2005 年 9 月，頁 22～23。

7. 朱靖華：〈重評《三蘇全書》〉，黃岡：《黃岡師範學院學報》第 26 卷第 1 期，2006 年 2 月，頁 1～5+29。

8. 何玉蘭：〈略論蘇洵、蘇軾史論散文的藝術特色及價值〉，樂山：《樂山師範學院學報》第 21 卷第 2 期，2006 年 2 月，頁 4～9。

9. 冷成金：〈試論「三蘇」蜀學的思想特徵〉，福州：《福建論壇（人文社會科學版）》2002 年第 3 期，頁 71～77。

10. 李山：〈蘇軾熙寧科制變革時的議論〉，太原：《山西大學學報（哲學社會科學版）》第 27 卷第 2 期，2004 年 3 月，頁 83～87。

11. 李冬梅：〈洋洋鉅制巍巍豐碑——讀《三蘇全書》〉，成都：《四川大學學報（哲學社會科學版）》2002 年第 1 期（總第 118 期），頁 117～118。

12. 李冬梅：〈蘇轍研究綜述〉，許昌：《許昌師專學報》第 21 卷第 3 期，頁 111～114。

13. 李希運：〈三蘇與北宋進士科舉改革〉，濟南：《山東大學學報（哲學社會科學版）》1999 年第 2 期，頁 19～22。

14. 李青：〈蘇軾議論文的寫作特色〉，北京：《中國古代近代文學研究》1985年第 13 期。

15. 李俊清：〈蘇轍役法主張述評〉，太原：《晉陽學刊》1988 年第 2 期，頁 53～57。

16. 李悅現、鄧念宗：〈雷簡夫與「三蘇」〉，濟南：《文史哲》1990 年第 2 期，頁 33～34。

17. 李凱：〈蘇洵文藝思想散論〉，內江：《內江師專學報（社會科學版）》1996年第 1 號，頁 48～54。

18. 卓伯翰：〈蘇洵散文特色之研究〉，臺北：《東吳中文研究集刊》第九期，2002 年 9 月，頁 257～281。

19. 周國林：〈評蘇軾的人物史論〉，長沙：《長沙電力學院學報（社會科學版）》第 16 卷第 2 期，2001 年 5 月，頁 91。

20. 周楚漢：〈蘇洵文章論〉，長沙：《中國文學研究》1997 年第 3 期，頁 38～42。

21. 周楚漢：〈蘇轍文章論〉，長沙：《長沙大學學報》第 1 期，1998 年 3 月，頁 33～36。

22. 林秀珍：〈蘇轍崇道思想及其文論〉，臺北：《人文及社會學科教學通訊》十三卷一期，頁 162～175。

23. 洪本健：〈蘇洵蘇轍散文創作比較論〉，南京：《江海學刊》1996 年第 4 期，頁 162～166。

24. 唐驥：〈浩然之氣，一以貫之——蘇轍散文特色略論〉，長沙：《求索》1997年第 5 期，頁 101～104。

25. 孫虹：〈論蘇轍和他的散文〉，無錫：《江南學院學報》第 14 卷第 1 期，1999年，頁 64～68。

26. 郝明工：〈蘇氏蜀學之經學考察〉，成都：《成都大學學報（社科版）》1998年第 3 期，頁 43～47。

27. 郝桂敏：〈歐陽修與蘇轍《詩》學研究比較論〉，瀋陽：《遼寧大學學報（哲學社會科學版）》第 29 卷第 3 期，2001 年 5 月，頁 10～12。

28. 馬斗成、李希運：〈眉山蘇氏家族教育探析——以三蘇時代為中心〉，長春：《史學集刊》1998 年第 3 期，頁 66～72。

29. 馬斗成：〈三蘇與諸葛亮〉，天津：《歷史教學》2004 年第 4 期（總 485 期），頁 71～74。

30. 高克勤：〈蘇洵的「長議論」與「好權術」〉，蘇州：《蘇州大學學報（哲學社會科學版）》1998 年第 2 期，頁 44～55。

31. 高煒：〈是借古喻今，還是借古諷今——對蘇洵〈六國論〉寫作意圖和藝術特色的探討〉，延安：《延安教育學院學報》第 19 卷第 1 期，2005 年 3

月，頁 38～39+73。

32. 張大聯、汪佑民：〈隨意驅遣，姿態橫生——試論蘇軾散文的結構方法與布局安排〉，湘潭：《湘潭師範學院學報（社會科學版）》第 28 卷第 1 期，2006 年 1 月，頁 81～83。

33. 張玉璞：〈縱橫上下，出入馳騁——論蘇洵的散文藝術〉，棗莊：《棗莊師專學報》1997 年第 1 期，頁 12～15+37。

34. 張進：〈蘇試論為學之道〉，西安：《唐都學刊》第 3 期第 18 卷（總 73 期），2002 年，頁 75～79。

35. 張顯生：〈謫瓊三載，遺澤千秋——蘇東坡貶瓊三年的思想和功業〉，五指山：《瓊州大學學報（綜合版）》1994 年第 1 期，頁 62～66+83。

36. 許外芳：〈博觀約取，厚積薄發——蘇軾的文學積學論〉，長沙：《長沙理工大學學報（社會科學版）》第 20 卷第 2 期，2005 年 6 月，頁 102～105。

37. 許吟雪、許孟青：〈試論蘇軾的名實思想〉，成都：《西南民族學院學報（哲學社會科學版）》總 22 卷第 7 期，2001 年 7 月，頁 185～189。

38. 陳秉貞：〈莊子藝術精神與蘇軾的書法創作思想〉，臺北：《人文與社會學科教學通訊》第 11 卷第 2 期（總第 62 期），2000 年 8 月，頁 171～186。

39. 陳秉貞：〈蘇轍《歷代論》的歷史詮釋與意義建構〉，臺北：《人文及社會學科教學通訊》第 13 卷第 6 期，2003 年 4 月，頁 187～206。

40. 陳致宏：〈蘇洵「六經論」次第與經學思想探析〉，臺北：《孔孟月刊》37 卷 3 期，1998 年 11 月，頁 25～34。

41. 曾棗莊：〈三蘇合著《南行集》初探〉，北京：《中國古代、近代文學研究》1984 年第 1 期，頁 101～108。

42. 曾棗莊：〈蘇轍的文藝思想〉，北京：《中國古代、近代文學研究》1986 年第 4 期，頁 146～152。

43. 曾棗莊：〈蘇轍對北宋文學的貢獻〉，北京：《中國古代、近代文學研究》1985 年第 6 期，頁 25～32。

44. 楊雋：〈從「養氣」說看蘇轍的文藝思想〉，北京：《中國古代、近代文學研究》1989 年第 6 期，頁 298～304。

45. 熊憲光：〈蘇洵與「縱橫」〉，重慶：《西南師範大學學報（人文社會科學版）》第 28 卷第 3 期，2002 年 5 月，頁 148～150。

46. 劉乃昌：〈蘇洵、蘇轍文學簡評〉，北京：《中國古代、近代文學研究》1985 年第 23 期，頁 134～140。

47. 劉宗祥：〈蘇洵《六國論》白璧之瑕〉，合肥：《安徽廣播電視大學學報》2000 年第 2 期，頁 70～71。

48. 謝建忠：〈蘇軾《東坡易傳》考論〉，北京：《文學遺產》2000 年第 6 期，頁 30～36。

49. 顧永新：〈蘇轍佚文兩篇疏證〉，南昌：《江西社會科學》2004 年第 7 期，頁 33～38。

## （二）史學類

1. 王天順：〈試論宋代史學的政治功利主義〉，鄭州：《中州學刊》1997 年第 1 期，頁 135～140。

2. 王德毅：〈中國史學史的研究與展望——宋代篇〉，臺北：《臺大歷史學報》第 20 期，1996 年 11 月，頁 485～499。

3. 王德毅：〈宋代史家的唐史學〉，臺北：《文史哲學報》第 50 期，1999 年 6 月，頁 5～21。

4. 王德毅：〈宋代史學的特質及其影響〉，臺北：《臺大歷史學報》第 23 期，1999 年 6 月，頁 349～374。

5. 王曉清：〈宋元史學的正統之辨〉，鄭州：《中州學刊》1994 年第 6 期，頁 97～102。

6. 代繼華：〈《論語》歷史評論思想發微〉，重慶：《重慶師院學報（哲社版）》1996 年第 2 期，頁 84～89。

7. 代繼華：〈中國古代史論思想評析〉，廣州：《華南師範大學學報（社會科學版）》1999 年第 4 期，頁 112～121。

8. 吳少珉、張京華：〈《左傳》史論與孔子史學〉，洛陽：《洛陽大學學報》第 16 卷第 3 期，2001 年 9 月，頁 6～12。

9. 宋馥香：〈賈誼史論對司馬遷史學的影響〉，北京：《史學理論研究》2003 年第 3 期，頁 66～73。

10. 李弘祺：〈傳統中國的歷史教育——以宋代爲中心〉，臺北：《國際歷史教育研討會論文集》，1985 年，頁 97～117。

11. 房鑫亮：〈評《資治通鑑》的史論〉，《華東師範大學學報（哲學社會科學版）》1994 年第 2 期，頁 61～63。

12. 姜濟爲：〈走出「歷史不能假設」的藩籬〉，北京：《史學理論研究》2003 年第 1 期，頁 124～126。

13. 孫立堯：〈「史者儒之一端」試解——兼論司馬光、范祖禹的史論〉，南京：《南京大學學報（哲學·人文科學·社會科學）》2003 年第 2 期，第 40 卷（總 152 期），頁 137～144。

14. 張子俠：〈品評歷史人物的理論與方法〉，開封：《史學月刊》2004 年第 9 期，頁 18～20。

15. 張文生：〈認識人類歷史活動的新視角——心理史學評估〉，呼和浩特：《內蒙古師大學報（哲學社會科學版）》1995 年第 4 期，頁 81～86。

16. 張秋升：〈陸賈的歷史意識及其文化意義〉，曲阜：《齊魯學刊》1997 年第

5 期，頁 66～72。

17. 曹顯征：〈論史評與史考文體的形成及其特點〉，呼和浩特：《內蒙古社會科學》1996 年第 6 期，頁 42～46。

18. 陳以鑑：〈略論賈誼的歷史鑒戒思想〉，鹽城：《鹽城師範學院學報（人文社會科學版）》第 24 卷第 4 期，2004 年 11 月，頁 46～50。

19. 陳其泰：〈漢初史論的時代色彩和主要成就〉，北京：《北京師範大學學報》1983 年第 6 期，頁 51～58。

20. 陳峰：〈宋代科舉考試制度〉，天津：《歷史教學》1998 年第 1 期，頁 49～50。

21. 陳啓雲文，高專誠譯：〈中國古代歷史意識中的人與時〉，廣州：《開放時代》2002 年第 3 期，頁 51～66。

22. 陳潤葉：〈評王安石的史論〉，北京：《史學史研究》1993 年第 3 期，頁 62～67+73。

23. 程水金：〈西周末年的鑒古思潮與今文《尚書》的流傳背景——兼論《尚書》的思想意蘊〉，臺北：《漢學研究》第 19 卷第 1 期，2001 年 6 月，頁 23～45。

24. 程兆奇：〈「君子以同道爲朋，小人以同利爲朋」？——以元祐兩案看宋代朋黨及其對世風的戕害〉，上海：《上海社會科學院學術季刊》2002 年第 1 期，頁 158～165。

25. 馮萬里：〈《史記》中「太史公曰」史評形式初探〉，綏化：《綏化師專學報》第 24 卷第 3 期，2004 年 7 月，頁 64～69。

26. 黃秀坤：〈宋代《史記》人物史評與詩評之比較舉隅〉，吉林：《北華大學學報（社會科學版）》第 1 卷第 3 期，2000 年 9 月，頁 38～40。

27. 楊昆：〈宋眞宗與北宋興衰〉，哈爾濱：《北方論叢》2005 年第 5 期（總第 193 期），頁 95～98。

28. 雷平：〈在「道」與「勢」之間的抉擇——關於中國古代士人處世原則的讀史札記〉，武漢：《湖北大學成人教育學院學報》第 23 卷第 2 期，2005 年 4 月，頁 9～11。

29. 齊虎田：〈試論歷史思維的方式與特徵〉，忻州：《忻州師範學院學報》第 19 卷第 3 期，2003 年 6 月，頁 61～65。

30. 劉復生：〈說北宋中期儒學嬗變與史學的變化〉，北京：《史學史研究》1993 年第 2 期，頁 50～56。

31. 鄧鴻光：〈史學評論的內容〉，北京：《史學理論研究》2000 年 2 期，頁 15～21。

32. 蕭振宇：〈《史記》論贊議論特點淺議〉，張家口：《張家口師專學報》第 19 卷第 5 期，2003 年 10 月，頁 1～4。

33. 戴承元:〈試論《三國演義》在「天命」和「人事」之間的兩難抉擇〉,安康:《安康師專學報(綜合版)》1997 年第 2 期(總第 18 期),頁 24～28。

34. 韓震:〈歷史的詮釋性〉,杭州:《杭州師範學院學報》2002 年第 3 期,2002 年 5 月,頁 12～15+60。

35. 瞿林東:〈史論的藝術——關於歷史評論的評論〉,《文史知識》1991 年第 10 期,頁 63～68+125。

## (三)文學類

1. 牛殿慶、周采霞:〈文學作品的議論與議論文章的議論區別何在〉,齊齊哈爾:《蒲峪學刊》1996 年第 3 期,頁 22～24。

2. 汪受寬:〈《左傳》在歷史文學上的兩大特色〉,北京:《史學史研究》1996 年第 1 期,頁 32～37。

3. 李炳海:〈高山瀑布峽谷激流——論賈誼、賈山政論文的氣勢〉,長沙:《中國文學研究》1999 年第 3 期,頁 34～37。

4. 李晶:〈論中國古代文學中的「勢」〉,岳陽:《雲夢學刊》第 26 卷第 2 期,2005 年 3 月,頁 76～80。

5. 朋星:〈試論《荀子》的寫作模式〉,淄博:《管子學刊》1997 年第 4 期,頁 29～34。

6. 邱冬玎:〈賈誼散文風格論〉,南充:《西華師範大學學報(哲社版)》2004 年第 4 期,60～63。

7. 姚愛民:〈議論文中議論語言的文學化淺論〉,武漢:《語文教學與研究》2006 年第 16 期,頁 12～13。

8. 胡如虹:〈論《戰國策》的語言藝術〉,湘潭:《湘潭大學學報(哲學社會科學版)》第 23 卷,1999 年第 1 期,頁 60～62。

9. 凌晨光:〈歷史與文學——論新歷史主義文學批評〉,南京:《江海學刊》2001 年第 1 期,頁 173～177。

10. 徐柏青:〈《左傳》文學成就論〉,黃石:《湖北師範學院學報(哲學社會科學)》第 19 卷第 1 期,1999 年 1 月,頁 1～4。

11. 祝尚書:〈南宋古文評點緣起發覆——兼論古文評點的文章學意義〉,成都:《四川大學學報(哲學社會科學版)》2005 年第 4 期(總第 139 期),頁 74～82。

12. 崔春澤、徐鳳敏:〈文學作品中的議論之我見〉,佳木斯:《佳木斯大學社會科學學報》第 21 卷第 4 期,2003 年 8 月,頁 50～51。

13. 郭預衡:〈北宋文章的兩個特徵〉,北京:《中國古代、近代文學研究》1985 年第 19 期,頁 136～146。

14. 章明壽:〈談古代論說文〉,淮安:《淮陰師範學院學報》第 21 卷第 6 期(總

第 87 期），1999 年，頁 93～95。

15. 曾祥波：〈論北宋前期詩文的議論風氣〉，北京：《中國青年政治學院學報》2005 年第 4 期，頁 106～110。

16. 程保生：〈《戰國策》語言藝術探析〉，鄭州：《河南廣播電視大學》1998 年第 2 期，頁 11～14。

17. 項石炎：〈試述文言文表達假設概念的方法〉，南京：《江蘇教育學院學報（社會科學版）》1995 年第 2 期，頁 128～129。

18. 趙書勤：〈議論性文體的論證系統〉，呼和浩特：《內蒙古大學學報（哲學社會科學版）》1996 年第 2 期，頁 77～83。

19. 趙純偉：〈《荀子》的語言藝術〉，鞍山：《鞍山師範學院學報（綜合版）》第 17 卷第 1 期，1996 年 3 月，頁 35～39。

20. 劉玉璽：〈試比較晁錯與賈誼的政論散文之異同〉，南陽：《南都學壇（哲學社會科學版）》第 18 卷，1998 年第 4 期，頁 65～66。

21. 劉暢：〈五情發而為辭章——議論文體寫作的情感因素〉，焦作：《焦作工學院學報（社會科學版）》第 4 卷第 1 期，2003 年 2 月，頁 64～66。

22. 謝志禮、王黎靜：〈議論性文章構成要素的再認識——「二元五要素」解析〉，臨汾：《山西師大學報（社會科學版）》第 26 卷第 3 期，1999 年 7 月，頁 88～91。

23. 謝德俊：〈論《戰國策》中修辭手法的妙用〉，牡丹江：《牡丹江教育學院學報》2006 年第 3 期（總第 97 期），頁 5+7。

24. 黨天正：〈淺說《戰國策》的論理技巧與語言藝術〉，寶雞：《寶雞文理學院學報（哲學社會科學版）》1994 年第 3 期（總第 50 期），頁 62～68。

## （四）思想類

1. 王兵：〈論孔子之後儒家天命觀的發展與演變〉，西安：《陝西教育學院學報》第 21 卷第 1 期，2005 年 2 月，頁 31～33。

2. 成中英：〈中道、中和與時中——論儒家的中庸哲學〉，臺北：《孔孟月刊》第 21 卷第 12 期，1983 年 8 月，頁 26。

3. 朱嵐：〈論儒家的中庸價值觀〉，蘭州：《蘭州學刊》1995 年第 6 期，頁 53～56。

4. 李景林：〈先秦儒學「中庸」說本義〉，長春：《吉林大學社會科學學報》1994 年第 4 期，頁 1～8。

5. 周月琴：〈試論宋代的人性探索運動及其歷史評價問題〉，鄭州：《中州學刊》1995 年第 5 期，頁 70～74。

6. 孫戈：〈善言天者必有徵於人——論韓愈、歐陽修、王安石的天命意識〉，吉安：《吉安師專學報（哲學社會科學）》第 20 卷第 3 期，1999 年 8 月，

頁 28～31。

7. 袁長瑞：〈孔子思想中的活水源頭——「權」概念之探析〉，《第一次儒佛會通學術研討會論文集》（臺北：華梵大學哲學系，1997 年 12 月），頁 1～6。

8. 高楠：〈闡釋的主體性及超越性〉，《中國美學》總第 1 輯，北京：商務印書館，2004 年。

9. 張玉勤：〈《孫子兵法》「勢」論的美學探析〉，徐州：《徐州師範大學學報（哲學社會科學版）》第 31 卷第 4 期，2005 年 7 月，頁 48～51。

10. 陳正俊：〈「勢」論研究〉，南京：《東南大學學報（哲學社會科學版）》第 5 卷第 2 期，2003 年 3 月，頁 63～73。

11. 漆俠：〈宋學的發展和演變〉，濟南：《文史哲》1995 年第 1 期，頁 3～24。

12. 劉晗：〈論儒學天命觀的歷史演變與倫理內涵〉，濟寧：《濟寧師專學報》第 22 卷第 5 期，2001 年 10 月，頁 28～30。

13. 盧佑誠：〈論「勢」——體勢、氣勢、理勢〉，北京：《北京聯合大學學報（人文社會科學版）》第 2 卷第 4 期（總 6 期），2004 年 12 月，頁 48～53。

## 三、學位論文

1. 王素琴：《蘇轍古文研究》，國立政治大學中文所碩士論文，1998 年。

2. 謝敏玲：《蘇軾史論散文研究》，國立高雄師範大學國文學系碩士論文，1999 年。

3. 吳淑樺：《蘇轍史論散文研究》，國立高雄師範大學國文學系教學碩士論文，2002 年。

4. 郭宗南：《蘇轍史論文研究》，國立成功大學中國文學研究所碩士論文，2003 年。

# 附表一：〈三蘇史論篇目〉

◎蘇　洵

| 幾策（一、審勢） | 《嘉祐集》卷一 | 衡論（八、申法） | 《嘉祐集》卷五 |
|---|---|---|---|
| 幾策（二、審敵） | 《嘉祐集》卷一 | 衡論（九、議法） | 《嘉祐集》卷五 |
| 權書（一、權書敍） | 《嘉祐集》卷二 | 衡論（十、兵制） | 《嘉祐集》卷五 |
| 權書（二、心術） | 《嘉祐集》卷二 | 衡論（十一、田制） | 《嘉祐集》卷五 |
| 權書（三、法制） | 《嘉祐集》卷二 | 易論 | 《嘉祐集》卷六 |
| 權書（四、強弱） | 《嘉祐集》卷二 | 禮論 | 《嘉祐集》卷六 |
| 權書（五、攻守） | 《嘉祐集》卷二 | 樂論 | 《嘉祐集》卷六 |
| 權書（六、用間） | 《嘉祐集》卷二 | 詩論 | 《嘉祐集》卷六 |
| 權書（七、孫武） | 《嘉祐集》卷三 | 書論 | 《嘉祐集》卷六 |
| 權書（八、子貢） | 《嘉祐集》卷三 | 春秋論 | 《嘉祐集》卷六 |
| 權書（九、六國） | 《嘉祐集》卷三 | 洪範論 | 明刊《蘇老泉先生全集》卷八 |
| 權書（十、項籍） | 《嘉祐集》卷三 | 史論（上、中、下） | 《嘉祐集》卷八 |
| 權書（十一、高祖） | 《嘉祐集》卷三 | 諫論（上、下） | 《嘉祐集》卷八 |
| 衡論（一、衡論敍） | 《嘉祐集》卷四 | 譽妃論 | 《嘉祐集》卷八 |
| 衡論（二、遠慮） | 《嘉祐集》卷四 | 管仲論 | 《嘉祐集》卷八 |
| 衡論（三、御將） | 《嘉祐集》卷四 | 明論 | 《嘉祐集》卷八 |
| 衡論（四、任相） | 《嘉祐集》卷四 | 三子知聖人污論 | 《嘉祐集》卷八 |
| 衡論（五、重遠） | 《嘉祐集》卷四 | 辨奸論 | 明刊《蘇老泉先生全集》卷九 |
| 衡論（六、廣士） | 《嘉祐集》卷四 | 利者義之和論 | 《嘉祐集》卷八 |
| 衡論（七、養才） | 《嘉祐集》卷五 | | |

◎蘇　軾

| 省試刑賞忠厚之至論 | 《蘇軾文集》卷二 |
|---|---|
| 御試重巽以申命論 | 《蘇軾文集》卷二 |
| 學士院試孔子從先進論 | 《蘇軾文集》卷二 |

| | |
|---|---|
| 學士院試春秋定天下邪正論 | 《蘇軾文集》卷二 |
| 儒者可與守成論 | 《蘇軾文集》卷二 |
| 物不可以苟合論 | 《蘇軾文集》卷二 |
| 王者不治夷狄論 | 《蘇軾文集》卷二 |
| 劉愷丁鴻孰賢論 | 《蘇軾文集》卷二 |
| 禮義信足以成德論 | 《蘇軾文集》卷二 |
| 形勢不如德論 | 《蘇軾文集》卷二 |
| 禮以養人爲本論 | 《蘇軾文集》卷二 |
| 既醉備五福論 | 《蘇軾文集》卷二 |
| 中庸論（上、中、下） | 《蘇軾文集》卷二 |
| 論好德錫之福 | 《蘇軾文集》卷三 |
| 論鄭伯克段於鄢 | 《蘇軾文集》卷三 |
| 論鄭伯以璧假許田 | 《蘇軾文集》卷三 |
| 論取郜大鼎於宋 | 《蘇軾文集》卷三 |
| 論齊侯衛侯胥命於蒲 | 《蘇軾文集》卷三 |
| 論禘於太廟用致夫人 | 《蘇軾文集》卷三 |
| 論閏月不告朔猶朝於廟 | 《蘇軾文集》卷三 |
| 論用郊 | 《蘇軾文集》卷三 |
| 論會於澶淵宋災故 | 《蘇軾文集》卷三 |
| 論黑肱以濫來奔 | 《蘇軾文集》卷三 |
| 論春秋變周之文 | 《蘇軾文集》卷三 |
| 宋襄公論 | 《蘇軾文集》卷三 |
| 秦始皇帝論 | 《蘇軾文集》卷三 |
| 漢高帝論 | 《蘇軾文集》卷三 |
| 魏武帝論 | 《蘇軾文集》卷三 |
| 伊尹論 | 《蘇軾文集》卷三 |
| 周公論 | 《蘇軾文集》卷三 |
| 管仲論 | 《蘇軾文集》卷三 |
| 士燮論（范文子論） | 《蘇軾文集》卷三 |
| 孫武論（上、下） | 《蘇軾文集》卷三 |
| 子思論 | 《蘇軾文集》卷三 |
| 孟子論（孟軻論） | 《蘇軾文集》卷三 |
| 樂毅論 | 《蘇軾文集》卷四 |
| 荀卿論 | 《蘇軾文集》卷四 |
| 韓非論 | 《蘇軾文集》卷四 |

| | |
|---|---|
| 留侯論 | 《蘇軾文集》卷四 |
| 賈誼論 | 《蘇軾文集》卷四 |
| 晁錯論（鼂錯論） | 《蘇軾文集》卷四 |
| 霍光論 | 《蘇軾文集》卷四 |
| 揚雄論 | 《蘇軾文集》卷四 |
| 諸葛亮論 | 《蘇軾文集》卷四 |
| 韓愈論 | 《蘇軾文集》卷四 |
| 思治論 | 《蘇軾文集》卷四 |
| 正統論（總論一） | 《蘇軾文集》卷四 |
| 正統論（辯論二） | 《蘇軾文集》卷四 |
| 正統論（辯論三） | 《蘇軾文集》卷四 |
| 大臣論（上、下） | 《蘇軾文集》卷四 |
| 續歐陽子朋黨論 | 《蘇軾文集》卷四 |
| 屈到嗜芰論 | 《蘇軾文集》卷四 |
| 上初即位論治道（道德） | 《蘇軾文集》卷四 |
| 上初即位論治道（刑政） | 《蘇軾文集》卷四 |
| 論武王 | 《蘇軾文集》卷五 |
| 論養士 | 《蘇軾文集》卷五 |
| 論秦 | 《蘇軾文集》卷五 |
| 論魯隱公 | 《蘇軾文集》卷五 |
| 論隱公里克李斯鄭小同王允之 | 《蘇軾文集》卷五 |
| 論管仲 | 《蘇軾文集》卷五 |
| 論孔子 | 《蘇軾文集》卷五 |
| 論周東遷 | 《蘇軾文集》卷五 |
| 論范蠡 | 《蘇軾文集》卷五 |
| 論伍子胥 | 《蘇軾文集》卷五 |
| 論商鞅 | 《蘇軾文集》卷五 |
| 論封建 | 《蘇軾文集》卷五 |
| 論始皇漢宣李斯 | 《蘇軾文集》卷五 |
| 論項羽范增 | 《蘇軾文集》卷五 |
| 乃言底可績 | 《蘇軾文集》卷六（書義） |
| 聖讒說殄行 | 《蘇軾文集》卷六（書義） |
| 視遠惟明聽德惟聰 | 《蘇軾文集》卷六（書義） |
| 終始惟一時乃日新 | 《蘇軾文集》卷六（書義） |
| 王省惟歲 | 《蘇軾文集》卷六（書義） |

| | |
|---|---|
| 作周恭先作周孚先 | 《蘇軾文集》卷六（書義） |
| 惟聖罔念作狂惟狂克念作聖 | 《蘇軾文集》卷六（書義） |
| 庶言同則繹 | 《蘇軾文集》卷六（書義） |
| 唐虞稽古建官爲百夏商官倍亦克用乂 | 《蘇軾文集》卷六（書義） |
| 道有升降政由俗革 | 《蘇軾文集》卷六（書義） |
| 觀過斯知仁矣 | 《蘇軾文集》卷六（書義） |
| 君使臣以禮 | 《蘇軾文集》卷六（書義） |
| 以佚道使民以生道殺民 | 《蘇軾文集》卷六（孟子義） |
| 問供養三德爲善 | 《蘇軾文集》卷六（三傳義） |
| 問小雅周之衰 | 《蘇軾文集》卷六（三傳義） |
| 問君子能補過 | 《蘇軾文集》卷六（三傳義） |
| 問侵伐土地分民何以明正 | 《蘇軾文集》卷六（三傳義） |
| 問魯猶三望 | 《蘇軾文集》卷六（三傳義） |
| 問魯作丘甲 | 《蘇軾文集》卷六（三傳義） |
| 問雩月何以爲正 | 《蘇軾文集》卷六（三傳義） |
| 問大夫無遂事 | 《蘇軾文集》卷六（三傳義） |
| 問定何以無正月 | 《蘇軾文集》卷六（三傳義） |
| 問初稅畝 | 《蘇軾文集》卷六（三傳義） |
| 漢高祖赦季布唐屈突通不降高祖 | 《蘇軾文集》卷七（邇英進讀） |
| 漢宣帝詰責杜延年治郡不進 | 《蘇軾文集》卷七（邇英進讀） |
| 叔孫通不能致二生 | 《蘇軾文集》卷七（邇英進讀） |
| 狄山論匈奴和親 | 《蘇軾文集》卷七（邇英進讀） |
| 文宗訪鄭公後得魏謩 | 《蘇軾文集》卷七（邇英進讀） |
| 張九齡不肯用張守珪牛仙客 | 《蘇軾文集》卷七（邇英進讀） |
| 顏眞卿守平原以抗安祿山 | 《蘇軾文集》卷七（邇英進讀） |
| 漢武帝唐太宗優劣 | 《蘇軾文集》卷七（邇英進讀） |
| 私試策問（漢之變故有六） | 《蘇軾文集》卷七 |
| 私試策問（職官令錄郡守而用棄材） | 《蘇軾文集》卷七 |
| 私試策問（關中戰守古今不同與夫用民兵儲粟馬之術） | 《蘇軾文集》卷七 |
| 私試策問（廟欲有主祭欲有尸） | 《蘇軾文集》卷七 |
| 永興軍秋試舉人策問（漢唐不變秦隋之法近世乃欲以新易舊） | 《蘇軾文集》卷七 |
| 國學秋試策問（勤而或治或亂斷而或興或衰信而或安或危） | 《蘇軾文集》卷七 |
| 國學秋試策問（隋文帝戶口之蕃倉廩府庫之盛） | 《蘇軾文集》卷七 |
| 試館職策問（師仁祖之忠厚法神考之勵精） | 《蘇軾文集》卷七 |
| 試館職策問（兩漢之政治） | 《蘇軾文集》卷七 |

| 省試策問（漢文帝之行事有可疑者三） | 《蘇軾文集》卷七 |
| 策問（農政） | 《蘇軾文集》卷七 |
| 策問（禮刑） | 《蘇軾文集》卷七 |
| 策問（漢封功臣） | 《蘇軾文集》卷七 |
| 策問（復古） | 《蘇軾文集》卷七 |
| 私試策問（人與法並用） | 《蘇軾文集》卷七 |
| 雜策（修廢官舉逸民） | 《蘇軾文集》卷七 |
| 雜策（天子六軍之制） | 《蘇軾文集》卷七 |
| 雜策（休兵久矣而國益困） | 《蘇軾文集》卷七 |
| 雜策（關隴游民私鑄錢與江淮漕卒為盜之由） | 《蘇軾文集》卷七 |
| 策總敘 | 《蘇軾文集》卷八 |
| 策略一 | 《蘇軾文集》卷八 |
| 策略二 | 《蘇軾文集》卷八 |
| 策略三 | 《蘇軾文集》卷八 |
| 策略四 | 《蘇軾文集》卷八 |
| 策略五 | 《蘇軾文集》卷八 |
| 策別敘例 | 《蘇軾文集》卷八 |
| 策別課百官一 | 《蘇軾文集》卷八 |
| 策別課百官二 | 《蘇軾文集》卷八 |
| 策別課百官三 | 《蘇軾文集》卷八 |
| 策別課百官四 | 《蘇軾文集》卷八 |
| 策別課百官五 | 《蘇軾文集》卷八 |
| 策別課百官六 | 《蘇軾文集》卷八 |
| 策別安萬民一 | 《蘇軾文集》卷八 |
| 策別安萬民二 | 《蘇軾文集》卷八 |
| 策別安萬民三 | 《蘇軾文集》卷八 |
| 策別安萬民四 | 《蘇軾文集》卷八 |
| 策別安萬民五 | 《蘇軾文集》卷八 |
| 策別安萬民六 | 《蘇軾文集》卷八 |
| 策別厚貨財一 | 《蘇軾文集》卷八 |
| 策別厚貨財二 | 《蘇軾文集》卷九 |
| 策別訓兵旅一 | 《蘇軾文集》卷九 |
| 策別訓兵旅二 | 《蘇軾文集》卷九 |
| 策別訓兵旅三 | 《蘇軾文集》卷九 |
| 策斷一 | 《蘇軾文集》卷九 |

| 策斷二 | 《蘇軾文集》卷九 |
|---|---|
| 策斷三 | 《蘇軾文集》卷九 |
| 御試制科策 | 《蘇軾文集》卷九 |
| 堯遜位於許由 | 《蘇軾文集》卷六十五（史評） |
| 堯不誅四凶 | 《蘇軾文集》卷六十五（史評） |
| 堯桀之民 | 《蘇軾文集》卷六十五（史評） |
| 商人賞罰 | 《蘇軾文集》卷六十五（史評） |
| 管仲無後 | 《蘇軾文集》卷六十五（史評） |
| 管仲分君謗 | 《蘇軾文集》卷六十五（史評） |
| 孔子誅少正卯 | 《蘇軾文集》卷六十五（史評） |
| 楚子玉兵多敗 | 《蘇軾文集》卷六十五（史評） |
| 宰我不叛 | 《蘇軾文集》卷六十五（史評） |
| 司馬穰苴 | 《蘇軾文集》卷六十五（史評） |
| 孟嘗君賓禮狗盜 | 《蘇軾文集》卷六十五（史評） |
| 張儀欺楚 | 《蘇軾文集》卷六十五（史評） |
| 王翦用兵 | 《蘇軾文集》卷六十五（史評） |
| 商君功罪 | 《蘇軾文集》卷六十五（史評） |
| 陳平論全兵 | 《蘇軾文集》卷六十五（史評） |
| 趙堯眞刀筆吏 | 《蘇軾文集》卷六十五（史評） |
| 酈寄幸免 | 《蘇軾文集》卷六十五（史評） |
| 漢武無秦穆之德 | 《蘇軾文集》卷六十五（史評） |
| 衛青奴才 | 《蘇軾文集》卷六十五（史評） |
| 王韓論兵 | 《蘇軾文集》卷六十五（史評） |
| 西漢風俗諂媚 | 《蘇軾文集》卷六十五（史評） |
| 司馬相如之諂死而不已 | 《蘇軾文集》卷六十五（史評） |
| 司馬相如創開西南夷路 | 《蘇軾文集》卷六十五（史評） |
| 竇嬰田蚡 | 《蘇軾文集》卷六十五（史評） |
| 漢武帝巫蠱事 | 《蘇軾文集》卷六十五（史評） |
| 霍光疏昌邑王之罪 | 《蘇軾文集》卷六十五（史評） |
| 趙充國用心可重 | 《蘇軾文集》卷六十五（史評） |
| 梁統議法 | 《蘇軾文集》卷六十五（史評） |
| 直不疑買金償亡 | 《蘇軾文集》卷六十五（史評） |
| 邳彤漢之元臣 | 《蘇軾文集》卷六十五（史評） |
| 朱暉非張林均輸說 | 《蘇軾文集》卷六十五（史評） |
| 曹袁興亡 | 《蘇軾文集》卷六十五（史評） |

| | |
|---|---|
| 管幼安賢於荀孔 | 《蘇軾文集》卷六十五（史評） |
| 周瑜雅量 | 《蘇軾文集》卷六十五（史評） |
| 賈充叛魏 | 《蘇軾文集》卷六十五（史評） |
| 唐彬 | 《蘇軾文集》卷六十五（史評） |
| 阮籍 | 《蘇軾文集》卷六十五（史評） |
| 阮籍求全 | 《蘇軾文集》卷六十五（史評） |
| 劉伯倫非達 | 《蘇軾文集》卷六十五（史評） |
| 晉武娶婦 | 《蘇軾文集》卷六十五（史評） |
| 衛瓘拊床 | 《蘇軾文集》卷六十五（史評） |
| 石崇婢知人 | 《蘇軾文集》卷六十五（史評） |
| 王衍之死 | 《蘇軾文集》卷六十五（史評） |
| 孟嘉與謝安石相若 | 《蘇軾文集》卷六十五（史評） |
| 貴戚專殺 | 《蘇軾文集》卷六十五（史評） |
| 庾亮不從孔坦陶回言 | 《蘇軾文集》卷六十五（史評） |
| 郗方回郗嘉賓父子事 | 《蘇軾文集》卷六十五（史評） |
| 郗超小人之孝 | 《蘇軾文集》卷六十五（史評） |
| 晉宋之君與臣下爭善 | 《蘇軾文集》卷六十五（史評） |
| 宋殺王彧 | 《蘇軾文集》卷六十五（史評） |
| 陳隋好樂 | 《蘇軾文集》卷六十五（史評） |
| 唐太宗借隋史以殺兄弟 | 《蘇軾文集》卷六十五（史評） |
| 褚遂良以飛雉入宮爲祥 | 《蘇軾文集》卷六十五（史評） |
| 李靖李勣爲唐腹心之病 | 《蘇軾文集》卷六十五（史評） |
| 房琯之敗 | 《蘇軾文集》卷六十五（史評） |
| 韓愈優於揚雄 | 《蘇軾文集》卷六十五（史評） |
| 柳子厚論伊尹 | 《蘇軾文集》卷六十五（史評） |
| 柳子厚誕妄 | 《蘇軾文集》卷六十五（史評） |
| 白樂天不欲伐淮蔡 | 《蘇軾文集》卷六十五（史評） |
| 劉禹錫文過不悛 | 《蘇軾文集》卷六十五（史評） |
| 歷代世變 | 《蘇軾文集》卷六十五（史評） |
| 淳于髡一石亦醉 | 《蘇軾文集》卷六十五（史評） |
| 漢高祖封雍齒侯 | 《蘇軾文集》卷六十五（史評） |
| 三國名臣 | 《蘇軾文集》卷六十五（史評） |
| 桓範奔曹爽 | 《蘇軾文集》卷六十五（史評） |
| 夏侯玄論樂毅 | 《蘇軾文集》卷六十五（史評） |
| 荊軻衛生 | 《蘇軾文集》卷六十五（史評） |

## ◎蘇　轍

| | |
|---|---|
| 新論（上、中、下） | 《欒城集》卷十九 |
| 南省進士策問 | 《欒城集》卷二十 |
| 河南府進士策問三首 | 《欒城集》卷二十 |
| 私試進士策問二十八首 | 《欒城集》卷二十 |
| 私試武學策問二首 | 《欒城集》卷二十 |
| 孟子解二十四章 | 《欒城後集》卷六 |
| 歷代論（一、堯舜） | 《欒城後集》卷七 |
| 歷代論（二、三宗） | 《欒城後集》卷七 |
| 歷代論（三、周公） | 《欒城後集》卷七 |
| 歷代論（四、五伯） | 《欒城後集》卷七 |
| 歷代論（五、管仲） | 《欒城後集》卷七 |
| 歷代論（六、知罃趙武） | 《欒城後集》卷七 |
| 歷代論（七、漢高帝） | 《欒城後集》卷七 |
| 歷代論（八、漢文帝） | 《欒城後集》卷七 |
| 歷代論（九、漢景帝） | 《欒城後集》卷七 |
| 歷代論（十、漢武帝） | 《欒城後集》卷八 |
| 歷代論（十一、漢昭帝） | 《欒城後集》卷八 |
| 歷代論（十二、漢哀帝） | 《欒城後集》卷八 |
| 歷代論（十三、漢光武上） | 《欒城後集》卷八 |
| 歷代論（十四、漢光武下） | 《欒城後集》卷八 |
| 歷代論（十五、隗囂） | 《欒城後集》卷八 |
| 歷代論（十六、鄧禹） | 《欒城後集》卷八 |
| 歷代論（十七、李固） | 《欒城後集》卷八 |
| 歷代論（十八、陳蕃） | 《欒城後集》卷八 |
| 歷代論（十九、荀彧） | 《欒城後集》卷九 |
| 歷代論（二十、賈詡上） | 《欒城後集》卷九 |
| 歷代論（二十一、賈詡下） | 《欒城後集》卷九 |
| 歷代論（二十二、劉玄德） | 《欒城後集》卷九 |
| 歷代論（二十三、孫仲謀） | 《欒城後集》卷九 |
| 歷代論（二十四、晉宣帝） | 《欒城後集》卷九 |
| 歷代論（二十五、晉武帝） | 《欒城後集》卷九 |
| 歷代論（二十六、羊祜） | 《欒城後集》卷九 |
| 歷代論（二十七、王衍） | 《欒城後集》卷九 |
| 歷代論（二十八、王導） | 《欒城後集》卷十 |

| | |
|---|---|
| 歷代論（二十九、祖逖） | 《欒城後集》卷十 |
| 歷代論（三十、符堅） | 《欒城後集》卷十 |
| 歷代論（三十一、宋武帝） | 《欒城後集》卷十 |
| 歷代論（三十二、宋文帝） | 《欒城後集》卷十 |
| 歷代論（三十三、梁武帝） | 《欒城後集》卷十 |
| 歷代論（三十四、唐高祖） | 《欒城後集》卷十 |
| 歷代論（三十五、唐太宗） | 《欒城後集》卷十 |
| 歷代論（三十六、狄仁傑） | 《欒城後集》卷十 |
| 歷代論（三十七、唐玄宗憲宗） | 《欒城後集》卷十一 |
| 歷代論（三十八、姚崇） | 《欒城後集》卷十一 |
| 歷代論（三十九、宇文融） | 《欒城後集》卷十一 |
| 歷代論（四十、陸贄） | 《欒城後集》卷十一 |
| 歷代論（四十一、牛李） | 《欒城後集》卷十一 |
| 歷代論（四十二、郭崇韜） | 《欒城後集》卷十一 |
| 歷代論（四十三、馮道） | 《欒城後集》卷十一 |
| 歷代論（四十四、兵民） | 《欒城後集》卷十一 |
| 歷代論（四十五、燕薊） | 《欒城後集》卷十一 |
| 夏論 | 《欒城應詔集》卷一 |
| 商論 | 《欒城應詔集》卷一 |
| 周論 | 《欒城應詔集》卷一 |
| 六國論 | 《欒城應詔集》卷一 |
| 秦論 | 《欒城應詔集》卷一 |
| 漢論 | 《欒城應詔集》卷二 |
| 三國論 | 《欒城應詔集》卷二 |
| 晉論 | 《欒城應詔集》卷二 |
| 七代論 | 《欒城應詔集》卷二 |
| 隋論 | 《欒城應詔集》卷二 |
| 唐論 | 《欒城應詔集》卷三 |
| 五代論 | 《欒城應詔集》卷三 |
| 周公論 | 《欒城應詔集》卷三 |
| 老聃論（上、下） | 《欒城應詔集》卷三 |
| 禮論 | 《欒城應詔集》卷四 |
| 易論 | 《欒城應詔集》卷四 |
| 書論 | 《欒城應詔集》卷四 |
| 詩論 | 《欒城應詔集》卷四 |

| 春秋論 | 《欒城應詔集》卷四 |
|---|---|
| 燕趙論 | 《欒城應詔集》卷五 |
| 蜀論 | 《欒城應詔集》卷五 |
| 北狄論 | 《欒城應詔集》卷五 |
| 西戎論 | 《欒城應詔集》卷五 |
| 西南夷論 | 《欒城應詔集》卷五 |
| 君術策第一道 | 《欒城應詔集》卷六 |
| 君術策第二道 | 《欒城應詔集》卷六 |
| 君術策第三道 | 《欒城應詔集》卷六 |
| 君術策第四道 | 《欒城應詔集》卷六 |
| 君術策第五道 | 《欒城應詔集》卷六 |
| 臣事策上第一道 | 《欒城應詔集》卷七 |
| 臣事策上第二道 | 《欒城應詔集》卷七 |
| 臣事策上第三道 | 《欒城應詔集》卷七 |
| 臣事策上第四道 | 《欒城應詔集》卷七 |
| 臣事策上第五道 | 《欒城應詔集》卷七 |
| 臣事策下第一道 | 《欒城應詔集》卷八 |
| 臣事策下第二道 | 《欒城應詔集》卷八 |
| 臣事策下第三道 | 《欒城應詔集》卷八 |
| 臣事策下第四道 | 《欒城應詔集》卷八 |
| 臣事策下第五道 | 《欒城應詔集》卷八 |
| 民政策上第一道 | 《欒城應詔集》卷九 |
| 民政策上第二道 | 《欒城應詔集》卷九 |
| 民政策上第三道 | 《欒城應詔集》卷九 |
| 民政策上第四道 | 《欒城應詔集》卷九 |
| 民政策上第五道 | 《欒城應詔集》卷九 |
| 民政策下第一道 | 《欒城應詔集》卷十 |
| 民政策下第二道 | 《欒城應詔集》卷十 |
| 民政策下第三道 | 《欒城應詔集》卷十 |
| 民政策下第四道 | 《欒城應詔集》卷十 |
| 民政策下第五道 | 《欒城應詔集》卷十 |
| 王者不治夷狄論 | 《欒城應詔集》卷十一 |
| 劉愷丁鴻孰賢論 | 《欒城應詔集》卷十一 |
| 禮義信足以成德論 | 《欒城應詔集》卷十一 |
| 形勢不如德論 | 《欒城應詔集》卷十一 |

| 禮以養人爲本論 | 《欒城應詔集》卷十一 |
|---|---|
| 既醉備五福論 | 《欒城應詔集》卷十一 |
| 史官助賞罰論 | 《欒城應詔集》卷十一 |
| 刑賞忠厚之至論 | 《欒城應詔集》卷十一 |
| 古史（三皇本紀第一） | 《古史》卷一 |
| 古史（五帝本紀第二） | 《古史》卷二 |
| 古史（夏本紀第三） | 《古史》卷三 |
| 古史（殷本紀第四） | 《古史》卷四 |
| 古史（周本紀第五） | 《古史》卷五 |
| 古史（秦本紀第六） | 《古史》卷六 |
| 古史（秦始皇本紀第七） | 《古史》卷七 |
| 古史（吳太伯世家第一） | 《古史》卷八 |
| 古史（齊太公世家第二） | 《古史》卷九 |
| 古史（魯周公世家第三） | 《古史》卷十 |
| 古史（燕召公世家第四） | 《古史》卷十一 |
| 古史（蔡叔曹叔世家第五） | 《古史》卷十二 |
| 古史（陳杞世家第六） | 《古史》卷十三 |
| 古史（衛康叔世家第七） | 《古史》卷十四 |
| 古史（宋微子世家第八） | 《古史》卷十五 |
| 古史（晉唐叔世家第九） | 《古史》卷十六 |
| 古史（楚世家第十） | 《古史》卷十七 |
| 古史（鄭世家第十一） | 《古史》卷十八 |
| 古史（越世家第十二） | 《古史》卷十九 |
| 古史（趙世家第十三） | 《古史》卷二十 |
| 古史（魏世家第十四） | 《古史》卷二十一 |
| 古史（韓世家第十五） | 《古史》卷二十二 |
| 古史（田敬仲世家第十六） | 《古史》卷二十三 |
| 古史（伯夷列傳第一） | 《古史》卷二十四 |
| 古史（管晏列傳第二） | 《古史》卷二十五 |
| 古史（柳下惠列傳第三） | 《古史》卷二十六 |
| 古史（曹子臧吳季札列傳第四） | 《古史》卷二十七 |
| 古史（晉范文子列傳第五） | 《古史》卷二十八 |
| 古史（晉叔向列傳第六） | 《古史》卷二十九 |
| 古史（鄭子產列傳第七） | 《古史》卷三十 |
| 古史（孔子列傳第八） | 《古史》卷三十一 |

| | |
|---|---|
| 古史（孔子弟子列傳第九） | 《古史》卷三十二 |
| 古史（老子列傳第十） | 《古史》卷三十三 |
| 古史（孟子孫卿列傳第十一） | 《古史》卷三十四 |
| 古史（伍員列傳第十二） | 《古史》卷三十五 |
| 古史（孫武吳起列傳第十三） | 《古史》卷三十六 |
| 古史（范蠡大夫種列傳第十四） | 《古史》卷三十七 |
| 古史（葉公列傳第十五） | 《古史》卷三十八 |
| 古史（商君列傳第十六） | 《古史》卷三十九 |
| 古史（蘇秦列傳第十七） | 《古史》卷四十 |
| 古史（張儀列傳第十八） | 《古史》卷四十一 |
| 古史（樗里子甘茂列傳第十九） | 《古史》卷四十二 |
| 古史（穰侯列傳第二十） | 《古史》卷四十三 |
| 古史（白起王翦列傳第二十一） | 《古史》卷四十四 |
| 古史（孟嘗君列傳第二十二） | 《古史》卷四十五 |
| 古史（平原君列傳第二十三） | 《古史》卷四十六 |
| 古史（魏公子列傳第二十四） | 《古史》卷四十七 |
| 古史（春申君列傳第二十五） | 《古史》卷四十八 |
| 古史（范雎蔡澤列傳第二十六） | 《古史》卷四十九 |
| 古史（樂毅列傳第二十七） | 《古史》卷五十 |
| 古史（廉頗藺相如列傳第二十八） | 《古史》卷五十一 |
| 古史（田單列傳第二十九） | 《古史》卷五十二 |
| 古史（屈原列傳第三十） | 《古史》卷五十三 |
| 古史（虞卿魯仲連列傳第三十一） | 《古史》卷五十四 |
| 古史（呂不韋列傳第三十二） | 《古史》卷五十五 |
| 古史（李斯列傳第三十三） | 《古史》卷五十六 |
| 古史（蒙恬列傳第三十四） | 《古史》卷五十七 |
| 古史（扁鵲列傳第三十五） | 《古史》卷五十八 |
| 古史（刺客列傳第三十六） | 《古史》卷五十九 |
| 古史（滑稽列傳第三十七） | 《古史》卷六十 |

# 附表二：〈三蘇年譜簡表〉

| 皇帝 | 年　號 | 西元年代 | 蘇　洵 | 蘇　軾 | 蘇　轍 |
|---|---|---|---|---|---|
| 宋眞宗 | 大中祥符元年 | 1008 | | | |
| | 大中祥符二年 | 1009 | 1 歲 | | |
| | 大中祥符三年 | 1010 | 2 歲 | | |
| | 大中祥符四年 | 1011 | 3 歲 | | |
| | 大中祥符五年 | 1012 | 4 歲 | | |
| | 大中祥符六年 | 1013 | 5 歲 | | |
| | 大中祥符七年 | 1014 | 6 歲 | | |
| | 大中祥符八年 | 1015 | 7 歲 | | |
| | 大中祥符九年 | 1016 | 8 歲 | | |
| | 天禧元年 | 1017 | 9 歲 | | |
| | 天禧二年 | 1018 | 10 歲 | | |
| | 天禧三年 | 1019 | 11 歲 | | |
| | 天禧四年 | 1020 | 12 歲 | | |
| | 天禧五年 | 1021 | 13 歲 | | |
| | 乾興元年 | 1022 | 14 歲 | | |
| 宋仁宗 | 天聖元年 | 1023 | 15 歲 | | |
| | 天聖二年 | 1024 | 16 歲 | | |
| | 天聖三年 | 1025 | 17 歲 | | |
| | 天聖四年 | 1026 | 18 歲 | | |
| | 天聖五年 | 1027 | 19 歲<br>娶妻程氏 | | |
| | 天聖六年 | 1028 | 20 歲 | | |
| | 天聖七年 | 1029 | 21 歲 | | |
| | 天聖八年 | 1030 | 22 歲 | | |
| | 天聖九年 | 1031 | 23 歲 | | |
| | 明道元年 | 1032 | 24 歲 | | |
| | 明道二年 | 1033 | 25 歲<br>始知讀書 | | |
| | 景祐元年 | 1034 | 26 歲<br>長子景先出生 | | |
| | 景祐二年 | 1035 | 27 歲<br>發憤刻苦讀書 | | |

| | | | | | |
|---|---|---|---|---|---|
| 景祐三年 | 1036 | 28 歲 | 1 歲<br>生於十二月十九日<br>（1037 年 1 月 8 日） | |
| 景祐四年 | 1037 | 29 歲<br>舉進士再不中 | 2 歲 | |
| 寶元元年 | 1038 | 30 歲<br>長子景先卒 | 3 歲 | |
| 寶元二年 | 1039 | 31 歲 | 4 歲 | 1 歲<br>生於二月二十日 |
| 康定元年 | 1040 | 32 歲 | 5 歲 | 2 歲 |
| 慶曆元年 | 1041 | 33 歲 | 6 歲 | 3 歲 |
| 慶曆二年 | 1042 | 34 歲 | 7 歲<br>開始讀書 | 4 歲 |
| 慶曆三年 | 1043 | 35 歲 | 8 歲<br>入小學，以道士張易簡<br>為師 | 5 歲 |
| 慶曆四年 | 1044 | 36 歲<br>與張俞交遊 | 9 歲 | 6 歲<br>入天慶觀小學讀書 |
| 慶曆五年 | 1045 | 37 歲<br>舉制策，東遊京師<br>次女卒 | 10 歲<br>程氏親授東坡兄弟以<br>書 | 7 歲<br>程氏親授東坡兄弟以<br>書 |
| 慶曆六年 | 1046 | 38 歲 | 11 歲 | 8 歲 |
| 慶曆七年 | 1047 | 39 歲<br>舉茂材異等，不中<br>五月，父蘇序卒<br>絕意於功名而自託於<br>學術 | 12 歲<br>作〈夏侯太初論〉 | 9 歲 |
| 慶曆八年 | 1048 | 40 歲<br>杜門家居，以己學行授<br>二子 | 13 歲<br>就學於城西劉巨 | 10 歲<br>就學於城西劉巨 |
| 皇祐元年 | 1049 | 41 歲<br>開始文章創作，包括<br>《幾策》、《權書》、《衡<br>論》、六經論、洪範論、<br>史論、〈制敵〉等 | 14 歲 | 11 歲 |
| 皇祐二年 | 1050 | 42 歲<br>幼女八娘出嫁 | 15 歲<br>好書畫筆硯，嘗手抄經<br>史 | 12 歲 |
| 皇祐三年 | 1051 | 43 歲 | 16 歲 | 13 歲 |
| 皇祐四年 | 1052 | 44 歲<br>八娘受虐而死 | 17 歲 | 14 歲 |
| 皇祐五年 | 1053 | 45 歲 | 18 歲<br>好讀史、論史，間亦好<br>道 | 15 歲<br>少時事難以確切繫年<br>者：《孟子解》、《論語<br>略解》、《春秋論》 |
| 至和元年 | 1054 | 46 歲<br>上述文章創作完畢，共<br>三十九篇 | 19 歲<br>娶王弗為妻 | 16 歲<br>作〈夏論〉、〈商論〉、〈周<br>論〉 |

| | | | | |
|---|---|---|---|---|
| 至和二年 | 1055 | 47歲<br>謁張方平於成都、訪雷簡夫 | 20歲<br>作〈屈到嗜芰論〉<br>作〈正統論〉 | 17歲<br>娶史氏爲妻<br>以軾爲師 |
| 嘉祐元年 | 1056 | 48歲<br>攜二子入京應試<br>文章受歐陽修激賞（上洪範史論七篇、《權書》、《衡論》，共二十二篇） | 21歲<br>三月，見張方平。<br>五月，抵京師開封。<br>八月，舉進士入選。<br>程試〈儒者可與守成論〉、〈物不可苟合論〉<br>在京師，與弟稽考春秋三傳 | 18歲<br>三月，見張方平。<br>五月，抵京師開封。<br>八月，舉進士入選。<br>作〈春秋說〉 |
| 嘉祐二年 | 1057 | 49歲<br>四月，程夫人卒於家，三蘇父子返蜀奔喪 | 22歲<br>正月，禮部試〈刑賞忠厚之至論〉，雜策五首（文集卷七）名列第二<br>復以春秋對義（即三傳義）十篇，居第一<br>三月，御試〈重異以申命論〉<br>第二名進士及第 | 19歲<br>進士及第<br>提出「文氣說」 |
| 嘉祐三年 | 1058 | 50歲<br>召試舍人院，不赴〈上皇帝書〉 | 23歲<br>見王素（成都知府） | 20歲<br>見趙汴（益州路轉運使） |
| 嘉祐四年 | 1059 | 51歲<br>再度入京，十二月八日抵達江陵 | 24歲<br>彙途中所作詩爲《南行前集》，作敘<br>長男蘇邁生 | 21歲 |
| 嘉祐五年 | 1060 | 52歲<br>二月五日抵京<br>任祕書省試校書郎<br>研究周易，開始作易傳 | 25歲<br>授河南福昌縣主簿，未赴任<br>歐陽修推薦，以五十篇《進策》、《進論》應制科 | 22歲<br>授河南澠池縣主簿，未赴任<br>《歷代論》十二篇已完成<br>楊畋推薦，以五十篇《進策》、《進論》應制科 |
| 嘉祐六年 | 1061 | 53歲<br>任霸州文安縣主簿<br>與姚闢同修《禮書》 | 26歲<br>八月舉制科<br>祕閣試〈王者不治夷狄論〉、〈劉愷丁鴻孰賢論〉、〈禮義信足以成德論〉、〈形勢不如德論〉、〈禮以養人爲本論〉、〈既醉備五福論〉六篇，入第三等<br>十一月，任鳳翔府簽判 | 23歲<br>彙途中所作詩文爲《南行後集》，作引<br>八月舉制科<br>祕閣試六論<br>因過於直言，第以四等下 |
| 嘉祐七年 | 1062 | 54歲<br>在京修纂禮書<br>八月，蘇煥卒 | 27歲<br>在鳳翔任<br>秋，與章惇考試永興軍路、秦鳳路，作策問 | 24歲<br>在京侍父<br>研讀周易<br>《新論》上、中、下 |

| | | | | | |
|---|---|---|---|---|---|
| | 嘉祐八年 | 1063 | 55 歲<br>作〈辨奸論〉、〈管仲論〉 | 28 歲<br>在鳳翔任<br>九月，有感於嘉祐之法弊，作〈思治論〉 | 25 歲<br>在京侍父 |
| 宋英宗 | 治平元年 | 1064 | 56 歲 | 29 歲<br>十二月，罷鳳翔簽判任 | 26 歲<br>在京侍父並研讀老、莊 |
| | 治平二年 | 1065 | 57 歲<br>編成《太常因革禮》一百卷 | 30 歲<br>二月，學士院試〈孔子從先進論〉、〈春秋定天下之邪正論〉<br>五月，妻王弗卒於京師 | 27 歲<br>三月，任大名府推官 |
| | 治平三年 | 1066 | 58 歲<br>四月二十五日卒於京師 | 31 歲<br>正月，在直史館<br>護父喪返蜀 | 28 歲<br>護父喪返蜀 |
| | 治平四年 | 1067 | | 32 歲<br>在蜀居父喪 | 29 歲<br>在蜀居父喪 |
| 宋神宗 | 熙寧元年 | 1068 | | 33 歲<br>五月，次男蘇迨生<br>十月，續娶王潤之<br>十二月，還京 | 30 歲<br>冬，還京<br>開始作《春秋集解》 |
| | 熙寧二年 | 1069 | | 34 歲<br>爲殿中丞、直史館、判官告院<br>上〈議學校貢舉狀〉反對變科舉<br>八月，爲國子監貢舉人試官，發策（論「獨斷」）爲王安石所怒<br>命攝開封府推官 | 31 歲<br>爲制置三司條例司檢詳文字<br>上〈制置三司條例司論事狀〉、〈條例司乞外任狀〉，批評新法 |
| | 熙寧三年 | 1070 | | 35 歲<br>再上神宗皇帝書，論新法不可行<br>差充殿試編排官，撰〈擬殿試策問〉<br>上〈擬進士對御試策〉，朝廷不用 | 32 歲<br>任陳州教授 |
| | 熙寧四年 | 1071 | | 36 歲<br>任杭州通判<br>十一月到任 | 33 歲<br>任陳州學官<br>代張方平作論時事書 |
| | 熙寧五年 | 1072 | | 37 歲<br>通判杭州，監鄉試<br>四月，三男蘇過生 | 34 歲<br>任陳州學官<br>八月赴洛陽考試舉人 |
| | 熙寧六年 | 1073 | | 38 歲<br>通判杭州 | 35 歲<br>任陳州學官<br>夏改齊州掌書記 |
| | 熙寧七年 | 1074 | | 39 歲<br>九月，納妾朝雲<br>知密州，十一月到任 | 36 歲<br>任齊州掌書記 |

| | | | 40 歲<br>知密州<br>〈上韓丞相論災傷書〉<br>論「手實法」之酷，密<br>州鹽稅之患 | 37 歲<br>任齊州掌書記 |
|---|---|---|---|---|
| 熙寧八年 | 1075 | | | |
| 熙寧九年 | 1076 | | 41 歲<br>知密州 | 38 歲<br>任齊州掌書記<br>十月，罷任還京，作〈自<br>齊州回論時事書〉，批<br>評神宗 |
| 熙寧十年 | 1077 | | 42 歲<br>正月，遇吳子野，作〈論<br>養生〉<br>從知徐州軍州事，四月<br>到任<br>黃河決口，水及徐州城<br>下 | 39 歲<br>任南京簽判 |
| 元豐元年 | 1078 | | 43 歲<br>在徐州任<br>因治水有功，獲獎諭<br>〈上皇帝書〉 | 40 歲<br>簽書南京判官 |
| 元豐二年 | 1079 | | 44 歲<br>二月罷徐州任，改知湖<br>州四月到任<br>八月赴臺獄<br>十二月，充黃州團練副<br>使 | 41 歲<br>十二月，謫監筠州鹽酒<br>稅務 |
| 元豐三年 | 1080 | | 45 歲<br>二月，到黃州貶所<br>讀《戰國策》作〈商君<br>說〉，論商鞅功罪 | 42 歲<br>監筠州鹽酒稅<br>開始《詩傳》、《老子<br>解》、《古史》的著述 |
| 元豐四年 | 1081 | | 46 歲<br>在黃州任<br>冬，續成《易傳》九卷，<br>成《論語說》五卷 | 43 歲<br>監筠州鹽酒稅 |
| 元豐五年 | 1082 | | 47 歲<br>在黃州任 | 44 歲<br>監筠州鹽酒稅 |
| 元豐六年 | 1083 | | 48 歲<br>在黃州任<br>九月，四子蘇遯生 | 45 歲<br>監筠州鹽酒稅 |
| 元豐七年 | 1084 | | 49 歲<br>在黃州任<br>四月，將自黃移汝<br>七、八月，數見王安石 | 46 歲<br>九月，改歙州績溪令 |
| 元豐八年 | 1085 | | 50 歲<br>二月，居常州<br>十月，以禮部郎中召還<br>十二月，議免役法，與<br>司馬光政見相左，遷起<br>居舍人 | 47 歲<br>任歙州績溪令<br>八月，為祕書省校書郎<br>與司馬光在科舉考試<br>上意見不同 |

| | | | | | |
|---|---|---|---|---|---|
| 宋哲宗 | 元祐元年 | 1086 | | 51 歲<br>正月，入侍延和殿<br>八月，遷翰林學士知制誥（期間所上奏章爲二十篇） | 48 歲<br>二月，任右司諫（期間有論時事狀七十四篇，多數被採納施行）、起居郎、中書舍人 |
| | 元祐二年 | 1087 | | 52 歲<br>任翰林學士<br>邇英講《論語》 | 49 歲<br>任戶部侍郎 |
| | 元祐三年 | 1088 | | 53 歲<br>任翰林學士<br>作〈桓範奔曹爽〉、〈陳隋好樂〉<br>撰〈樂苦說〉 | 50 歲<br>任戶部侍郎<br>同洛黨程頤及其門人爭論 |
| | 元祐四年 | 1089 | | 54 歲<br>任翰林學士<br>三月，知杭州七月到任 | 51 歲<br>任戶部侍郎、翰林學士、知制誥<br>擔任賀遼生辰使 |
| | 元祐五年 | 1090 | | 55 歲<br>在杭州任 | 52 歲<br>翰林學士<br>五月，任御史中丞 |
| | 元祐六年 | 1091 | | 56 歲<br>自杭州召還<br>四月，詔兼邇英殿侍讀<br>八月，出守潁州<br>讀史記，作〈淳于髡一石亦醉〉 | 53 歲<br>任御史中丞（期間共上札子近五十篇）<br>二月，爲尚書右丞<br>同朔黨劉摯、呂大防等爭論（反對「調停」）<br>輯《欒城集》 |
| | 元祐七年 | 1092 | | 57 歲<br>二月，改知揚州<br>讀《後漢書》，作〈朱暉非張林均輸說〉 | 54 歲<br>任尚書右丞<br>六月，擢門下侍郎 |
| | 元祐八年 | 1093 | | 58 歲<br>正月，在禮部尚書任，八月罷<br>十月，到定州任<br>作〈柳子厚論伊尹〉 | 55 歲<br>任門下侍郎 |
| | 紹聖元年 | 1094 | | 59 歲<br>閏四月，貶知英州<br>六月，惠州安置<br>作〈三國名臣〉、〈續歐陽子朋黨論〉 | 56 歲<br>因〈論御試策題札子〉以漢武比前朝，令哲宗不滿<br>出知汝州（四月），再貶袁州（六月），三貶分司南京、筠州居住（七月） |
| | 紹聖二年 | 1095 | | 60 歲<br>在惠州<br>作〈管幼安賢於荀孔〉 | 57 歲<br>貶居筠州<br>完成《古史》作〈古史後序〉 |

| | | | | | |
|---|---|---|---|---|---|
| | 紹聖三年 | 1096 | | 61歲<br>在惠州 | 58歲<br>貶居筠州 |
| | 紹聖四年 | 1097 | | 62歲<br>正月，在惠州<br>七月，貶官海南 | 59歲<br>三月，再貶雷州 |
| | 元符元年 | 1098 | | 63歲<br>在儋州（海南）<br>讀《晉書》，書郭文語<br>讀《晉書・鮑靜傳》，<br>書後<br>讀《晉書》，論阮籍 | 60歲<br>三月，再遷循州 |
| | 元符二年 | 1099 | | 64歲<br>在儋州 | 61歲<br>貶居循州<br>《龍川略志》（所歷）、<br>《龍川別志》（所聞）、<br>完成《春秋集解》，作<br>〈春秋傳後序〉 |
| | 元符三年 | 1100 | | 65歲<br>正月，在儋州<br>讀《後漢書・世祖本<br>紀》，撰〈金穀說〉<br>書〈節飲食說〉<br>《書傳》十三卷成，題<br>書傳、易傳、論語說<br>在海南期間，作《志<br>林・論武王》等十四篇<br>作〈續養生論〉<br>五月，廉州安置<br>八月，永州居住 | 62歲<br>正月，移永州<br>十一月，還居潁昌<br>作《歷代論》四十五篇 |
| 宋徽宗 | 建中靖國元年 | 1101 | | 66歲<br>七月，卒於常州 | 63歲<br>閑居潁昌 |
| | 崇寧元年 | 1102 | | | 64歲<br>閑居潁昌<br>六月，降為朝議大夫 |
| | 崇寧二年 | 1103 | | | 65歲<br>遷居汝南 |
| | 崇寧三年 | 1104 | | | 66歲<br>還居潁昌 |
| | 崇寧四年 | 1105 | | | 67歲<br>閑居潁昌 |
| | 崇寧五年 | 1106 | | | 68歲<br>閑居潁昌<br>〈潁濱遺老傳〉、〈欒城<br>後集引〉、《歷代論並<br>引》<br>輯《欒城後集》 |
| | 大觀元年 | 1107 | | | 69歲<br>閑居潁昌<br>《論語拾遺》 |

| | | | | |
|---|---|---|---|---|
| 大觀二年 | 1108 | | | 70 歲<br>閑居潁昌 |
| 大觀三年 | 1109 | | | 71 歲<br>閑居潁昌 |
| 大觀四年 | 1110 | | | 72 歲<br>閑居潁昌 |
| 政和元年 | 1111 | | | 73 歲<br>閑居潁昌<br>輯《欒城三集》，作〈欒城第三集引〉、〈再題老子解後〉、〈病詩五事〉 |
| 政和二年 | 1112 | | | 74 歲<br>閑居潁昌<br>十月三日卒 |

資料來源：

1. 陳雄勳：《三蘇及其散文之研究》，臺北：文史哲出版社，1992 年 11 月

2. 孔凡禮：《蘇軾年譜》，北京：中華書局，1998 年 2 月

3. 曾棗莊、舒大剛：《北宋文學家年譜》，臺北：文津出版社，1999 年 6 月

4. 謝敏玲：《蘇軾史論散文研究》，臺北：萬卷樓圖書有限公司，2000 年 5 月

# 附表三：〈三蘇論歷史人物意見簡表〉

| 朝　　代 | 人　　名 | 所引用事蹟概述 | 篇　　　名 |
|---|---|---|---|
| 01 三代以前 | 契 | 爲司徒，五教行 | 蘇軾〈儒者可與守成論〉 |
| 01 三代以前 | 棄 | 爲后稷，教民耕種 | 蘇軾〈儒者可與守成論〉 |
| 01 三代以前 | 堯 | 堯要禪讓給舜時，是「納之以言，試之以功」 | 蘇軾〈乃言底可績〉（尚書・堯典） |
| 01 三代以前 | 堯 | 當時的四族並非「四凶」 | 蘇軾〈堯不誅四凶〉 |
| 01 三代以前 | 堯 | 堯讓位給許由的事不正確 | 蘇軾〈堯讓位於許由〉 |
| 01 三代以前 | 堯、皋陶 | 堯宥之三，皋陶殺之三 | 蘇軾〈刑賞忠厚之至論〉 |
| 01 三代以前 | 堯、舜 | 兩人的兒子才幹都不夠，所以他們才傳賢 | 蘇轍〈夏論〉 |
| 01 三代以前 | 堯、鯀 | 聽四夷的建議用鯀 | 蘇軾〈刑賞忠厚之至論〉 |
| 02 三代 | 伊尹 | 欲吾君爲堯舜之君 | 蘇軾〈孔子從先進論〉 |
| 02 三代 | 伊尹 | 流放太甲，人不以爲專 | 蘇軾〈伊尹論〉 |
| 02 三代 | 伊尹 | 伊尹之攝，是有所不得已而然，所以天下不疑 | 蘇轍〈周公論〉 |
| 02 三代 | 伯夷、叔齊 | 雖然爲「義」而死，但是別人一點也不感動，因爲他們是「徒義」，沒有以「利」調和 | 蘇洵〈利者義之和論〉 |
| 02 三代 | 伯夷、叔齊 | 明君臣之義，不以無道廢 | 蘇轍《古史・伯夷列傳第一》 |
| 02 三代 | 周公 | 成王幼，不得已而攝政，管蔡作亂而被殺，勢所當然，不得已也。 | 蘇軾〈周公論〉 |
| 02 三代 | 周公 | 周公之攝，未至不得已，所以別人會有意見。只是他的作法，已經是當時最好的選擇了 | 蘇轍〈周公論〉 |
| 02 三代 | 周平王 | 周平王東遷洛陽是一種錯誤 | 蘇軾〈論周東遷〉 |
| 02 三代 | 周武王 | 發粟散財，爲了有利於百姓 | 蘇洵〈利者義之和論〉 |
| 02 三代 | 周武王 | 不泄邇，不忘遠，是「勢」之所然 | 蘇洵《衡論・重遠》 |
| 02 三代 | 周武王 | 不贊同武王起兵伐紂（未遵臣禮） | 蘇軾〈論武王〉 |
| 02 三代 | 周武王 | 武王封武庚的決定是不正確的，武庚勢必謀反 | 蘇軾〈論武王〉 |
| 02 三代 | 禹 | 有先見之明，而且能承擔風險（唯能前知其當然，事至不懼，而徐爲之所，是以得至於成功。） | 蘇軾〈晁錯論〉 |
| 02 三代 | 禹 | 治洪水，排萬世之患 | 蘇軾〈儒者可與守成論〉 |

| 02 三代 | 湯、武 | 拯救荼炭之民 | 蘇軾〈儒者可與守成論〉 |
|---|---|---|---|
| 02 三代 | 盤庚 | 盤庚東遷是復殷之舊，非有所畏 | 蘇軾〈論周東遷〉 |
| 03 春秋 | 子玉 | 治兵暴虐，蒍賈知其必敗 | 蘇軾〈策別訓兵旅一〉 |
| 03 春秋 | 子玉 | 以兵多而敗（驕縱） | 蘇軾〈楚子玉兵多敗〉 |
| 03 春秋 | 子貢 | 以內憂教田常（以勢諫之） | 蘇洵〈諫論〉 |
| 03 春秋 | 子貢 | 贖人不受金（求異之害） | 蘇轍〈夏論〉 |
| 03 春秋 | 子產 | 治國是「思其始而圖其終」 | 蘇軾〈思治論〉 |
| 03 春秋 | 子產 | 以禮法行惠 | 蘇轍《古史・鄭子產列傳第七》 |
| 03 春秋 | 子產 | 治理國家不魯莽 | 蘇轍《歷代論・王導》 |
| 03 春秋 | 子路 | 能誠身，但才不足以治民 | 蘇轍《古史・管晏列傳第二》 |
| 03 春秋 | 孔子 | 其表現可稱為「聖」，因為他可以「不言而信，不怒而威」 | 蘇洵〈孔子論〉 |
| 03 春秋 | 孔子 | 誅少正卯，是因為怕自己在位不長，要趕快除去小人 | 蘇軾〈孔子誅少正卯〉 |
| 03 春秋 | 孔子 | 欲得其君，故歷試天下（因為志向遠大，所以能夠等待） | 蘇軾〈賈誼論〉 |
| 03 春秋 | 孔子 | 擔心三桓違禮 | 蘇軾〈論孔子〉 |
| 03 春秋 | 冉有 | 跟隨孔子，是門人；跟隨季氏，是聚斂之臣 | 蘇軾〈續歐陽子朋黨論〉 |
| 03 春秋 | 史䲭 | （衛）以不能進蘧伯玉而退彌子瑕，故有身後之諫。（推薦賢才之迫切） | 蘇洵〈管仲論〉 |
| 03 春秋 | 田氏 | 有小人特質（除不盡） | 蘇軾〈續歐陽子朋黨論〉 |
| 03 春秋 | 州綽、邢蒯 | （晉）欒懷子的臣子，范宣子不知利用 | 蘇軾〈續歐陽子朋黨論〉 |
| 03 春秋 | 吳季札 | 有義 | 蘇轍《古史・曹子臧吳季札列傳第四》 |
| 03 春秋 | 君王后 | 女子為政而國安 | 蘇軾〈論魯隱公〉 |
| 03 春秋 | 宋襄公 | 假仁假義 | 蘇軾〈宋襄公論〉 |
| 03 春秋 | 宋襄公 | 不修德，又欺世盜名 | 蘇軾〈春秋定天下邪正論〉 |
| 03 春秋 | 宋襄公 | 「王道」小用而亡 | 蘇軾〈樂毅論〉 |
| 03 春秋 | 宋襄公 | 以五穀伐病（行仁義不能得天下） | 蘇軾〈儒者可與守成論〉 |
| 03 春秋 | 宋襄公 | 凌虐小國，非仁義 | 蘇轍《古史・宋微子世家第八》 |
| 03 春秋 | 里克 | （晉）積極求君位，被殺 | 蘇軾〈論隱公里克李斯鄭小同王允之〉 |
| 03 春秋 | 里克 | 里克立晉惠公，卻被惠公所殺。不過惠公也沒有好下場 | 蘇轍《歷代論・宋文帝》 |
| 03 春秋 | 孟僖子 | 篤於大義，不私其躬，使其子學禮於仲尼 | 蘇軾〈屈到嗜芰論〉 |
| 03 春秋 | 季孫氏 | 有小人特質（除不盡） | 蘇軾〈續歐陽子朋黨論〉 |
| 03 春秋 | 季康子 | 在季桓子死後攝政，等南氏生男後還政 | 蘇軾〈論魯隱公〉 |
| 03 春秋 | 泄冶 | 對於陳靈公與其大夫孔寧、儀行父宣淫於朝，強諫而死，《春秋》認為無益於事而害其身，君子不為也 | 蘇轍《歷代論・李固》 |
| 03 春秋 | 柳下惠 | 降志辱身，三黜於魯而不去 | 蘇轍《古史・柳下惠列傳第三》 |

| 03 春秋 | 范文子 | （晉）鄢陵之役，楚晨壓晉師而陣，范文子獨不欲戰。因爲他認爲：輕易地打了勝仗，導致內心驕縱，反而使國家容易滅亡。 | 蘇軾〈士燮論〉（〈范文子論〉） |
|---|---|---|---|
| 03 春秋 | 重耳 | 等待時機（勢），不急躁，是對的 | 蘇轍〈五代論〉 |
| 03 春秋 | 宰我 | 宰我不是會叛亂的人 | 蘇軾〈宰我不叛〉 |
| 03 春秋 | 晉文公 | 因其佐狐、趙、先、魏皆不說以刑法，故其治未嘗以刑爲本 | 蘇洵《幾策・審勢》 |
| 03 春秋 | 晏嬰 | 想要以「禮」來糾正田氏之僭越，可惜「浩然正氣」不足 | 蘇洵〈孔子論〉 |
| 03 春秋 | 晏嬰 | 知道禮的重要，但是沒有能力維持紀律 | 蘇軾〈論孔子〉 |
| 03 春秋 | 晏嬰 | 是有才幹的人，可惜沒有遇到賢君 | 蘇轍《古史・管晏列傳第二》 |
| 03 春秋 | 晏嬰 | 建議齊景公應該要以「禮」治田氏 | 蘇轍《歷代論・王導》 |
| 03 春秋 | 晏嬰 | 晏嬰不爲齊莊公而死，有其道理 | 蘇轍《歷代論・馮道》 |
| 03 春秋 | 秦穆公 | 因爲赦食馬者，所以在韓之戰時得到回報 | 蘇洵《權書・法制》 |
| 03 春秋 | 荀息 | （晉）君存不能正其過，沒又成其邪志而死 | 蘇軾〈春秋定天下邪正論〉 |
| 03 春秋 | 荀息 | 缺乏「氣量」（不能忍一時不如意） | 蘇軾〈霍光論〉 |
| 03 春秋 | 荀息 | （晉）知虞公不用宮之奇（唇亡齒寒） | 蘇軾〈魏武帝論〉 |
| 03 春秋 | 曹子臧 | 有義 | 蘇轍《古史・曹子臧吳季札列傳第四》 |
| 03 春秋 | 曾子 | 死的時候還爲國家社稷著想，稱君子之所貴乎道者三 | 蘇軾〈屈到嗜芰論〉 |
| 03 春秋 | 楚成王 | 楚成王——重耳／楚成王用子玉 | 蘇軾〈論管仲〉 |
| 03 春秋 | 楚莊王 | 克陳、宋、鄭，能取之而不有，諸侯安之，楚遂以興 | 蘇轍《古史・越世家第十二》 |
| 03 春秋 | 楚蒍賈 | 反對因爲避寇而遷都 | 蘇軾〈論周東遷〉 |
| 03 春秋 | 葉公 | 是仁人，可惜不知用孔子 | 蘇轍《古史・葉公列傳第十五》 |
| 03 春秋 | 管仲 | 齊之治，蘇洵認爲不由管仲，而是由鮑叔牙的功勞。齊之亂，也不由豎刁、易牙、開方，而是由管仲所肇因。 | 蘇洵〈管仲論〉 |
| 03 春秋 | 管仲 | 欲君成霸者 | 蘇軾〈孔子從先進論〉 |
| 03 春秋 | 管仲 | 死的時候還爲國家社稷著想，勸桓公去三豎 | 蘇軾〈屈到嗜芰論〉 |
| 03 春秋 | 管仲 | 其所施設，皆有方法。及其成功，皆知其所以然 | 蘇軾〈思治論〉 |
| 03 春秋 | 管仲 | 管仲爲了要「分君謗」，所以自己也不守禮，這樣做是不正確的 | 蘇軾〈管仲分君謗〉 |
| 03 春秋 | 管仲 | 管仲無後的原因是「與民爭利」 | 蘇軾〈管仲無後〉 |
| 03 春秋 | 管仲 | 制兵之法，簡單明瞭，法令簡一。 | 蘇軾〈管仲論〉 |
| 03 春秋 | 管仲 | 辭鄭國太子華「請去三族」的請求 | 蘇軾〈論管仲〉 |
| 03 春秋 | 管仲 | 不違曹沫之盟，是盛德之事 | 蘇軾〈論管仲〉 |
| 03 春秋 | 管仲 | 能治民，但是未從自信誠身而始，所以沒有發展性 | 蘇轍《古史・管晏列傳第二》 |

| 03 春秋 | 管仲 | 管仲不爲公子糾而死，有其道理 | 蘇轍《歷代論‧馮道》 |
|---|---|---|---|
| 03 春秋 | 管仲 | 知小人不可用，卻無以御之 | 蘇轍《歷代論‧管仲》 |
| 03 春秋 | 齊侯、衛侯 | （桓三年）齊侯衛侯胥命於蒲 | 蘇軾〈論齊侯衛侯胥命於蒲〉 |
| 03 春秋 | 齊桓公 | 因爲管仲好言刑，所以桓公之治常任刑 | 蘇洵《幾策‧審勢》 |
| 03 春秋 | 齊桓公 | 用了三個小人。是因爲這三個小人的行爲足以欺騙君主，所以要以是否能「常」，爲評判標準 | 蘇軾〈聖讒說殄行〉（尚書‧堯典） |
| 03 春秋 | 齊桓公 | 齊桓公——田敬仲／齊景公煩刑重賦 | 蘇軾〈論管仲〉 |
| 03 春秋 | 衛靈公 | 晉趙鞅帥師納衛世子蒯聵於戚 | 蘇軾〈論鄭伯克段於鄢〉 |
| 03 春秋 | 鄭莊公 | （隱元年）鄭伯克段於鄢 | 蘇軾〈論鄭伯克段於鄢〉 |
| 03 春秋 | 鄭莊公 | 爲賢，但是喜權而任數，而且殺其弟段是殘忍的行爲 | 蘇轍《古史‧鄭世家第十一》 |
| 03 春秋 | 鄭襄公 | 能忍（楚莊王伐鄭，鄭伯肉袒牽羊以逆） | 蘇軾〈留侯論〉 |
| 03 春秋 | 魯桓公 | （桓二年）娶郜大鼎於宋 | 蘇軾〈論取郜大鼎於宋〉 |
| 03 春秋 | 魯桓公 | （桓元年）鄭伯以璧假許田 | 蘇軾〈論鄭伯以璧假許田〉 |
| 03 春秋 | 魯桓公 | 公與夫人姜氏遂如齊 | 蘇軾〈論鄭伯克段於鄢〉 |
| 03 春秋 | 魯隱公 | 公會戎於潛 | 蘇軾〈王者不治夷狄論〉 |
| 03 春秋 | 魯隱公 | 認爲隱公是攝政，而且是合乎禮的 | 蘇軾〈論魯隱公〉 |
| 03 春秋 | 魯隱公 | 被公子翬陷害因而被殺 | 蘇軾〈論隱公里克李斯鄭小同王允之〉 |
| 03 春秋 | 虢公 | 虢公敗戎於桑田，晉卜偃知其必亡 | 蘇軾〈士燮論〉 |
| 03 春秋 | 鮑叔牙 | 知魯君不能用施伯（要接回管仲） | 蘇軾〈魏武帝論〉 |
| 03 春秋 | 顏回 | 默默實踐孔子之道 | 蘇軾〈荀卿論〉 |
| 03 春秋 | 蘇代 | 以土偶笑田文（用隱諷法） | 蘇洵〈諫論〉 |
| 04 戰國 | 六國 | 因爲略秦，因此滅亡 | 蘇洵《權書‧六國》 |
| 04 戰國 | 六國之君 | 六國以養士的方式，所以少安不即亡 | 蘇軾〈論養士〉 |
| 04 戰國 | 夫差 | 黃池之會，夫差以亡 | 蘇軾〈士燮論〉 |
| 04 戰國 | 司馬穰苴 | 不是齊景公時的人，史記寫錯了 | 蘇軾〈司馬穰苴〉 |
| 04 戰國 | 司馬穰苴 | 考證非齊景公時人，故刪而不論 | 蘇轍《古史‧孫武吳起列傳第十三》 |
| 04 戰國 | 句踐 | 會稽之棲，句踐以霸 | 蘇軾〈士燮論〉 |
| 04 戰國 | 句踐 | 能忍（臥薪嚐膽） | 蘇軾〈留侯論〉 |
| 04 戰國 | 句踐 | 克吳之後，斂兵自守，無大征伐，是以保國傳世 | 蘇轍《古史‧越世家第十二》 |
| 04 戰國 | 平原君（趙勝） | 導致長平之禍（太貪心） | 蘇轍《古史‧平原君列傳第二十三》 |
| 04 戰國 | 甘羅 | 說張唐（以理諫之） | 蘇洵〈諫論〉 |
| 04 戰國 | 田忌 | 魏伐趙時，爲了救趙，直接攻擊魏的大梁 | 蘇洵《權書‧項籍》 |
| 04 戰國 | 田單 | 田單所採取的策略是以「攻心」爲主 | 蘇軾〈田單火牛〉 |
| 04 戰國 | 田單 | 能努力守城，等待天命，是屬害的人物 | 蘇轍《古史‧田單列傳第二十九》 |

| 04 戰國 | 伍子胥 | 認爲伍子胥的復仇是情有可原，反對揚雄對於「三諫當去」的意見 | 蘇軾〈論伍子胥〉 |
|---|---|---|---|
| 04 戰國 | 伍子胥 | 鞭舊君以逞，逆天而傷義 | 蘇轍《古史‧伍員列傳第十二》 |
| 04 戰國 | 老、莊 | 論君臣、父子關係如浮萍。根源既不存在，使得申不害、韓非敢於殘忍而無怪。 | 蘇軾〈韓非論〉 |
| 04 戰國 | 宋王偃 | 國小德劣，而圖霸，身死國滅 | 蘇轍《古史‧蔡叔曹叔世家第五》 |
| 04 戰國 | 孟子 | 引發「性善惡」論的爭辯 | 蘇軾〈子思論〉 |
| 04 戰國 | 孟子 | 不忍棄其君，故三宿而後離開齊國（因爲志向遠大，所以能夠等待） | 蘇軾〈賈誼論〉 |
| 04 戰國 | 孟嘗君 | 所養之士爲雞鳴狗盜之徒 | 蘇軾〈孟嘗君賓禮狗盜〉 |
| 04 戰國 | 孟嘗君（田文） | 因爲秦昭王欺楚懷王，是不正的，而孟嘗君以正義起兵，本應勝利，可惜聽了蘇代的計策，臨函谷而無攻。 | 蘇轍《古史‧孟嘗君列傳第二十二》 |
| 04 戰國 | 屈原 | 廉直，殉節以死，但是未合於聖人 | 蘇轍《古史‧屈原列傳第三十》 |
| 04 戰國 | 知罃、趙武 | 不用兵以服諸侯 | 蘇轍《歷代論‧知罃趙武》 |
| 04 戰國 | 春申君（黃歇） | 混亂楚國的血統（以己子盜其后），這是上天要懲罰楚「無功於民」 | 蘇轍《古史‧春申君列傳第二十五》 |
| 04 戰國 | 范文子 | 在晉、楚爭鄭時，不欲出兵伐楚，是「釋楚以爲外懼」（有先見之明） | 蘇轍《歷代論‧羊祜》 |
| 04 戰國 | 范蠡 | 勸句踐不要憐憫吳王 | 蘇軾〈樂毅論〉 |
| 04 戰國 | 范蠡 | 才有餘而道不足 | 蘇軾〈論范蠡〉 |
| 04 戰國 | 范蠡 | 知勾踐可共患難，不可與同安樂 | 蘇轍《古史‧范蠡大夫種列傳第十四》 |
| 04 戰國 | 范蠡 | 離開句踐，有先見之明 | 蘇轍《歷代論‧羊祜》 |
| 04 戰國 | 孫武 | 戰國之將，知爲吳廬而已，所以要以將用之 | 蘇軾〈孫武論上〉 |
| 04 戰國 | 孫武 | 被闔閭試以婦人，知其能帶兵 | 蘇軾〈策別訓兵旅一〉 |
| 04 戰國 | 荀子 | 喜爲異說高論，激發了李斯之學而亂天下 | 蘇軾〈荀卿論〉 |
| 04 戰國 | 張儀 | 污賤無恥（戰國之爲縱橫者，皆傾危反覆之士也） | 蘇轍《古史‧張儀列傳第十八》 |
| 04 戰國 | 曹伯陽 | 國小德劣，而圖霸，身死國滅 | 蘇轍《古史‧蔡叔曹叔世家第五》 |
| 04 戰國 | 棄疾 | 令尹子南的兒子，聽從楚王的命令殺了自己的父親，之後只好自殺 | 蘇軾〈論武王〉 |
| 04 戰國 | 楚人 | 以弓繳感襄王（用隱諷法） | 蘇洵〈諫論〉 |
| 04 戰國 | 楚考烈王 | 畏秦，遷於壽春 | 蘇軾〈論周東遷〉 |
| 04 戰國 | 楚昭王 | 畏吳，遷於鄀 | 蘇軾〈論周東遷〉 |
| 04 戰國 | 楚昭王 | 不迷信，所以被孔子稱讚爲「知大道者」 | 蘇轍《歷代論‧唐太宗》 |
| 04 戰國 | 楚頃襄王 | 畏秦，遷於陳 | 蘇軾〈論周東遷〉 |
| 04 戰國 | 楚靈王 | 無德而求諸侯，國未亡而身死 | 蘇轍《古史‧蔡叔曹叔世家第五》 |
| 04 戰國 | 楚靈王 | 殘民又舉思亂之民以伐吳，當然失敗 | 蘇轍《歷代論‧郭崇韜》 |
| 04 戰國 | 虞卿 | 其論說專一，不是反覆無常的小人，是俠義之士 | 蘇轍《古史‧虞卿魯仲連列傳第三十一》 |

| 04 戰國 | 齊田氏、魯季孫 | 小人之黨難以除滅 | 蘇軾〈續歐陽子朋黨論〉 |
|---|---|---|---|
| 04 戰國 | 齊威王 | 齊威王即位，大亂三載，威王一奮而諸侯震懼二十年。 | 蘇洵〈明論〉 |
| 04 戰國 | 齊威王 | 要振作，要發「威」，就能改變局勢 | 蘇洵〈幾策・審勢〉 |
| 04 戰國 | 齊湣王 | 向外攻伐時，被燕國趁機攻滅 | 蘇轍《歷代論・郭崇韜》 |
| 04 戰國 | 齊襄公 | 無德而求諸侯，國未亡而身死 | 蘇轍《古史・蔡叔曹叔世家第五》 |
| 04 戰國 | 樂毅 | 「王道」小用而亡 | 蘇軾〈樂毅論〉 |
| 04 戰國 | 樂毅 | 若不遭惠王之隙，與田單耗下去，一定會勝利 | 蘇轍《古史・樂毅列傳第二十七》 |
| 04 戰國 | 魯仲連 | 使新垣衍懼（以勢諫之） | 蘇洵〈諫論〉 |
| 04 戰國 | 魯仲連 | 義不帝秦，而且又拒絕封賞，有道義 | 蘇軾〈論范蠡〉 |
| 04 戰國 | 魯仲連 | 有能力排難解紛，又不貪圖爵賞，是戰國以來，唯一的一人 | 蘇轍《古史・虞卿魯仲連列傳第三十一》 |
| 04 戰國 | 魯昭公 | 不能忍耐季氏，魯莽出兵而敗 | 蘇轍《歷代論・王導》 |
| 04 戰國 | 樗里疾 | 樗里疾、公孫奭黨於韓，甘茂黨於魏，向壽黨於楚，皆借秦之強而成其私 | 蘇轍《古史・樗里子甘茂列傳第十九》 |
| 04 戰國 | 魏文侯 | 行仁義，任用人才，雖是小國，足以抗秦 | 蘇轍《古史・秦本紀第六》 |
| 04 戰國 | 魏文侯 | 非常好，甚至連西漢文帝都不能遠過，可惜其子孫越來越差 | 蘇轍《古史・魏世家第十四》 |
| 04 戰國 | 魏惠王 | 畏秦，遷於大梁（滅亡） | 蘇軾〈論周東遷〉 |
| 04 戰國 | 魏無忌 | 是靠侯嬴之奇計和毛、薛之正議而成功的 | 蘇轍《古史・魏公子列傳第二十四》 |
| 04 戰國 | 藺相如 | 「以禮為國」，非戰國之士 | 蘇轍《古史・廉頗藺相如列傳第二十八》 |
| 04 戰國 | 蘇秦 | 以牛後羞韓（激將法） | 蘇洵〈諫論〉 |
| 04 戰國 | 蘇秦 | 講合縱，也是違逆天下之勢的，但是因為已經承諾國君，因此親摯而還之 | 蘇軾〈思治論〉 |
| 04 戰國 | 蘇秦 | 遊說功夫很厲害，可稱為「能」者，不過當時諸侯之勢不能同心，他也無法扭轉形勢 | 蘇轍《古史・蘇秦列傳第十七》 |
| 04 戰國 | 觸讋 | 說趙太后（以理諫之） | 蘇洵〈諫論〉 |
| 05 秦 | 王翦 | 用兵之勢過猛，是損耗自己的國本，秦二世因此而敗 | 蘇軾〈王翦用兵〉 |
| 05 秦 | 白起 | 由《戰國策》得知白起不攻邯鄲是由於現實，而非以怨不行 | 蘇轍《古史・白起王翦列傳第二十一》 |
| 05 秦 | 呂不韋 | 混亂了秦國的血統（納妾於子楚） | 蘇轍《古史・呂不韋列傳第三十二》 |
| 05 秦 | 李斯 | 被趙高陷害 | 蘇軾〈論隱公里克李斯鄭小同王允之〉 |
| 05 秦 | 李斯 | 「培養」出秦始皇的暴虐（助紂為虐） | 蘇轍《古史・李斯列傳第三十三》 |
| 05 秦 | 范雎 | 以無王恥秦（激將法） | 蘇洵〈諫論〉 |
| 05 秦 | 范雎 | 毀人以自成 | 蘇轍《古史・穰侯列傳第二十》 |
| 05 秦 | 范雎、蔡澤 | 都是只為自身謀取利益，而非為國 | 蘇轍《古史・范雎蔡澤列傳第二十六》 |

| 05 秦 | 秦二世 | 以經術附會其說（為了自己的私利，找藉口和根據） | 蘇軾〈上初即位論治道二首：道德〉 |
|---|---|---|---|
| 05 秦 | 秦始皇 | 破壞禮制，開詐偽之端 | 蘇軾〈秦始皇論〉 |
| 05 秦 | 秦始皇 | 果於殺，所以扶蘇接到賜死的命令，不敢違抗 | 蘇軾〈論始皇漢宣李斯〉 |
| 05 秦 | 秦始皇 | 行郡縣，是「勢」之所趨 | 蘇軾〈論封建〉 |
| 05 秦 | 秦始皇 | 以客為無用，任法不任人，所以速亡 | 蘇軾〈論養士〉 |
| 05 秦 | 秦始皇 | 以藥石養生（用武力不能守天下） | 蘇軾〈儒者可與守成論〉 |
| 05 秦 | 商鞅 | 欲國君強其國，但是沒有明講，所以在秦不得善終 | 蘇軾〈孔子從先進論〉 |
| 05 秦 | 商鞅 | 變秦法，是逆天下之勢。但是因為已經承諾國君，因此親挈而還之 | 蘇軾〈思治論〉 |
| 05 秦 | 商鞅 | 帝秦者商鞅，亡秦者亦商鞅 | 蘇軾〈商君功罪〉 |
| 05 秦 | 商鞅 | 商鞅在秦用法，害了秦國 | 蘇軾〈論商鞅〉 |
| 05 秦 | 商鞅 | 其志本於強國，恐孝公不能用，所以極言其上（其進不正） | 蘇轍《古史・商君列傳第十六》 |
| 05 秦 | 商鞅 | 所制定的法律不近人情，所以自己身受其害 | 蘇轍《古史・商君列傳第十六》 |
| 05 秦 | 蒙恬 | 因為帶兵打仗殺戮過多，所以自己也沒有好下場 | 蘇轍《古史・蒙恬列傳第三十四》 |
| 05 秦 | 趙高 | 被任用，是始皇致亂的原因 | 蘇軾〈論始皇漢宣李斯〉 |
| 06 楚漢相爭 | 范增 | 早就應該離開項羽，時機在項羽殺卿子冠軍（弒義帝之兆）時 | 蘇軾〈論項羽范增〉 |
| 06 楚漢相爭 | 項籍 | 鉅鹿之戰是導致其滅亡之因 | 蘇洵《權書・項籍》 |
| 07 西漢 | 七國之君 | 爭致賓客 | 蘇軾〈論養士〉 |
| 07 西漢 | 王莽 | 以經術附會其說（為了自己的私利，找藉口和根據） | 蘇軾〈上初即位論治道二首：道德〉 |
| 07 西漢 | 王莽 | 假仁假義，和宋襄公一樣 | 蘇軾〈宋襄公論〉 |
| 07 西漢 | 王莽 | 西漢末，篡漢前別人聽從他，篡漢後別人已知他的不良居心，就群起攻擊他 | 蘇轍〈漢論〉 |
| 07 西漢 | 王章、朱雲 | 在張死雲廢之後，就沒人敢再直言了 | 蘇軾〈張九齡不肯用張守珪牛仙客〉 |
| 07 西漢 | 司馬相如 | 過於諂諛，是小人 | 蘇軾〈司馬相如之諂死而不已〉 |
| 07 西漢 | 司馬相如 | 以污行不齒於蜀人，創開西南夷 | 蘇軾〈司馬相如創開西南夷路〉 |
| 07 西漢 | 田生 | 遊說張卿向呂后建言（以利諫之） | 蘇洵〈諫論〉 |
| 07 西漢 | 朱建 | 遊說閎籍孺（以利諫之） | 蘇洵〈諫論〉 |
| 07 西漢 | 晁錯 | 同意晁錯的見解「削之反疾而禍小」 | 蘇洵《幾策・審敵》 |
| 07 西漢 | 桑弘羊 | 認為其「不加賦而上用足」是陰奪民利，其害更勝於加賦 | 蘇軾〈論商鞅〉 |
| 07 西漢 | 張良 | 能忍（受書於圯上之老人） | 蘇軾〈留侯論〉 |
| 07 西漢 | 張良 | 善用計策，勸漢高祖不要廢嫡立庶 | 蘇軾〈漢高帝論〉 |
| 07 西漢 | 張良 | 勸劉邦不必遵守約定，要攻打項羽 | 蘇軾〈樂毅論〉 |
| 07 西漢 | 張釋之 | 戒嗇夫之辨，使文帝終身為長者 | 蘇軾〈李靖李勣為唐腹心之病〉 |
| 07 西漢 | 彭越 | 才將 | 蘇洵《衡論・御將》 |

| 07 西漢 | 董仲舒 | 限民名田的制度 | 蘇洵《衡論・田制》 |
|---|---|---|---|
| 07 西漢 | 鄒陽 | 遊說王長君（以利諫之） | 蘇洵〈諫論〉 |
| 07 西漢 | 漢文帝 | 不同意晁錯的激進，贊同文帝的「以柔御天下」 | 蘇轍《歷代論・漢文帝》 |
| 07 西漢 | 漢武帝 | 嘗以不冠見平津侯（公孫弘），無禮 | 蘇洵《衡論・任相》 |
| 07 西漢 | 漢武帝 | 唐蒙假借伐夜郎，其實是攻南越（用伏道） | 蘇洵《權書・攻守》 |
| 07 西漢 | 漢武帝 | 踞廁見衛青，不冠不見汲黯（能禮之卻不能用） | 蘇軾〈君使臣以禮〉 |
| 07 西漢 | 漢武帝 | 果於殺，所以太子不敢辯解，只好起兵作亂 | 蘇軾〈論始皇漢宣李斯〉 |
| 07 西漢 | 漢武帝 | 知人（指任用霍光） | 蘇軾〈霍光論〉 |
| 07 西漢 | 漢武帝 | 志求功名，不究利害之實 | 蘇轍《歷代論・漢武帝》 |
| 07 西漢 | 漢哀帝 | 沒有人才可以制衡王莽 | 蘇轍《歷代論・漢哀帝》 |
| 07 西漢 | 漢宣帝 | 用人無內外輕重之異，把杜延年派爲邊吏，循名責實 | 蘇軾〈漢宣帝詰責杜延年治郡不進〉 |
| 07 西漢 | 漢昭帝 | 昭帝不能長壽，是霍光的過失，沒有導之以學 | 蘇轍《歷代論・漢昭帝》 |
| 07 西漢 | 漢高祖 | 不去呂后和斬除樊噲都是謀畫好的 | 蘇洵《權書・高祖》 |
| 07 西漢 | 漢高祖 | 憂在項籍，但先攻九江、魏、趙（攻敵之弱點） | 蘇洵《權書・強弱》 |
| 07 西漢 | 漢高祖 | 約法三章（臨下以簡，御眾以寬） | 蘇軾〈上初即位論治道二首：刑政〉 |
| 07 西漢 | 漢高祖 | 得之難，失之不易 | 蘇軾〈士燮論〉 |
| 07 西漢 | 漢高祖 | 雖然懂得用人，但是本身太過無禮 | 蘇軾〈君使臣以禮〉 |
| 07 西漢 | 漢高祖 | 能忍（養其全鋒而待項羽弊） | 蘇軾〈留侯論〉 |
| 07 西漢 | 漢高祖 | 知天下利害與兵之勝負 | 蘇軾〈漢高帝論〉 |
| 07 西漢 | 漢高祖 | 赦季布（賢君／烈丈夫） | 蘇軾〈漢高祖赦季布唐屈突通不降高祖〉 |
| 07 西漢 | 漢高祖 | 之所以能滅項籍，是使其大臣骨肉內自相殘，然後舉兵伐之 | 蘇軾〈諸葛亮論〉 |
| 07 西漢 | 漢高祖 | 欲立六國後，張良反對（反封建） | 蘇軾〈論封建〉 |
| 07 西漢 | 漢高祖 | 漢高祖——吳王濞／漢景帝害吳太子，用晁錯 | 蘇軾〈論管仲〉 |
| 07 西漢 | 漢高祖 | 用智勇之人，行權謀之策，可以取天下 | 蘇軾〈儒者可與守成論〉 |
| 07 西漢 | 漢高祖 | 自用其才：據勢勝之地；用出奇之將；忍剛猛之氣 | 蘇轍〈三國論〉 |
| 07 西漢 | 漢高祖 | 能夠順利打敗項羽，乃是「天命」 | 蘇轍《歷代論・漢高帝》 |
| 07 西漢 | 漢景帝 | 漢景帝——周亞夫（濫殺） | 蘇軾〈論管仲〉 |
| 07 西漢 | 漢景帝 | 有六件「背理而傷道」之事，只是因爲尚能保持「恭儉」，所以可以全身保國 | 蘇轍《歷代論・漢景帝》 |
| 07 西漢 | 趙充國 | 賢將 | 蘇洵《衡論・御將》 |
| 07 西漢 | 趙充國 | 不待煩刑賊民，而邊鄙以安。（運用所累積的糧食） | 蘇軾〈上初即位論治道二首：刑政〉 |

| 07 西漢 | 趙充國 | 是很好的大臣 | 蘇軾〈趙充國用心可重〉 |
|---|---|---|---|
| 07 西漢 | 趙充國 | 征西羌時，不肯奉詔出兵，也是持守一定的道理 | 蘇轍《古史・白起王翦列傳第二十一》 |
| 07 西漢 | 趙卒 | 以兩賢王之意語燕（以理諫之） | 蘇洵〈諫論〉 |
| 07 西漢 | 蒯通 | 以娶婦悟齊相（用隱諷法） | 蘇洵〈諫論〉 |
| 07 西漢 | 劉濞 | 田祿伯建議劉濞出奇道 | 蘇洵《權書・攻守》 |
| 07 西漢 | 衛青 | 賢將 | 蘇洵《衡論・御將》 |
| 07 西漢 | 蕭何 | 要死的時候，舉曹參以自代。 | 蘇洵〈管仲論〉 |
| 07 西漢 | 蕭何 | 定律九篇（臨下以簡，御眾以寬） | 蘇軾〈上初即位論治道二首：刑政〉 |
| 07 西漢 | 蕭何 | 為政不禁培養人才 | 蘇軾〈論養士〉 |
| 07 西漢 | 霍去病 | 賢將 | 蘇洵《衡論・御將》 |
| 07 西漢 | 霍光 | 誅昌邑不諫之臣（制刑來讓臣子必諫） | 蘇洵〈諫論〉 |
| 07 西漢 | 霍光 | 殺了昌邑王的從官二百多人 | 蘇軾〈霍光疏昌邑王之罪〉 |
| 07 西漢 | 薛公 | 知黥布不出於上策 | 蘇軾〈魏武帝論〉 |
| 07 西漢 | 韓信 | 才將 | 蘇洵《衡論・御將》 |
| 07 西漢 | 韓信 | 越人之都邑而謀人國，難成，但是因為已經承諾國君，因此親摯而還之 | 蘇軾〈思治論〉 |
| 07 西漢 | 黥布 | 才將 | 蘇洵《衡論・御將》 |
| 07 西漢 | 酈生 | 以助秦凌漢（激將法） | 蘇洵〈諫論〉 |
| 08 東漢 | 士人 | 黨錮之禍（君子之黨容易滅） | 蘇軾〈續歐陽子朋黨論〉 |
| 08 東漢 | 尹翁歸 | 好吏胥：河東之獄吏 | 蘇洵《衡論・廣士》 |
| 08 東漢 | 王尊 | 好吏胥：涿郡之書佐 | 蘇洵《衡論・廣士》 |
| 08 東漢 | 朱暉 | 反對張林建議均輸法 | 蘇軾〈朱暉非張林均輸說〉 |
| 08 東漢 | 呂后 | 女后當政 | 蘇軾〈論魯隱公〉 |
| 08 東漢 | 呂強 | 是宦官中良善者 | 蘇軾〈論始皇漢宣李斯〉 |
| 08 東漢 | 岑彭 | 岑彭攻（蜀）公孫述用奇道 | 蘇洵《權書・攻守》 |
| 08 東漢 | 李固 | 不懂得保身，強諫而死，沒有必要 | 蘇轍《歷代論・李固》 |
| 08 東漢 | 狄山 | 因為君主能容人，所以狄山與張湯可以爭議於君主之前（不可專斷） | 蘇軾〈狄山論匈奴和親〉 |
| 08 東漢 | 邳肜 | 建議東漢光武帝守住鉅鹿、信都，不要隨意發兵，可稱為漢之元臣 | 蘇軾〈邳肜漢之元臣〉 |
| 08 東漢 | 耿弇 | 越人之都邑而謀人國，難成，但是因為已經承諾國君，因此親摯而還之 | 蘇軾〈思治論〉 |
| 08 東漢 | 袁紹 | 誅滅宦官，但漢代因此而亡 | 蘇軾〈大臣論〉 |
| 08 東漢 | 張敞 | 好吏胥：太守之卒吏 | 蘇洵《衡論・廣士》 |
| 08 東漢 | 陳蕃 | 保密的重要 | 蘇轍《歷代論・陳蕃》 |
| 08 東漢 | 董卓 | 劫帝遷於長安，漢遂以亡 | 蘇軾〈論周東遷〉 |
| 08 東漢 | 隗囂 | 不知去就，是以身死 | 蘇轍《歷代論・隗囂》 |
| 08 東漢 | 漢光武帝 | 自用其才，不知用人 | 蘇轍《歷代論・漢光武上》 |
| 08 東漢 | 趙堯 | 只是刀筆吏的人才而已 | 蘇軾〈趙堯真刀筆吏〉 |
| 08 東漢 | 趙廣漢 | 好吏胥：河間之郡吏 | 蘇洵《衡論・廣士》 |

| 08 東漢 | 劉愷、丁鴻 | 不當的禮讓 | 蘇軾〈劉愷丁鴻執賢論〉 |
|---|---|---|---|
| 08 東漢 | 鄧禹 | 同意鄧禹在討伐赤眉之亂時「欲緩取之」，可惜漢光武帝不能用 | 蘇轍《歷代論・鄧禹》 |
| 08 東漢 | 竇武、何進 | 欲誅宦官不勝，自己身死 | 蘇軾〈大臣論〉 |
| 09 三國 | 田豐 | 被袁紹所殺，因爲袁紹的器度狹小，不能容諫 | 蘇軾〈曹袁興亡〉 |
| 09 三國 | 田豐 | 袁紹不用其言 | 蘇轍《古史・范蠡大夫種列傳第十四》 |
| 09 三國 | 孫權 | 托國給諸葛恪是錯誤的決定，使得國祚滅絕 | 蘇轍《歷代論・孫仲謀》 |
| 09 三國 | 荀彧 | 輔佐曹操，其才似張子房，其道似伯夷 | 蘇軾〈論武王〉 |
| 09 三國 | 荀彧 | 贊同荀彧對於曹操的勸諫（想當皇帝也不要那麼急） | 蘇轍《歷代論・荀彧》 |
| 09 三國 | 曹操 | 派蔣幹去遊說周瑜，不成功。就算成功，曹操也不可能用像周瑜這種風流之士 | 蘇軾〈周瑜雅量〉 |
| 09 三國 | 曹操 | 曹操——孔融（濫殺） | 蘇軾〈論管仲〉 |
| 09 三國 | 曹操 | 不長於料人 | 蘇軾〈魏武帝論〉 |
| 09 三國 | 曹操 | 東漢末，王室大勢已去，別人才心服曹氏而安爲之臣 | 蘇轍〈漢論〉 |
| 09 三國 | 陳宮 | 呂布不用其言 | 蘇轍《古史・范蠡大夫種列傳第十四》 |
| 09 三國 | 陸遜 | 孫權用之而不終，不得其死 | 蘇轍《古史・范蠡大夫種列傳第十四》 |
| 09 三國 | 賈充 | 是賈逵的兒子，叛魏（小人嗜利），父親都不知道 | 蘇軾〈賈充叛魏〉 |
| 09 三國 | 賈詡 | 勸曹操要先撫安百姓再圖謀江東，可惜曹操太急躁。不過只有賈詡敢說和曹操意見不同的話，可謂「不怵於外」 | 蘇轍《歷代論・賈詡》 |
| 09 三國 | 劉備 | 棄天下而入巴蜀，非其地；有諸葛亮之治國之才，卻使之陷於征伐；不能忍，自將而敗 | 蘇轍〈三國論〉 |
| 09 三國 | 劉備 | 自伐吳是失計 | 蘇轍《歷代論・劉玄德》 |
| 09 三國 | 諸葛亮 | 棄荊州就西蜀，就決定了他不能制中原 | 蘇洵《權書・項籍》 |
| 09 三國 | 諸葛亮 | 諸葛亮雜用仁義與詐力所以滅亡 | 蘇軾〈諸葛亮論〉 |
| 09 三國 | 鄧艾 | 出奇計，從別人沒想到的小路奇襲 | 蘇洵《權書・心術》 |
| 09 三國 | 鄧艾 | 攻蜀用伏道（小路） | 蘇洵《權書・攻守》 |
| 10 西晉 | 王允之 | 聽到謀逆之事，怕被殺故裝醉大吐 | 蘇軾〈論隱公里克李斯鄭小同王允之〉 |
| 10 西晉 | 王導 | 反對在蘇峻之亂時遷都 | 蘇軾〈論周東遷〉 |
| 10 西晉 | 司馬懿 | 缺乏「節操」（想自己稱帝） | 蘇軾〈霍光論〉 |
| 10 西晉 | 司馬懿 | 司馬懿受天子託孤，卻因與曹爽爭權，辜負所託 | 蘇轍《歷代論・晉宣帝》 |
| 10 西晉 | 羊祜 | 巧於策吳，而拙於謀晉，沒有先見之明（沒有吳，晉就開始敗亡） | 蘇轍《歷代論・羊祜》 |

| 10 西晉 | 何晏 | 少而富貴，食鐘乳、鳥喙而縱酒色以求長年 | 蘇軾〈論商鞅〉 |
|---|---|---|---|
| 10 西晉 | 晉文帝 | 晉文帝——嵇康（濫殺） | 蘇軾〈論管仲〉 |
| 10 西晉 | 晉武帝 | 晉武帝——劉元海／晉武帝立孝惠 | 蘇軾〈論管仲〉 |
| 10 西晉 | 晉武帝 | 對於同姓諸侯的過度信任，導致八王之亂（立惠帝是錯誤的） | 蘇轍《歷代論·晉武帝》 |
| 10 西晉 | 晉景帝 | 晉景帝——夏侯玄（濫殺） | 蘇軾〈論管仲〉 |
| 10 西晉 | 張華 | 非王佐才，僅求全而已 | 蘇軾〈阮籍求全〉 |
| 10 西晉 | 鄭小同 | 怕洩露機密，被司馬師殺害 | 蘇軾〈論隱公里克李斯鄭小同王允之〉 |
| 11 東晉 | 王衍 | 其容貌言語會欺世盜名，但他本身並不主動追求，所以影響不大。 | 蘇洵〈辨奸論〉 |
| 11 東晉 | 王衍 | 蔑棄禮法 | 蘇轍《歷代論·王衍》 |
| 12 南朝 | 宋明帝 | 宋明帝——王彧（濫殺） | 蘇軾〈論管仲〉 |
| 12 南朝 | 宋武帝 | 有統一天下的機會，卻因為受到私利矇蔽了視野 | 蘇轍〈七代論〉 |
| 12 北魏 | 武靈后 | 女后當政 | 蘇軾〈論魯隱公〉 |
| 12 前秦 | 苻堅 | 苻堅——慕容垂／苻堅貪江左 | 蘇軾〈論管仲〉 |
| 12 前秦 | 苻堅 | 與王猛「君臣相得」 | 蘇轍《歷代論·苻堅》 |
| 12 南朝 | 祖逖 | 善於自守，不冒進 | 蘇轍《歷代論·祖逖》 |
| 12 南朝 | 齊後主 | 齊後主——斛律光（濫殺） | 蘇軾〈論管仲〉 |
| 13 隋 | 高穎 | 隋文帝用之而不終，不得其死 | 蘇轍《古史·范蠡大夫種列傳第十四》 |
| 14 唐 | 士人 | 白馬之禍（君子之黨容易滅） | 蘇軾〈續歐陽子朋黨論〉 |
| 14 唐 | 田令孜 | 在黃巢之亂時守潼關，被從小路攻入 | 蘇洵《權書·攻守》 |
| 14 唐 | 白居易 | 不忍輕用兵 | 蘇軾〈白樂天不欲伐淮蔡〉 |
| 14 唐 | 宇文融 | 過於貪利 | 蘇轍《歷代論·宇文融》 |
| 14 唐 | 宋璟 | 與晏嬰很像 | 蘇轍《古史·管晏列傳第二》 |
| 14 唐 | 李訓、鄭注、元載 | 欲誅宦官不勝，自己身死 | 蘇軾〈大臣論〉 |
| 14 唐 | 李勣 | 賢將 | 蘇洵《衡論·御將》 |
| 14 唐 | 李靖 | 賢將 | 蘇洵《衡論·御將》 |
| 14 唐 | 李靖、李勣 | 是功臣，但是眼光不遠，不能為社稷著想 | 蘇軾〈李靖李勣為唐腹心之病〉 |
| 14 唐 | 李愬 | 李愬以不備攻蔡州，用奇道 | 蘇洵《權書·攻守》 |
| 14 唐 | 李德裕 | 欲以力取威勝小人而不能者 | 蘇軾〈續歐陽子朋黨論〉 |
| 14 唐 | 狄仁傑 | 以緩勸諫武后，是正確的作法 | 蘇轍《歷代論·狄仁傑》 |
| 14 唐 | 武后 | 武后——裴炎（濫殺） | 蘇軾〈論管仲〉 |
| 14 唐 | 武后 | 女后當政 | 蘇軾〈論魯隱公〉 |
| 14 唐 | 侯君集 | 才將 | 蘇洵《衡論·御將》 |
| 14 唐 | 姚元崇 | 與管仲很像 | 蘇轍《古史·管晏列傳第二》 |
| 14 唐 | 姚崇 | 懂得應變，卻「失其正」 | 蘇轍《歷代論·姚崇》 |
| 14 唐 | 柳宗元 | 誕妄 | 蘇軾〈柳子厚誕妄〉 |
| 14 唐 | 柳宗元 | 論伊尹五就桀贊，通篇皆妄 | 蘇軾〈柳子厚論伊尹〉 |

| 14 唐 | 柳宗元 | 若不陷於王叔文之黨，應是唐名臣 | 蘇軾〈續歐陽子朋黨論〉 |
|---|---|---|---|
| 14 唐 | 柳宗元、劉禹錫 | 陷於叔文之黨，不然也是名臣 | 蘇軾〈續歐陽子朋黨論〉 |
| 14 唐 | 唐太宗 | 得之易，失之亦易 | 蘇軾〈士燮論〉 |
| 14 唐 | 唐太宗 | 唐太宗——李君羨（濫殺） | 蘇軾〈論管仲〉 |
| 14 唐 | 唐太宗 | 唐太宗本來很好，為什麼晚年遭武后之亂？因為「未聞大道」：懷疑太子、相信讖緯、托國李勣 | 蘇轍《歷代論·唐太宗》 |
| 14 唐 | 唐玄宗 | 唐玄宗——安祿山／唐玄宗用李林甫、楊國忠 | 蘇軾〈論管仲〉 |
| 14 唐 | 唐玄宗 | 是中興之主，但卻善其始不善其終（因為用賢是勉強而從之） | 蘇轍《歷代論·唐玄宗憲宗》 |
| 14 唐 | 唐高祖 | 不殺屈突通（賢君／烈丈夫） | 蘇軾〈漢高祖赦季布唐屈突通不降高祖〉 |
| 14 唐 | 唐高祖 | 立建成太子是錯誤的決定 | 蘇轍《歷代論·唐高祖》 |
| 14 唐 | 唐憲宗 | 是中興之主，但卻善其始不善其終（因為用賢是勉強而從之） | 蘇轍《歷代論·唐玄宗憲宗》 |
| 14 唐 | 崔昌遐 | 誅滅宦官，但唐代因此滅亡 | 蘇軾〈大臣論〉 |
| 14 唐 | 張九齡 | 守正不回的大臣，被罷相之後，就沒人敢直言，以導致安史之亂 | 蘇軾〈張九齡不肯用張守珪牛仙客〉 |
| 14 唐 | 盛彥師 | 才將 | 蘇洵《衡論·御將》 |
| 14 唐 | 陸贄 | 是個賢臣，可惜沒有遇到好國君（唐德宗好名而貪功） | 蘇轍《歷代論·陸贄》 |
| 14 唐 | 褚遂良 | 講太宗喜歡聽的吉祥話，非忠臣 | 蘇軾〈褚遂良以飛雉入宮為祥〉 |
| 14 唐 | 劉禹錫 | 已經失敗了，還不服氣 | 蘇軾〈劉禹錫文過不悛〉 |
| 14 唐 | 劉禹錫 | 若不陷於王叔文之黨，應是唐名臣 | 蘇軾〈續歐陽子朋黨論〉 |
| 14 唐 | 盧杞 | 盧杞的奸詐是會敗國，但是他的學識、容貌、言語都太差了，要不是唐德宗太沒眼光，根本不會被用。 | 蘇洵〈辨奸論〉 |
| 14 唐 | 薛萬徹 | 才將 | 蘇洵《衡論·御將》 |
| 14 唐 | 魏徵 | 折封德彝行法家之論，使太宗不失行仁義 | 蘇軾〈李靖李勣為唐腹心之病〉 |
| 15 後唐 | 張承業 | 是宦官中良善者 | 蘇軾〈論始皇漢宣李斯〉 |

# 附表四：〈三蘇史論意見與特色分布表〉

## 第二章　三蘇史論「詮釋立場」之建立

| 第一節　成學背景與詮釋立場 | | 蘇洵 | 蘇軾 | 蘇轍 |
|---|---|---|---|---|
| 一、以古為師 | 1、研讀六經百家之聖賢文章 | ∨ | ∨ | ∨ |
| | 2、始學聲律 | | ∨ | ∨ |
| | 3、與其交往的朋友，有「好古」特質 | ∨ | | ∨ |
| 二、廣博涉獵 | 1、廣泛接觸經、史、諸子、詩、文 | ∨ | ∨ | ∨ |
| | 2、在貶謫時仍保有如此的閱讀興趣，並以之安頓心靈 | | ∨ | |
| | 3、留心觀察當時文壇發展動向，尋找值得學習效法的人物 | ∨ | | ∨ |
| | 4、以「遊歷」擴大視野，印證書本上的知識 | | ∨ | ∨ |
| 三、務出己見 | 1、要直接閱讀經典本身，以免陷入文字的迷宮 | ∨ | ∨ | ∨ |
| | 2、透過解讀「言語」來了解創作者原本想法，詮釋者要「得乎於心」 | ∨ | | |
| | 3、主張真理越辯越明 | | ∨ | ∨ |
| | 4、重視「實質」，以「道理」為論辯核心 | | | ∨ |
| | 5、以各自持守的詮釋原則，消化吸收廣博涉獵的內容，累積自己的看法，產生創作的意念 | ∨ | ∨ | ∨ |
| 四、適於實用 | 1、以古今成敗得失為議論之要 | ∨ | ∨ | ∨ |
| | 2、靈活用史以適於實用 | | ∨ | ∨ |
| **第二節　知識傳統與詮釋立場** | | 蘇洵 | 蘇軾 | 蘇轍 |
| 一、重禮輕法 | 1、六經的核心是「禮」，聖人制禮，是為了「人情」的需要 | ∨ | ∨ | ∨ |
| | 2、聖人制禮，是為了讓人民回歸純樸本性 | | ∨ | |
| | 3、以「禮」為核心，解說六經的創作目的 | ∨ | | ∨ |
| | 4、禮的制度在於維繫禮的精神 | | ∨ | ∨ |
| | 5、由於「重禮」，因此特別注重人情、人倫 | ∨ | ∨ | ∨ |
| | 6、批評「法家」的殘忍 | | ∨ | ∨ |
| | 7、批評「法制」的繁複，而且對於解決實質問題沒有幫助 | ∨ | ∨ | ∨ |
| | 8、反對一味在「法」的層面進行變革，主張以「禮」當作執政的根本 | ∨ | ∨ | ∨ |
| 二、明勢通變 | 1、所有物質條件的發展趨勢，都是由簡略而繁複的 | ∨ | ∨ | ∨ |
| | 2、「通變」思想的主要源頭：《周易》 | ∨ | ∨ | ∨ |
| | 3、賈誼思想的啟發 | ∨ | ∨ | |
| | 4、兵家思想的啟發 | ∨ | ∨ | ∨ |
| | 5、調和「道德理想主義」和「歷史經驗主義」：人在隨著外在萬物之變而變的同時，內心仍要持守一定的準則 | | ∨ | |

| 三、經史互證 | 1、經史互證觀的建立 | ✓ | | |
|---|---|---|---|---|
| | 2、以史證經之褒貶 | | ✓ | ✓ |
| | 3、以經酌史之輕重 | ✓ | ✓ | ✓ |
| | 4、辨別史料正誤與方法 | | ✓ | ✓ |

| 第三節　時代背景與詮釋立場 | | 蘇洵 | 蘇軾 | 蘇轍 |
|---|---|---|---|---|
| 一、三蘇之求用時期 | 1、以進論、進策的形式呈現對於歷史的意見 | ✓ | ✓ | ✓ |
| | 2、主要內容針對宋仁宗朝的弊病而發 | ✓ | ✓ | ✓ |
| 二、蘇軾、蘇轍之任官時期 | 1、以奏議、策問的形式呈現對於歷史的意見 | | ✓ | ✓ |
| | 2、主要內容針對宋神宗熙寧年間和宋哲宗元祐年間的變法問題 | | ✓ | ✓ |
| 三、蘇軾、蘇轍之貶謫時期 | 1、以經典注疏、筆記等形式呈現對於歷史的意見 | | ✓ | ✓ |
| | 2、藉古諷今、託古喻今、援古證今 | | ✓ | ✓ |

# 第三章　三蘇史論之歷史觀

| 第一節　天人關係論 | | 蘇洵 | 蘇軾 | 蘇轍 |
|---|---|---|---|---|
| 一、三蘇對於「天」的概念 | 1、反對「災異」之說 | ✓ | ✓ | |
| | 2、藉由自然界萬物「特性」的啟發，創建人文制度 | ✓ | | |
| | 3、掌握存在萬物間的「至理」，並且運用至人事上 | | | ✓ |
| | 4、天具有不可知、人力不可掌握的特性，要效法天道 | ✓ | ✓ | |
| 二、三蘇對於天人關係的主張 | 1、人生之初，由上天稟受「天賦」，並依此發展，難以勉強 | ✓ | ✓ | |
| | 2、歷史上人、事的下場，都符合天道中的因果關係 | | ✓ | ✓ |
| | 3、史官（藉由歷史記載）可以「助天以為治」 | | | ✓ |

| 第二節　勢　論 | | 蘇洵 | 蘇軾 | 蘇轍 |
|---|---|---|---|---|
| 一、由「天人關係」到「勢」的討論 | 1、「勢」是一種超越於人主觀之外的力量，會對人類社會起作用，制約著歷史的發展變化 | ✓ | ✓ | ✓ |
| | 2、明確提出「天命」的存在 | | | ✓ |
| 二、三蘇論勢之始：蘇洵〈審勢〉 | 權勢的強、弱，取決於政治的主控權是否掌握在君主手中 | ✓ | | |
| 三、三蘇論勢的目的 | 強調人不應該屈服於外在情勢的改變，人對於客觀情勢，具有主觀能動性 | ✓ | ✓ | |
| 四、「因勢權變」的提出和做法 | 1、「因勢權變」的前提是要建立一個可長可久的原則（禮） | ✓ | ✓ | ✓ |
| | 2、調和「上下之勢」 | ✓ | | |
| | 3、調和「內外之勢」 | | | ✓ |
| 五、「順勢權變」的提出和做法 | 1、評論周公的抉擇，思考「不得已」時的做法 | | ✓ | ✓ |
| | 2、「順勢權變」要能夠成功，必須等待情勢的能量蓄積到不可遏抑，才能順勢而發 | | | ✓ |
| 六、「事勢」和「理勢」的涵義 | 1、「事勢」是「依照現實狀況發展的趨勢」 | | | ✓ |
| | 2、「理勢」是「依照道理發展的趨勢」 | | ✓ | |
| | 3、要認識「事勢」和「理勢」的前提是要「心靜」，不受個人好惡的影響和外在名利的誘惑 | ✓ | | |

| 第三節　中庸論 | | 蘇洵 | 蘇軾 | 蘇轍 |
|---|---|---|---|---|
| 一、由「勢」到「中庸」的討論 | 「權變」的最終目標是指向於「平衡」的 | ✓ | ✓ | ✓ |

| 二、理想的歷史<br>發展原則 | 以歷史事件的反省，導向「中庸」的思索 | | v | |
|---|---|---|---|---|
| 三、對「中庸」<br>的定義 | 1、「中庸」是一種動態的追求過程，不但要隨時符合時勢發展，反映出不死守成規、順應時變的靈活性，還需要持守一定的原則 | | v | |
| | 2、對於「中庸」的追求，是一個不斷朝向最高標準——「皇極」趨近的過程 | | v | |
| 四、追求中庸的<br>目的 | 1、希望「使道長久」，「萬變而不可窮」 | v | | |
| | 2、看重人內心對於道的持守和最終境界的呈現 | | | v |
| 五、達到中庸的<br>原則和做法 | 1、在面對個人的抉擇時，原則是「不違仁」；在面對國家的抉擇時，原則是「利國利民」 | | v | |
| | 2、聖人、君子和小人在達到中庸的方法是有所不同的 | | | v |
| | 3、「義利調和」說 | v | | |

# 第四章　三蘇史論之人物論

| 第一節　人性論 | | 蘇洵 | 蘇軾 | 蘇轍 |
|---|---|---|---|---|
| 一、性與道的關係 | 道是陰陽未形的狀態，而且是無所不在的。當道在人的身上顯現，就稱爲性。因此性的狀態與道是相似的，具有無限的可能性和發展性 | | | v |
| 二、人性本質：<br>「性」的內涵 | 1、性情爲一 | | v | v |
| | 2、才性二分 | | v | |
| 三、人性實踐：<br>「習」的內涵 | 1、「習」的產生，是因爲性與外物接觸了 | | | v |
| | 2、聖人與小人的差異，是在「習」的層次表現出來的。 | | v | v |
| | 3、「善」的個人標準在於「仁義禮智」；宏觀的標準在於「不求私利」 | | v | v |
| 第二節　修養論 | | 蘇洵 | 蘇軾 | 蘇轍 |
|---|---|---|---|---|
| 一、修養的可能<br>性和必要性 | 1、人性會受個人本身習氣影響，因此有修養的必要 | | | v |
| | 2、人性會受自然環境的影響，因此有修養的必要 | | | v |
| | 3、人性會受人文環境的影響，因此有修養的必要 | | v | |
| | 4、修養的可能性，是建立在人性本身 | v | | |
| 二、個人修養的<br>原則和方法 | （一）第一個層次：知 | | | |
| | 1、「知」是修養的第一個層次 | | v | |
| | 2、求知的原則，是要避免「以外傷內」與「自我封閉」 | | v | v |
| | 3、求知的過程，是一個「自內而外」和「由外歸內」往復的動態過程 | v | | |
| | （二）第二個層次：守 | | | |
| | 1、「守」是修養的第二個層次，而首要之道在於「專一」 | v | | |
| | 2、持守的工夫之一是「不強求」、「不急功近利」 | | | v |
| | 3、持守的工夫之二是「能忍」 | v | v | |
| | 4、將持守功夫運用在政治上，則被君主委以守國重任的臣子應當要有「節」和「氣」 | | v | |
| | （三）第三個層次：樂 | | | |
| | 1、「樂」是修養的最高境界，是聖人和賢人的差異所在 | | v | |
| | 2、可將人情中對於樂的追求，運用至統治方面 | | | v |

| | | 蘇洵 | 蘇軾 | 蘇轍 |
|---|---|---|---|---|
| 三、個人修養的推擴 | 1、由己及人的原則之一，是要自己的能力「有餘」 | | | ∨ |
| | 2、由己及人的原則之二，是要發揮同理心，將別人的需求當成自己的來看待。 | | ∨ | |
| | 3、由己及人的原則之三，是「不欲速」，又要「努力不懈」 | | ∨ | ∨ |
| **第三節　人物心理論** | | 蘇洵 | 蘇軾 | 蘇轍 |
| 一、君　　主 | （一）創建方面 | | | |
| | 1、創業之君獲得政權的最高等級，是「不求而得之」和「取、守一道」 | | ∨ | ∨ |
| | 2、創業之君獲得政權的第二等級，是「取、守二道」 | | ∨ | |
| | 3、創業之君獲得政權的最下等級，是「強求急取」、「仁義詐力雜用」以及「假仁假義」 | | ∨ | ∨ |
| | （二）守成方面 | | | |
| | 1、強調守成之君要「善其終」的重要 | | | ∨ |
| | 2、守成的原則之一，是要「有德行」 | | ∨ | ∨ |
| | 3、守成的原則之二，是要「用法度」 | | ∨ | ∨ |
| | 4、推崇魏文侯是兼有「德」與「法」的君主 | | | ∨ |
| 二、大　　臣 | 1、身為大臣者會希望有賢君在位，並且受其重用 | | | ∨ |
| | 2、國家應該有「重臣」，不應該有「權臣」 | | | ∨ |
| | 3、大臣的「智」與「信」要並重 | ∨ | | |
| | 4、大臣要講求「名節」 | | ∨ | |
| | 5、大臣要有「義」，要守「禮」 | | | ∨ |
| | 6、大臣要有遠見 | | ∨ | |
| | 7、大臣完成自己的責任後要「不居功」 | | ∨ | ∨ |
| 三、吏　　胥 | 1、呼籲君主要重視吏胥，拓展任用人才的廣度 | ∨ | | |
| | 2、主張派任官吏時，不要有「內外輕重」的分別 | | ∨ | ∨ |
| | 3、宋代的吏胥並未得到應有的尊重，物質待遇也很菲薄 | ∨ | | ∨ |
| | 4、說明影響宋代吏胥行為表現的五大社會因素 | ∨ | | |
| | 5、任用吏胥的方法之一，是「知人」 | | ∨ | |
| | 6、任用吏胥的方法之二，是「責實」 | ∨ | ∨ | |
| **第四節　群己關係論** | | 蘇洵 | 蘇軾 | 蘇轍 |
| 一、君與臣的關係 | （一）君對待臣 | | | |
| | 1、君對待臣，必須要「任用人才」 | ∨ | ∨ | ∨ |
| | 2、君主對待「賢德之人」和「有才之士」，應該採用不同的方式 | ∨ | | |
| | 3、對於「賢德之人」，應該待之以禮，並且要建立互親、互信的關係 | ∨ | ∨ | ∨ |
| | 4、對於「有才之士」，應該唯才是用，並且要「因情施惠」 | ∨ | | ∨ |
| | （二）臣對待君 | | | |
| | 1、臣對待君，首要的義務和責任當然是「盡忠」 | | | ∨ |
| | 2、大臣必須在一開始就確定自己對君主的期望為何，也要衡量君主有沒有能力達到這樣的期望 | | ∨ | |
| | 3、大臣向君主進諫時，應善用勸諫的技巧 | ∨ | ∨ | |
| | 4、大臣應該要懂得「度其君」、「擇其君」 | | ∨ | ∨ |

| | | 蘇洵 | 蘇軾 | 蘇轍 |
|---|---|---|---|---|
| 二、君與民的關係 | 1、君主本身要修德，成為人民的良好典範 | ✓ | ✓ | ✓ |
| | 2、君主對於人民的要求，應該是「簡要而不繁瑣」 | | ✓ | ✓ |
| | 3、君主應該要循著人民的風俗、特性，給予教化和約束 | | | ✓ |
| | 4、君主施政的出發點，要為人民著想 | | | ✓ |
| | 5、君主可以「詩」教化人民，疏導情緒 | ✓ | | |
| | 6、君主可以「樂」教化人民，潛移默化 | ✓ | | |
| | 7、在培育人才和選擇人才時，應兼顧「德行」和「才能」 | | ✓ | ✓ |
| | 8、君主應興起人民內部的自我激勵力量 | | | ✓ |
| 三、臣與臣的關係 | 1、以「義利之辨」來區分君子與小人 | ✓ | ✓ | ✓ |
| | 2、剷除「小人之黨」的方法之一，是採用「制衡」的方式 | ✓ | | ✓ |
| | 3、剷除「小人之黨」的方法之二，是解除小人們的危機意識，使之自然瓦解 | | ✓ | |
| | 4、當大臣們陷入「黨同伐異」的意氣之爭時，君主應該成為大臣之間的仲裁力量 | | ✓ | |

## 第五章　三蘇史論之政治制度論

| 第一節　政權傳承與分配制度 | | 蘇洵 | 蘇軾 | 蘇轍 |
|---|---|---|---|---|
| 一、正統論 | （一）君統傳延 | | | |
| | 1、「君統傳延」之所以傾向於「傳子」，是因為「人之常情」 | | ✓ | ✓ |
| | 2、繼承人的能力不足，會使「君統傳延」產生「不得已」的情況。所以堯舜以「禪讓」的方式來因應 | | | ✓ |
| | 3、在國家情勢動盪不安時，也會使「君統傳延」產生「不得已」的情況 | | | ✓ |
| | 4、在「人君不幸而立幼主」的時候，主張任用大臣來輔佐幼主 | | | ✓ |
| | 5、建議設立「攝主」的制度 | | ✓ | |
| | 6、以劉愷、丁鴻的事蹟，反對追求個人私利的「讓位」 | | ✓ | ✓ |
| | （二）朝代承續 | | | |
| | 1、「正統」的判斷標準，在於是否「擁有天下的統治權」 | | ✓ | |
| | 2、強調在「朝代承續」時，「實」（德性賢愚）比「名」（地位貴賤）重要 | | ✓ | |
| 二、封建論 | 1、「封建」制度的產生，是形勢之所必然 | | ✓ | ✓ |
| | 2、以「德政」的主張，作為柳宗元〈封建論〉的修正與補充 | | ✓ | ✓ |
| 第二節　財政與經濟制度 | | 蘇洵 | 蘇軾 | 蘇轍 |
| 一、賦役 | （一）賦　稅 | | | |
| | 1、推崇三代的井田制度，對於井田制的瓦解感到遺憾 | ✓ | ✓ | ✓ |
| | 2、「限民名田」的措施可以抑制土地兼併，改善貧富差距日益嚴重的問題 | ✓ | | |
| | 3、反對王安石所推行的「方田均稅法」 | | ✓ | ✓ |
| | （二）勞　役 | | | |
| | 1、論及「力役制度」的發展趨勢 | | | ✓ |
| | 2、早期反對王安石所推行的「免役法」 | | ✓ | ✓ |
| | 3、後期主張要改革「差役法」的弊病，採用「免役法」的優點 | | ✓ | ✓ |

| | | 蘇洵 | 蘇軾 | 蘇轍 |
|---|---|---|---|---|
| 二、商　業 | 1、論及北宋「爲吏而商」的弊病和市場壟斷問題 | ∨ | | |
| | 2、反對「均輸法」和「市易法」，因爲是「與民爭利」，而且官府從中所獲不多，得不償失 | | ∨ | ∨ |
| | 3、反對「青苗法」，認爲施行之後的弊病太多 | | ∨ | ∨ |

| 第三節　軍事與國防制度 | | 蘇洵 | 蘇軾 | 蘇轍 |
|---|---|---|---|---|
| 一、兵　制 | （一）集兵養兵 | | | |
| | 1、分析兵役制度的歷史演變趨勢 | | | ∨ |
| | 2、「兵民合一」（徵兵）的好處之一，是可使士兵素質精良 | | ∨ | |
| | 3、「兵民合一」的好處之二，是可避免國家養兵的負擔 | | ∨ | ∨ |
| | 4、「兵民合一」的好處之三，是可防止士兵驕縱，強化抵禦外侮的能力 | ∨ | ∨ | |
| | 5、「兵民分立」（募兵）的好處之一，是可使人盡其才，維持社會秩序 | | | ∨ |
| | 6、「兵民分立」的好處之二，是可使士兵和農民各有專業，互相幫助 | | | ∨ |
| | 7、建議「以田募兵」 | ∨ | | |
| | 8、建議「善用工商技巧之民和游閒無職之徒」 | | | ∨ |
| | 9、建議「縮短募兵制的兵期」 | | ∨ | |
| | （二）用兵任將 | | | |
| | 1、要有良好的訓練 | | ∨ | ∨ |
| | 2、要有正確的安排調度 | ∨ | ∨ | ∨ |
| | 3、要任用有能力的將領 | | ∨ | ∨ |
| 二、國防外交 | （一）歲幣問題 | | | |
| | 1、歲幣會造成百姓的沉重負擔 | ∨ | ∨ | ∨ |
| | 2、歲幣爲國家帶來恥辱 | | | ∨ |
| | 3、歲幣使朝廷懈怠 | | ∨ | ∨ |
| | （二）敵情分析 | | | |
| | 1、遼（契丹）生性剽悍，只是有更大的圖謀，所以暫時不欲戰，宋朝應有速戰的決心和準備 | ∨ | ∨ | |
| | 2、面對西夏，宋朝應該發揮「大國」的優勢，消耗其戰力 | | ∨ | |
| | 3、遼、西夏彼此之間的關係，會影響宋遼、宋夏關係 | | | ∨ |
| | （三）自我建設 | | | |
| | 1、消除害怕外患的心理 | | ∨ | ∨ |
| | 2、進行國防建設的重要 | | | ∨ |
| | 3、鞏固國防建設的原則，是要善用中國的優點 | | ∨ | |
| | 4、發展國防建設時，要注重區域均衡發展 | ∨ | | |
| | （四）對外策略 | | | |
| | 1、不論是戰是和，我方都要有「主控權」 | | ∨ | ∨ |
| | 2、由我方先開戰，是取得主控權的一種策略 | | ∨ | |
| | 3、主張速戰速決 | ∨ | | |
| | 4、主張將歲幣當作圖謀敵人的工具，解除敵方的防備心，爲我方爭取培養實力的時間 | | | ∨ |
| | 5、在作戰實力尚未完備之前，要善用「外交」策略，培養適當的人才，並且建立外交專職機構 | ∨ | ∨ | |
| | 6、應該善用互市貿易來維持和平關係，並且要講求誠信 | | | ∨ |

# 第六章　三蘇史論之意義生成方式

| 第一節　三蘇史論的取材 | | | 蘇洵 | 蘇軾 | 蘇轍 |
|---|---|---|---|---|---|
| 一、選取材料的傾向 | | 1、三代以前 | | ✓(1) | ✓(2) |
| | | 2、三代 | ✓(2) | ✓(1) | ✓(3) |
| | | 3、春秋 | ✓(3) | ✓(2) | ✓(1) |
| | | 4、戰國 | ✓(2) | ✓(3) | ✓(1) |
| | | 5、秦 | ✓(3) | ✓(2) | ✓(1) |
| | | 6、西漢 | ✓(1) | ✓(2) | ✓(3) |
| | | 7、東漢 | ✓(1) | ✓(2) | ✓(3) |
| | | 8、三國 | ✓(3) | ✓(2) | ✓(1) |
| | | 9、西晉 | | ✓(1) | ✓(2) |
| | | 10、東晉 | ✓(1) | | ✓(2) |
| | | 11、南北朝 | | ✓(2) | ✓(1) |
| | | 12、唐 | ✓(1) | ✓(2) | ✓(2) |
| 二、材料指涉的典型化 | （一）正面人物 | | | | |
| | | 1、伊尹 | | ✓ | ✓ |
| | | 2、子產 | | ✓ | ✓ |
| | | 3、魯仲連 | ✓ | ✓ | ✓ |
| | | 4、漢高祖 | ✓ | ✓ | ✓ |
| | | 5、趙充國 | ✓ | ✓ | ✓ |
| | | 6、荀彧 | | ✓ | ✓ |
| | | 7、陸贄 | ✓ | ✓ | ✓ |
| | （二）爭議性人物 | | | | |
| | | 1、伯夷、叔齊 | ✓ | | ✓ |
| | | 2、周公 | | ✓ | ✓ |
| | | 3、管仲 | ✓ | ✓ | ✓ |
| | | 4、蘇秦 | ✓ | ✓ | ✓ |
| | | 5、范蠡 | | ✓ | ✓ |
| | | 6、漢景帝 | | ✓ | ✓ |
| | | 7、漢武帝 | ✓ | ✓ | ✓ |
| | | 8、諸葛亮 | ✓ | ✓ | ✓ |
| | | 9、唐太宗 | | ✓ | ✓ |
| | （三）反面人物 | | | | |
| | | 1、宋襄公 | | ✓ | ✓ |
| | | 2、商鞅 | | ✓ | ✓ |
| | | 3、李斯 | | ✓ | ✓ |
| | | 4、秦始皇 | ✓ | ✓ | ✓ |
| | | 5、王莽 | | ✓ | ✓ |
| | | 6、曹操 | | ✓ | ✓ |
| | | 7、司馬懿 | | ✓ | ✓ |
| 第二節　三蘇史論的論證方式 | | | 蘇洵 | 蘇軾 | 蘇轍 |
| 一、歷代演變 | 針對某一個主題，依照由古至今的朝代順序，陳述說明其演變狀況，藉以推導出所要論述的主旨 | | ✓ | ✓ | ✓ |

| | | | | |
|---|---|---|---|---|
| 二、對比論證 | （一）用具體事例論證 | | | |
| | 1、以一件歷史事例對比 | | | ✓ |
| | 2、以多件歷史事例對比 | | | ✓ |
| | （二）用抽象原則論證 | | | |
| | 沒有列出具體的歷史事例，只用「古之……」概述歷史上的理想狀態，以對比出「今之……」狀況的不足 | ✓ | ✓ | ✓ |
| 三、類比論證 | （一）以一件歷史事例類比 | | | ✓ |
| | （二）以多件歷史事例類比 | | | ✓ |
| 四、類比、對比合用 | 針對所要論述的主題，同時舉出與之相同和與之相異的歷史事例，是一種化單調爲繁富的書寫方式 | | | ✓ |
| 五、假設性論證 | 一種建立在歷史法則上的「想像」，只能以已知的事實爲前提，做有限度的假設 | ✓ | ✓ | ✓ |

# 第七章　三蘇史論之文學美感

| 第一節　生動美的形成 | | 蘇洵 | 蘇軾 | 蘇轍 |
|---|---|---|---|---|
| 一、譬喻法 | 1、淵源：《孟子》、《莊子》、《荀子》 | | | |
| | 2、以「人的心理和事理」爲喻依 | ✓ | | |
| | 3、以「人體的狀態和養生」爲喻依 | ✓ | ✓ | |
| | 4、以「動物、植物的特色」爲喻依 | ✓ | | ✓ |
| | 5、以「自然的物象和物理」爲喻依 | | ✓ | ✓ |
| 二、對話法 | 1、淵源：《孟子》、《戰國策》 | | | |
| | 2、憑藉語言材料，生動逼眞地再現描寫對象的形貌狀態，形成具體鮮明的畫面，使讀者產生身歷其境的深切感受 | ✓ | ✓ | ✓ |
| 三、設問法 | 1、淵源：《荀子》、賈誼政論 | | | |
| | 2、提問 | ✓ | ✓ | |
| | 3、反詰 | ✓ | ✓ | |
| 第二節　凝鍊美的形成 | | 蘇洵 | 蘇軾 | 蘇轍 |
| 一、概括法 | 1、淵源：《左傳》 | | | |
| | 2、以精鍊的語言，進行史論中的歷史敘述 | ✓ | ✓ | ✓ |
| 二、警策法 | 1、淵源：《荀子》 | | | |
| | 2、善用「警句」，表達深刻的思想情感 | ✓ | ✓ | ✓ |
| 三、引用法 | 1、淵源：《荀子》 | | | |
| | 2、當作論據 | ✓ | ✓ | ✓ |
| | 3、當作結論 | ✓ | ✓ | ✓ |
| 第三節　氣勢美的形成 | | 蘇洵 | 蘇軾 | 蘇轍 |
| 一、排比法 | 1、淵源：《孟子》、《莊子》、《荀子》、賈誼政論 | | | |
| | 2、以排比的句子，造成磅礴的氣勢 | ✓ | ✓ | ✓ |
| 二、誇張法 | 1、淵源：《莊子》、《戰國策》 | | | |
| | 2、凸顯事物的形象特點和本質特徵，啓發人們豐富的想像力，使文章更具批判力和說服力 | ✓ | ✓ | ✓ |
| 三、層遞法 | 1、淵源：賈誼政論 | | | |
| | 2、以文意逐層遞增或遞減排列的「層遞」寫法，逐步深化讀者的認識，加強文章的氣勢和說服力 | ✓ | ✓ | ✓ |